Norbert Scholl

Jesus von Nazaret

Norbert Scholl

Jesus von Nazaret

Was wir wissen,
was wir glauben können

Die Deutsche Nationalbibliothek verzeichnet diese Publikation
in der Deutschen Nationalbibliografie;
detaillierte bibliografische Daten sind im Internet über
http://dnb.d-nb.de abrufbar.

Der Lambert Schneider Verlag ist ein Imprint der WBG
(Wissenschaftliche Buchgesellschaft), Darmstadt.

Die Herausgabe des Werkes wurde durch die Vereinsmitglieder der WBG ermöglicht.
Lektorat: Dietlind Grüne
Satz: SatzWeise, Föhren
Einbandgestaltung: Finken & Bumiller, Stuttgart
Einbandabbildung: Jesus, Ikone, © Kadmy – Fotolia.com
Gedruckt auf säurefreiem und alterungsbeständigem Papier
Printed in Germany

Besuchen Sie uns im Internet: www.lambertschneider.de

ISBN 978-3-650-24955-5

Elektronisch sind folgende Ausgaben erhältlich:
eBook (PDF): 978-3-650-72769-5
eBook (epub): 978-3-650-72770-1

Inhaltsverzeichnis

Zur Einführung

Der Mann aus Nazaret, der vom galiläischen Wanderprediger zum „eingeborenen Sohn Gottes“ aufstieg, hat keine schriftlichen Zeugnisse hinterlassen. Wir wüssten heute wahrscheinlich nichts von ihm, wenn sich nicht einige Frauen und Männer darangemacht hätten, ihre Erinnerungen an diesen außergewöhnlichen Menschen aufzuschreiben. Sie verbanden mit dem Leben und Werk Jesu eine ganz persönliche Erfahrung, die ihr Leben umgekrempelt hatte. Sie waren einem Menschen begegnet, der sie faszinierte. Sie hatten eine Botschaft vernommen, die sie betroffen machte und die sie nicht mehr losließ – die sie darum für wichtig und unbedingt erhaltenswert hielten.

Als Erster von ihnen hat sich vermutlich ein gewisser Markus darangemacht, das zu sammeln, was er über Jesus in Erfahrung bringen konnte – Berichte und Aufzeichnungen von Augenzeugen (sofern sie noch lebten), kleinere oder größere schriftlich geformte Überlieferungsstücke. Dann musste er sich überlegen, wie er das Material sortieren und ob er alles unter ein bestimmtes Leitmotiv stellen sollte, wie (und ob überhaupt) er die Interessen und Ansprüche seiner Gemeinde in das Ganze einbringen und verarbeiten konnte.

Eins war Markus klar: Er konnte keine Biografie dieses ungewöhnlichen Mannes aus Nazaret verfassen. Er wollte nicht einfach reine Fakten aneinanderreihen. Markus wollte eine Art Liebeserklärung an Jesus schreiben – subjektiv und voreingenommen. Er wollte bekennen und bezeugen, was dieser Jesus für ihn und für jene bedeutet, denen er sein Material zu verdanken hatte. Gewiss, seinen Ausführungen lagen objektive, handfeste Fakten zugrunde: Jesus von Nazaret war keine Fantasiegestalt. Aber Markus wollte vor allem zeigen, dass in Jesus noch etwas anderes aufleuchtete. Dass durch ihn in besonderer Weise Gott erfahrbar geworden war. Unmittelbar, geradezu „handgreiflich“.

Wer von Gott reden will, braucht dazu Bilder und Symbole. Nur sie können das zum Ausdruck bringen, wovon das Herz voll ist. Den Menschen der Antike war das geläufig. Sie wussten die Bilder richtig zu deuten. Sie konnten die Sprache der Symbole verstehen.

So ging Markus ans Werk, ganz ähnlich wie auch die anderen drei Evangelisten: Matthäus, Lukas, Johannes. Um das Jahr 70 hatte Markus sein Liebesgedicht fertiggestellt. Er nannte es „Eu-Angelion“, Evangelium, gute Nachricht, frohe Botschaft. Markus war zum „Evangelisten“ geworden.

Er und die anderen drei Evangelisten, die ihre Schriften 15 bis 30 Jahre später fertigstellten, haben Werke geschaffen, die in ihrer literarischen Qualität, in ihrer tief gehenden Theologie und in ihrer scheinbar schlichten Anschaulichkeit auch heute Beachtung verdienen. Wir dürfen nach dem heutigen Stand der Forschung davon ausgehen, dass die Evangelien ziemlich zuverlässig die Lebens- und Todesumstände Jesu, seine Botschaft, sein Verhältnis zu anderen jüdischen Gruppen und sein Selbstverständnis vermitteln. Umstritten bleibt lediglich die Frage, welche seiner Worte und Taten historisch hieb- und stichfest sind.

Ich möchte versuchen, in den folgenden Ausführungen den Evangelisten ein wenig über die Schulter zu schauen, sie bei ihren Überlegungen zu begleiten und das Entstehen ihrer Schriften zu verfolgen. Vielleicht kann es so gelingen, die immer wieder faszinierende Gestalt des Jesus von Nazaret neu zum Leuchten zu bringen.

1 Israel zur Zeitenwende

In der Zeit Jesu unterstand das gesamte Gebiet Israels der Oberaufsicht römischer Statthalter. Diese Herren residierten in Caesarea am Meer und erlegten sich in ihrer Amtsführung gegenüber der Bevölkerung im Allgemeinen Zurückhaltung auf. Nur gelegentlich, vor allem zu den hohen jüdischen Festen, begaben sie sich nach Jerusalem, um möglichen Ausschreitungen sofort begegnen zu können.

Die Juden durften ihre inneren Angelegenheiten weitgehend selbst regeln. Im Jahr 37 vor der Zeitenwende wurde Herodes von der römischen Besatzungsmacht als König von Judäa eingesetzt. Seine Regierungszeit zeichnete sich durch eine glanzvolle Bautätigkeit aus. Er gründete eine Reihe neuer Städte. In Jerusalem ließ er die Burg Antonia und den Königspalast errichten und begann eine großzügige Erneuerung des Tempels. Es ist nicht verwunderlich, dass er wegen der durch seine Bautätigkeit bedingten hohen Steuern beim Volk unbeliebt war.[1]

Die höchste gesetzgebende und richterliche Gewalt in Judäa besaßen der Hohepriester und das von ihm präsidierte Synedrium (= Hoher Rat) mit seinen 70 Mitgliedern. Nur die Vollstreckung von Todesurteilen hatten sich die Römer vorbehalten.

Die sozialen und wirtschaftlichen Verhältnisse waren ähnlich wie in den anderen Gebieten rund ums Mittelmeer. Es gab zwei Bevölkerungsschichten: Eine reiche Oberschicht von Großgrundbesitzern, Senatoren, Rittern und „Freien", insgesamt etwa ein bis fünf Prozent der Bevölkerung, übte die Macht aus. Die politisch machtlose Unterschicht bestand aus Kleinbauern, Sklaven, Handwerkern, Kaufleuten, Lehrern, Tagelöhnern.

Nach dem Tod des Herodes und der danach folgenden, nahezu vollständigen Einstellung der Bautätigkeit gab es eine große Zahl von Arbeitslosen. Allein in Jerusalem wurden nach Beendigung der Bauarbeiten am Tempel im Jahr 10 nach der Zeitenwende Notstandsarbeiten für 18 000 Arbeitslose ausgeschrieben.

Das Land gehörte meist einigen wenigen Großgrundbesitzern, die ihre Untertanen skrupellos ausbeuteten. Den spärlichen Lebensunterhalt verdiente sich das Volk durch Landwirtschaft, Handwerk und Kleinhandel. Das karge Gebiet von Judäa ermöglichte nur eine bescheidene Vieh- und Weidewirtschaft.

Manche Berufe waren verachtet – vor allem der der Zollpächter. Sie standen im Dienst der römischen Besatzer. Häufig benutzten sie ihre Stellung zu persönlicher Bereicherung, indem sie die von den Römern festgelegten Zolltarife eigenmächtig heraufsetzten und die Mehreinnahmen für sich behielten.

Es gab eine Vielzahl religiöser Gruppierungen. Zu den wichtigsten zählten Sadduzäer, Samaritaner, Pharisäer und Zeloten.

- Die Bezeichnung *Sadduzäer* rührt wohl von Sadok her, der zunächst unter David, später unter Salomo vornehmster Priester in Jerusalem war. Die Sadokiden verstanden es, ihre kultische Funktion immer mehr mit einer politischen Führungsrolle zu verbinden. Auch unter Herodes besaßen die Sadduzäer einen starken Einfluss. Ihre Anhänger fanden sich in Kreisen des Jerusalemer Adels und der Priesterfamilien. Sie vertraten eine eher konservative Richtung des Judentums und sahen ihre Hauptaufgabe im Bewahren der überkommenen Tradition. Ihre religiöse Bedeutung war gering. Weit stärkeren Einfluss übten sie im Hohen Rat aus, in dem sie durch eine kleine, aber rührige Gruppe vertreten waren.
- Eine weitere Gruppierung waren die *Samaritaner.* Wahrscheinlich haben Rivalitäten innerhalb der sadokidischen Priesterschaft im 3. Jahrhundert v. Chr. zur Abwanderung einiger Priester und ihrer Familien geführt. Sie ließen sich auf dem Berg Gerisim nieder. Dieser Berg liegt südlich der von Herodes prunkvoll ausgebauten Provinzhauptstadt Samaria. Heute heißt der Ort Nablus. Dort erbauten die Samaritaner einen eigenen Tempel. Separatistische Tendenzen führten zum Bruch mit Jerusalem. Die Samaritaner galten seitdem als Heiden und ihr Kult als illegitim. Die Bezeichnung „Samaritaner" wurde als Schimpfwort verwendet.
- Eine besondere Rolle spielt in den Evangelien die Auseinandersetzung Jesu mit den „Schriftgelehrten und Pharisäern". Die *Pharisäer* bildeten eine etwa 6000 Mitglieder umfassende Volksbewegung, die am Ende des 2. Jahrhunderts v. Chr. entstanden ist. Sie verstanden sich als Oppositionsbewegung gegen den selbstherrlichen Führungsanspruch und den ausufernden Klerikalismus der herrschenden Sadduzäer-Klasse und rekrutierten ihre Anhänger aus der breiten Masse des Volkes. Ihre religiöse Leistung bestand darin, die Ausrichtung des Judentums auf den Tempel durch striktes Einhalten des mosaischen Gesetzes im Alltag zu überwinden. Die Loslösung von Tempeldienst und Priesterschaft bedeutete gleichzeitig eine Betonung des Einzelnen und seiner individuellen Frömmigkeitspraxis.
  Wir wissen heute aus zahlreichen zeitgenössischen jüdischen Quellen, dass Jesus diesem Bemühen weitgehend positiv gegenüberstand. So vertrat er mit den Forderungen der Nächstenliebe und der Gewaltlosigkeit Positionen, die auch in der Schule des Pharisäers Rabbi Hillel gelehrt

wurden. In der christlichen Schriftauslegung beginnt sich die Erkenntnis durchzusetzen, dass die in den Evangelien geschilderten Reden und Weherufe gegen die Pharisäer und Schriftgelehrten in dieser Form kaum auf Jesus zurückgehen dürften. Sie sind eher zu verstehen als eine Mahn- und Warnrede an christliche Schriftgelehrte in der Zeit der Evangelisten. Die häufig zitierte Feindschaft der Pharisäer gegen Jesus ist wohl eher ein Produkt frühchristlicher Polemik.

- Schließlich ist noch die Gruppe der *Zeloten* (griech. = Eiferer) zu erwähnen. Diese waren besonders in Galiläa verbreitet. Sie hatten sich dem bewaffneten Widerstand gegen die römischen Besatzer verschrieben. Wie zeitgenössischen Quellen zu entnehmen ist, traten manche Führer solcher Aufstände mit messianischen Ansprüchen auf. Jüdischen Realpolitikern und natürlich insbesondere der römischen Besatzungsmacht galten sie als lästige und gefährliche Unruhestifter, die so rasch wie möglich zu beseitigen waren, falls man ihrer habhaft wurde.

2 Die Zeit bis zum öffentlichen Auftreten

Über die Zeit von der Geburt Jesu bis zu seinem öffentlichen Auftreten wissen wir so gut wie nichts historisch Gesichertes. In den ältesten Schriften des Neuen Testaments, den Paulusbriefen, werden Kindheit und Jugend Jesu kaum erwähnt. Nur die beiden Evangelien nach Matthäus und Lukas erzählen etwas darüber. Damit werden wir uns etwas ausführlicher befassen – schon deswegen, weil diese Erzählungen in der Volksfrömmigkeit tief verankert sind.

Paulus über die Geburt Jesu

Paulus übernimmt in seinem rund 20 Jahre nach dem Tod Jesu entstandenen Brief an die Gemeinde von Philippi einen wahrscheinlich bereits in einigen christlichen Gemeinden verbreiteten Christus-Hymnus: „Er war Gott gleich, / hielt aber nicht daran fest, wie Gott zu sein, / sondern er entäußerte sich / und wurde wie ein Sklave / und den Menschen gleich. / Sein Leben war das eines Menschen; / er erniedrigte sich / und war gehorsam bis zum Tod, / bis zum Tod am Kreuz."[2]

Der Hymnus gibt den Exegeten manche Rätsel auf. Verbirgt sich dahinter ein alter griechischer Mythos vom Sterben und Wiederauferstehen einer Gottheit? Ist er ein altorientalisches Lied von einem Urmenschen, der als Befreier und Erlöser wirkte? Geht er auf die jüdische Spekulation zurück, in der die bei Gott wohnende „Weisheit" eine besondere Rolle spielt?[3] Wie dem auch sei: Der christliche Dichter dieses Liedes dürfte seine Gedanken für die Beschreibung eines schon vor seiner Menschwerdung bei Gott lebenden und nach seiner tiefsten Erniedrigung zu ihm zurückkehrenden Wesens einem im griechischen und jüdischen Raum verbreiteten Traditionsgut entnommen haben. Möglicherweise hat Paulus diesen Hymnus nochmals umgeformt.[4]

Auch in dem etwa zur gleichen Zeit entstandenen Brief an die Gemeinden in Galatien kommt Paulus auf die Geburt Jesu zu sprechen: „Als die Zeit erfüllt war, sandte Gott seinen Sohn, geboren von einer Frau und dem Gesetz unterstellt."[5] Jesus, der von Gott Gesandte, ist wie jeder Mensch „geboren von einer Frau", in aller Schwäche und Hilflosigkeit. Er ist wie jeder Jude „dem Gesetz unterstellt", das heißt für Paulus: dem Zwang, der Unfreiheit und all ihren Folgen.

Es ist menschlich verständlich, dass sich die frühen christlichen Gemeinden mit diesen dürftigen und vor allem wenig anschaulichen Aussagen nicht zufrieden gaben, zumal im hellenistischen und römischen Umfeld eine ganze Reihe von Legenden über die Kindheit und Jugend großer Gestalten erzählt wurde, die auf deren zukünftige Größe und Bedeutung hinweisen sollten.

Doch auch das um 70 n. Chr. entstandene Markusevangelium enthält noch keinen Abschnitt über die Vorgeschichte Jesu. Es beginnt mit dem Auftreten Johannes des Täufers und einer Erzählung über die Taufe Jesu. Erst die beiden folgenden Evangelien nach Matthäus und Lukas (die zwischen 85 und 95 n. Chr. entstanden) stellen ihren Erzählungen über das öffentliche Auftreten Jesu längere Ausführungen über seine Vorgeschichte voran.

Kindheitsevangelium nach Matthäus

Im Mittelpunkt des matthäischen Kindheitsevangeliums steht die Verkündigung Jesu als des im Alten Testament verheißenen Messias, an dem sich das Schicksal des alttestamentlichen Gottesvolkes erfüllt und in dessen früher Kindheit sich sein späteres Schicksal (Verfolgung und Kreuzigung) sowie das der christlichen Gemeinde (Ablehnung durch „die Juden“, Annahme des Evangeliums unter den Heiden im „Osten“) schon andeutet. Matthäus gliedert seinen Text in drei Abschnitte: Stammbaum, Geburt Jesu, Erzählung vom Besuch der Sterndeuter aus dem Osten und seinen Folgen.[6]

Stammbaum Jesu

Der Stammbaum enthält eine schier endlose Aneinanderreihung von Namen, die meist niemand mehr kennt. Der Text soll daher hier nicht wiedergegeben werden. Doch einige Beobachtungen sind wichtig und auch interessant.

Matthäus wollte offensichtlich sein Evangelium mit einer Ahnentafel beginnen, wie das bei einer Biografie bedeutender Persönlichkeiten damals üblich war. Die meisten Herrscherhäuser leiteten ihr Selbstverständnis aus der Abstammung von Göttern und Heroen ab.

> „Die Abstammung von einem Heroen musste allerdings auch ‚bewiesen‘ werden. So kam es, dass die Ahnenreihen mit Füllnamen vervollständigt werden mussten. […] Aus politischen Erwägungen legten auch ‚Emporkömmlinge‘ (wie Alexander der Große) großen Wert auf edle Abstammung. Dem wirklichen Adel, dessen Macht im Schwinden begriffen war, wollten sie dennoch in diesem Punkt gleichkommen. […] Mit der verstärkten Übernahme griechischer Kultur kam es auch in Rom zur Ahnenjagd und einer Rückverfolgung der Stammväter bis in mythische Vorzeiten.“[7]

Doch wie sollte Matthäus an den Stammbaum Jesu kommen? Lebten in

Nazaret noch Verwandte von Jesus, die er hätte danach fragen können? Selbst wenn das der Fall gewesen wäre, so hätten diese ihm sicher keine Ahnentafel präsentieren können.

Die Väter

Matthäus oder seine Informanten wussten sich zu helfen. Jesus galt als Sohn Davids. Und für die Ahnen des Königs David gab es eine Quelle, auf die Matthäus zurückgreifen konnte: die jüdische Bibel, das aus christlicher Perspektive so genannte Alte Testament. Dort finden sich zwei Geschlechtsregister dieses Königs.[8] Auch für die Nachkommen Davids in der Zeit bis zum Exil existiert eine Ahnentafel.[9] Aber in diesen Ahnentafeln klafft eine gewaltige Lücke über den Zeitraum von gut 500 Jahren bis zur Gegenwart des Evangelisten. Für diese Zeit gab es in der Schrift keine Aufzeichnungen. Doch ohne eine lückenlose „Beweiskette" würde der Stammbaum nichts taugen. Bis heute wissen wir nicht, wie Matthäus diese Lücke geschlossen hat und wie er zu den Namen gekommen ist, die er hier einsetzte. Vielleicht hat er irgendeinen im Volk verbreiteten Stammbaum dafür herangezogen.

Dennoch ist die Ahnentafel, die uns Matthäus präsentiert, interessant für alle, die sich ein bisschen in der Schrift auskennen. Der Evangelist hat nämlich nicht einfach jene Namen und Geschlechterfolgen aneinandergereiht, die er in der Schrift vorfand. Er hat diese Ahnentafeln unter ganz bestimmten Gesichtspunkten bearbeitet.

Ganz offensichtlich wollte Matthäus mit der Darstellung der Generationenfolge ein Argument liefern für die Glaubensüberzeugung der christlichen Gemeinde, dass Jesus, gerade er und kein anderer, der Messias, der *eine* verheißene Erbe des Thrones Davids sei. Der Evangelist ließ darum den Stammbaum Jesu mit Abraham beginnen, einem wirklichen „Heroen" in der Geschichte Israels, um zu zeigen, dass die mit dem Stammvater anhebende Generationenfolge der Verheißungsträger eindeutig in der Geburt Jesu ihren End- und Zielpunkt erreicht. Jahwe selbst hat bewusst planend und zielstrebig handelnd in die Abfolge der Generationen eingegriffen. Jeder halbwegs vernünftig denkende Mensch sollte auf diese Weise zu der Erkenntnis gelangen, dass Jesus und nur *er* der verheißene Messias ist.[10]

Die Zahlen

Bei seiner Lektüre der Stammbäume in der hebräischen Bibel konnte Matthäus eine interessante Beobachtung machen. Er stellte fest, dass die langen Listen der Nachkommen Adams und Noachs[11] sowie der Vorfahren Abrahams[12] nicht schematisch einen Namen an den anderen reihen, sondern dass die Stammbäume Noachs und Abrahams jeweils zehn Zeugungen aufweisen. Sollte das purer Zufall sein? Steckte vielleicht eine bestimmte Absicht dahinter? Das Zahlenschema ist auch noch bei anderen Geschlechtsregistern anzutreffen. So finden sich im ersten Chronikbuch 7 mal 10 Nachkommen Judas und Benjamins.[13] Dazu muss man wissen, dass Zahlen im Judentum und im gesamten Vorderen Orient einen Symbolwert besaßen. So war die 7 sinnbildlicher Ausdruck für ein geschlossenes, in sich vollkommenes Ganzes. Die Zahl verweist auf die göttliche Struktur irdischer Dinge und Vorgänge.[14] Die 10 meint eine beträchtliche Anzahl und steht für eine vollendete, abgeschlossene Reihe. Manchmal bringt sie auch die Vollkommenheit göttlichen Tuns zum Ausdruck.[15] Wir dürfen vermuten, dass Matthäus oder zumindest jene, die ihm bei der Abfassung des Evangeliums mit Rat und Tat zur Seite standen, mit der Symbolik der Zahlen vertraut waren.

Matthäus kam zusätzlich zur Zahlensymbolik noch die Eigenheit der hebräischen Sprache zugute. Sie kennt nämlich keine Vokale und keine eigenen Ziffern. Diese Rolle übernehmen die Buchstaben: So besitzt Aleph, der erste Buchstabe des hebräischen Alphabets, den Zahlenwert eins; Beth, der zweite, den Zahlenwert zwei und so weiter. Die Konsonanten des Namens David (d – v – d[16]) haben die Zahlenwerte 4, 6 und wiederum 4. In der Addition (4 + 6 + 4) ergibt das den Zahlenwert 14.

Matthäus fügte im Stammbaum Jesu 3 mal 14 Generationen zusammen. Die 3 galt als Gotteszahl; 3 mal 14 Generationen konnten also auf eine göttliche Fügung und Führung hindeuten, die hier schon durchschimmert. Die 14, das sahen wir schon, verweist auf David. 3 mal 14 Generationen – das bedeutet demnach: Gott ist in der Abfolge der Generationen von Abraham bis zu David und in denen nach David am Werk.[17] Matthäus ließ es sich nicht nehmen, mit einem gewissen Stolz ausdrücklich auf seine Zahlkonstruktion hinzuweisen: „Im Ganzen sind es also von Abraham bis David vierzehn Generationen, von David bis zur Babylonischen Gefangenschaft vierzehn Generationen und von der Babylonischen Gefangenschaft bis zu Christus vierzehn Generationen."[18]

Die Mütter

Wer den Stammbaum Jesu liest, könnte den Eindruck gewinnen, dass Frauen bei Zeugung und Geburt überhaupt keine oder zumindest eine höchst nebensächliche Rolle spielen. Es werden zwar viele Männer erwähnt, aber nur sehr wenige Frauen – natürlich zuletzt auch Maria, die Mutter Jesu. Man könnte sagen: Das ist typisch für eine patriarchalische Gesellschaftsstruktur, wie sie nun einmal im Alten Orient herrschte.

Aber warum hat Matthäus dann überhaupt Frauen erwähnt? Warum ließ er sie nicht einfach weg? Und warum hat er nicht die Stammmütter Israels erwähnt – Sara, Rebekka, Lea, Rachel –, sondern andere Frauen? Warum gerade Tamar, Rahab und Ruth?

- Tamar verkleidete sich als Prostituierte, um von ihrem eigenen Schwiegervater Juda das zu fordern, was ihr nach Recht und Gerechtigkeit zustand[19] und was die Zukunft der Familie Judas sichern sollte.[20]
- Rahab war eine Prostituierte.[21] Sie hielt die „Kundschafter" in Jericho versteckt. In der jüdischen Überlieferung gilt sie später als Frau des Josua.
- „Die Frau des Urija" – Batseba, die Mutter des Königs Salomo – war zwar keine Prostituierte, wohl aber eine Ehebrecherin.[22] Batseba beging mit David Ehebruch, während ihr Mann Urija an einem Feldzug gegen die Ammoniter teilnahm. Als David erfuhr, dass Batseba schwanger war, schickte er Urija an die vorderste Front, wo er umkommen musste.[23]
- Ruth war eine Moabiterin, also eine Nichtjüdin.[24]

Ältere Bibelkommentare stellen die vier im Stammbaum Jesu erwähnten Frauen als Sünderinnen dar. In den neueren Kommentaren erfahren sie eine andere Wertung. Jetzt wird vor allem die Freiheit Gottes in seiner Erwählung herausgestellt: Tamar, die auf ungewöhnliche Weise Mutter wird, hat durch ihr eigenwilliges, aber gesetzeskonformes Handeln dazu beigetragen, dass der Träger der Verheißung geboren wird. Ähnliches gilt für Rahab und Ruth, zwei Frauen, die gleichfalls auf außerordentliche Weise in Israels Geschichte gerieten. Rahab wird sowohl im Judentum als auch im Neuen Testament als gerecht und gläubig angesehen,[25] weil sie den Gott Israels anerkannte. Ruth wird als Vorbild hingestellt und als Ahnfrau Davids gerühmt.[26]

Es ist wohl nicht die Absicht des Matthäus, mithilfe dieser Frauen die Erlösungsbedürftigkeit der Welt aufzuzeigen, in die der Messias eintritt. Vielmehr – das will Matthäus vermutlich sagen – sind diese Frauen erwählte Persönlichkeiten, derer Gott sich bedient, um seinen Willen auf ungewöhnliche Weise zum Ziel zu führen. Es gibt ohnehin noch viel Außergewöhnliches im Evangelium zu erzählen.

Darüber hinaus erscheint die Erwähnung der Frauen deswegen bedeutsam, weil sie aus heidnischen Völkern stammen – Tamar gilt als Aramäerin, Rahab ist Kanaanäerin, Ruth Moabiterin. Heidnische Frauen im Stammbaum Jesu weisen voraus auf die Hinwendung des Evangeliums zu allen Völkern. Daran erinnert Matthäus nochmals an anderer Stelle im Kindheitsevangelium, in der Erzählung von den Sterndeutern.

Maria

Das Ende der dritten Generationenfolge des Stammbaums erscheint merkwürdig. Hätte Matthäus das bisher der Aufzählung zugrunde liegende Schema beibehalten (Mann A zeugte Mann B, Mann B zeugte Mann C …), dann müsste es hier heißen: „Jakob aber zeugte Josef, Josef aber zeugte Jesus." Stattdessen lesen wir, ziemlich umständlich formuliert: „Jakob war der Vater von Josef, dem Mann Marias; von ihr wurde Jesus geboren, der der Christus (der Messias) genannt wird."[27] Im griechischen Urtext steht – wie in der gesamten vorangehenden Liste der Zeugungen – auch hier das Wörtchen „egennäthä", das in der deutschen Einheitsübersetzung an dieser Stelle mit „geboren" wiedergegeben wird. Wer der Vater Jesu ist, wird nicht gesagt. Stattdessen steht hier ein merkwürdiges Passivum: „aus ihr (Maria) *wurde* geboren Jesus." Dieses Passiv wird in der Bibel häufig dann verwendet, wenn nicht direkt auf die göttliche Wirksamkeit hingewiesen werden soll. So antwortet Jesus auf die Frage Johannes des Täufers, ob er der erwartete Messias sei: „Geht und berichtet Johannes, was ihr gesehen und gehört habt: Blinde sehen wieder, Lahme gehen und Aussätzige werden rein; Taube hören, Tote stehen auf, und den Armen wird das Evangelium verkündet."[28] Eigentlich sollte man erwarten: „*Ich* mache Blinde sehend, Lahme gehend und Aussätzige rein." Die Absicht der Evangelisten ist klar: Sie wollen mit diesem Passivum behutsam darauf hinweisen, dass Gott selbst es ist, der hier nicht direkt, sondern gleichsam indirekt durch Jesus am Werk ist. Matthäus will hier zurückhaltend und unaufdringlich den Leserinnen und Lesern die Augen für das Geheimnis der Menschwerdung Gottes öffnen. Was hier gewirkt wird, ist nicht das „Erzeugnis" eines Menschen, sondern es ist eigentlich und letztlich göttlichen Ursprungs.

Ankündigung der Geburt Jesu

18 Mit der Geburt Jesu Christi war es so: Maria, seine Mutter, war mit Josef verlobt; noch bevor sie zusammengekommen waren, zeigte sich, dass sie ein Kind erwartete – durch das Wirken des Heiligen Geistes. **19** Josef, ihr Mann, der gerecht war und sie nicht bloßstellen wollte, beschloss, sich in aller Stille von ihr zu trennen. **20** Während er noch darüber nachdachte, erschien ihm ein Engel des Herrn im Traum und sagte: Josef, Sohn Davids, fürchte dich nicht, Maria als deine Frau zu dir zu nehmen; denn das Kind, das sie erwartet, ist vom Heiligen Geist. **21** Sie wird einen Sohn gebären; ihm sollst du den Namen Jesus geben; denn er wird sein Volk von seinen Sünden erlösen. **22** Dies alles ist geschehen, damit sich erfüllte, was der Herr durch den Propheten gesagt hat: **23** Seht, die Jungfrau wird ein Kind empfangen, / einen Sohn wird sie gebären, / und man wird ihm den Namen Immanuel geben, / das heißt übersetzt: Gott ist mit uns. **24** Als Josef erwachte, tat er, was der Engel des Herrn ihm befohlen hatte, und nahm seine Frau zu sich. **25** Er erkannte sie aber nicht, bis sie ihren Sohn gebar. Und er gab ihm den Namen Jesus. (Mt 1,18–25)

Matthäus hatte die Generationsfolge im Stammbaum Jesu mit der umständlichen Formulierung abgeschlossen: „Jakob war der Vater von Josef, dem Mann Marias; von ihr wurde Jesus geboren, der der Christus (der Messias) genannt wird." Durch die Verwendung des Passivums hatte er angedeutet, dass es mit der Geburt Jesu etwas ganz Besonderes auf sich hat. Nun redet er Klartext: Josef ist nicht der Vater. Das von Maria erwartete Kind ist „vom Heiligen Geist". Jesus wird von einer Jungfrau geboren.

Paulus, die gesamte übrige neutestamentliche Briefliteratur und die Evangelien nach Markus und Johannes wissen davon nichts. Nur im Matthäus- und Lukasevangelium ist an gerade einmal zwei Stellen die Rede von der Geburt Jesu durch die „Jungfrau" Maria.[29] An anderer Stelle bezeichnen Matthäus und Lukas Jesus als „den Sohn des Zimmermanns"[30] bzw. als „*einen* Sohn Josephs".[31] Matthäus weiß auch noch von Geschwistern Jesu zu berichten: „Ist das nicht der Sohn des Zimmermanns? Heißt nicht seine Mutter Maria, und sind nicht Jakobus, Josef, Simon und Judas seine Brüder? Leben nicht seine Schwestern unter uns?"[32]

In der katholischen Tradition werden bis in die Gegenwart hinein aus dogmatischen Gründen die Brüder und Schwestern Jesu als seine Vettern und Basen ausgegeben – unter anderem mit der Begründung, die hebräische und aramäische Sprache hätten kein eigenes Wort für Vettern und Basen. Das ist zwar zutreffend, aber die Evangelien sind ursprünglich weder in hebräischer noch in aramäischer, sondern in griechischer Sprache abgefasst. Und da gibt es sehr wohl ein eigenes Wort für Vetter und Base (anepsiós bzw. anepsiá). Außerdem kennt der Kirchenschriftsteller Eusebius († 339) neben dem Herrenbruder Jakobus[33] auch Judas als „leiblichen Bruder unseres Erlösers" und Symeon, den Sohn des Klopas, „eines Onkels des Herrn", also einen „Vetter des Herrn".

Eine weitere wichtige historische Tatsache kommt hinzu: Nach hellenistischer und römischer Mythologie wurden die Könige und die Großen der Geschichte immer von einer „Jungfrau" geboren. Von Sargon, dem König von Babylon, wird das ebenso erzählt wie vom Kaiser Augustus. In der altägyptischen Königsideologie gilt der König als „Sohn der Götter", weil ein „göttlicher Geist sich einer Frau nähert und ein paar Keime des Werdens in sie hineinlegt."[34] In einem ägyptischen Text mit dem Titel „Segnungen des Gottes Ptach für Ramses II." heißt es: „Ich (= Ptach) bin dein Vater, ich erzeugte dich, so dass dein ganzer Körper göttlicher Natur ist. Denn ich verwandelte meine Gestalt in die des Bockes von Mendes und wohnte deiner Mutter bei."[35] Die Rede von der Jungfrauengeburt ist das Merkmal einer über die biblische Tradition hinausweisenden Metaphernsprache. In Ägypten haben die Ideen von der wunderbaren Empfängnis und Geburt eines Gotteskindes eine uralte Tradition. Sie zeigen den Anspruch des regierenden Königs auf göttliche Erwählung.[36]

Diese Beobachtungen lassen die Frage aufkommen, ob Matthäus (und ähnlich auch Lukas) angesichts dieser allgemein verbreiteten Vorstellung sich nicht geradezu genötigt sah, auch für Jesus die Geburt aus einer „Jungfrau" zu reklamieren. Jemand so Großes, Erhabenes und Heiliges wie Jesus von Nazaret kann nicht von Menschen allein hervorgebracht werden. Matthäus wollte ein Evangelium nicht nur für Juden, sondern auch für Heiden schreiben. Wenn er aber Griechen, Ägypter und Römer dazu bringen will, an Jesus, den wahren König der Menschen und den Retter der Welt aus aller Schuld, zu glauben, dann *muss* dieser von einer „Jungfrau" geboren sein. Da muss Gott schon von Anfang an die alles entscheidende Rolle spielen.

Wir dürfen also mit Fug und Recht annehmen, dass Matthäus und Lukas mit der „Jungfrauengeburt" keine physiologische, sondern eine *theologische* und *christologische* Aussage machen wollten. Diese könnte man so umschreiben: Der Jude Jesus ist der Höhepunkt all der bedeutenden Männer in Israel. In ihm findet darüber hinaus die Sehnsucht *aller* Völker nach unlösbarer Verbindung des Göttlichen mit dem Menschlichen ihre Erfüllung. Jesus ist *das* Geschenk Gottes an die Menschheit. So etwas konnten Menschen aus sich heraus nicht zustande bringen. Hier musste der Gottesgeist selbst tätig werden. Deshalb muss die Mutter Jesu „Jungfrau" sein. Jungfrau sein bedeutet nämlich: in Erwartung sein, frei für das Leben, offen für das Empfangen. Es gibt nichts im Schoß der Menschheit, nichts in der menschlichen Fruchtbarkeit, das diesen Jesus hätte hervorbringen können.

Sicherlich wusste Matthäus andererseits auch, dass sich seine jüdischen Leserinnen und Leser mit der Geburt Jesu aus einer „Jungfrau" schwertun würden. Denn die Juden erwarteten den Messias als Kind aus einer ganz normalen Ehe. Deshalb war die Gründung einer Familie für jeden jüdischen Mann geradezu eine göttliche Pflicht. Der Evangelist fand einen Ausweg aus diesem Dilemma. Er griff dazu auf eine Stelle beim Propheten Jesaja zurück. Hier wird – in der griechischen Übersetzung des Alten Testaments, der „Septuaginta" – der Gedanke einer jungfräulichen Geburt des Messias nahegelegt: „Siehe, die *Jungfrau* wird ein Kind empfangen, sie wird einen Sohn gebären, und sie wird ihm den Namen Immanuel (Gott mit uns) geben."[37] Das hier verwendete griechische Wörtchen „parthénos" meint eine „junge Frau" oder – häufiger – eine „Jungfrau". Im hebräischen Urtext des Propheten Jesaja steht allerdings an dieser Stelle das Wort „almáh". Und das kann nur mit „junge Frau" übersetzt werden.[38] Für „Jungfrau" gibt es ein eigenes hebräisches Wort „bethuláh". Durch diesen Rückgriff auf den Text der Septuaginta konnte es Matthäus gelingen, die Tradition und das Empfinden seiner jüdischen Leserschaft nicht zu verletzen oder zu irritieren.

Matthäus wollte mit seinem Evangelium das, was alle Evangelisten mit ihren Schriften intendieren: Sie wollen keinen Tatsachenbericht und schon gar keine Sensationsstory liefern. Sie wollen vielmehr ihren Glauben an Jesus, den Christus, bezeugen und andere dafür gewinnen. Sie wollen nicht nüchtern-sachlich („objektiv“) informieren, was Jesus da oder dort tatsächlich so und nicht anders getan oder gesagt hat. Sie wollen vielmehr die Bedeutung Jesu für Juden und Heiden bekennend aufzeigen.

Huldigung der Sterndeuter

> [1] Als Jesus zur Zeit des Königs Herodes in Betlehem in Judäa geboren worden war, kamen Sterndeuter aus dem Osten nach Jerusalem [2] und fragten: Wo ist der neugeborene König der Juden? Wir haben seinen Stern aufgehen sehen und sind gekommen, um ihm zu huldigen. [3] Als König Herodes das hörte, erschrak er und mit ihm ganz Jerusalem. [4] Er ließ alle Hohenpriester und Schriftgelehrten des Volkes zusammenkommen und erkundigte sich bei ihnen, wo der Messias geboren werden solle. [5] Sie antworteten ihm: In Betlehem in Judäa; denn so steht es bei dem Propheten: [6] Du, Betlehem im Gebiet von Juda, / bist keineswegs die unbedeutendste / unter den führenden Städten von Juda; / denn aus dir wird ein Fürst hervorgehen, / der Hirt meines Volkes Israel. [7] Danach rief Herodes die Sterndeuter heimlich zu sich und ließ sich von ihnen genau sagen, wann der Stern erschienen war. [8] Dann schickte er sie nach Betlehem und sagte: Geht und forscht sorgfältig nach, wo das Kind ist; und wenn ihr es gefunden habt, berichtet mir, damit auch ich hingehe und ihm huldige. [9] Nach diesen Worten des Königs machten sie sich auf den Weg. Und der Stern, den sie hatten aufgehen sehen, zog vor ihnen her bis zu dem Ort, wo das Kind war; dort blieb er stehen. [10] Als sie den Stern sahen, wurden sie von sehr großer Freude erfüllt. [11] Sie gingen in das Haus und sahen das Kind und Maria, seine Mutter; da fielen sie nieder und huldigten ihm. Dann holten sie ihre Schätze hervor und brachten ihm Gold, Weihrauch und Myrrhe als Gaben dar. [12] Weil ihnen aber im Traum geboten wurde, nicht zu Herodes zurückzukehren, zogen sie auf einem anderen Weg heim in ihr Land. (Mt 2,1–12)

Matthäus war es gelungen, mit dem Stammbaum die Herkunft Jesu aus dem Geschlecht David und damit dessen überragende Bedeutung aufzuzeigen. Doch in seiner Gemeinde lebten auch Christen, die vor ihrer Taufe Heiden gewesen waren und die von den Schriften des Judentums, von seinen Traditionen und Verheißungen wenig oder gar keine Ahnung hatten. Wie sollte er denen deutlich machen, dass Jesus von Anfang an auch für sie eine ganz entscheidende Rolle bei ihrem religiösen Suchen und Hoffen spielt? Wie sollte er ihnen klarmachen, dass diese Rolle Jesu zumindest von einigen Nichtjuden sofort richtig erkannt wurde?

Viele von ihnen erwarteten etwas Ähnliches wie die Juden: einen Retter aus der Not, einen Friedensbringer, einen Heiland. Aber den sahen sie im römischen Kaiser – in Kaiser Augustus zum Beispiel. Wie sollte Matthäus

„seinen“ Jesus gegen diese überragende Gestalt in Szene setzen? Wie sollte er seine heidnischen Leserinnen und Leser dazu bringen, den von allen erwarteten universalen Retter und Friedensbringer ausgerechnet im hintersten Winkel des römischen Imperiums, in Israel, im völlig unbekannten Nazaret zu suchen – jenem winzigen Dorf, das in keiner einzigen jüdischen Schrift erwähnt ist?

Matthäus fand eine geniale Lösung. Er kannte die in der Antike weitverbreitete Ansicht, dass mit der Geburt eines jeden Menschen ein Stern am Himmel aufleuchte und bei seinem Tode wieder verschwinde. Je berühmter dieser Mensch, desto heller und unübersehbarer sein Stern.[39] Diese Anschauung wurde schließlich auf große Herrscher und Persönlichkeiten beschränkt. In manchen Legenden wird deren Geburt häufig durch einen Stern angekündigt.

Matthäus hatte vermutlich gehört, dass Kaiser Augustus als „Stern der gesamten griechischen Welt“, als „großer rettender Jupiter“ bezeichnet wurde. So lautete eine Inschrift, die im Isistempel auf der Nilinsel Philae entdeckt wurde: „Ihm (Augustus) […], dem Herrscher Europas und Asiens, dem Stern der gesamten griechischen Welt, der als großer rettender Jupiter aufstieg […]“.[40] Matthäus wusste wohl auch, dass ein paar Jahre vor dem Tod des Herodes (= 4 v. d. Zeitenwende) eine seltsame Sternkonstellation am Himmel erschienen war: Saturn, der Schutzstern Israels, und Jupiter, der Königsstern, standen im Sternbild der Fische, das den Anbruch der Endzeit anzeigt. Eine derartige Konstellation ereignet sich nur alle 794 Jahre.[41]

Der Evangelist konnte zu Recht annehmen, dass auch nichtjüdische Sternkundige dies alles wussten und beobachtet hatten. Und weil solche Leute zusätzlich meist noch über allerlei geheimes Wissen verfügen, kannte vielleicht der eine oder andere von ihnen sogar die heiligen Schriften des Volkes Israel und die darin ausgesprochene Hoffnung auf das Kommen eines Messias. Vielleicht hatten sie auch vom Tod des Herodes erfahren, der immerhin auch außerhalb des jüdischen Territoriums kein völlig Unbekannter war. Er galt als Freund des Kaisers Augustus. Es wäre also nicht völlig auszuschließen, dass einigen dieser gelehrten Astrologen die Sternkonstellation beim Tod des Herodes zu denken gegeben hat und dass sie sich deswegen auf den Weg nach Jerusalem gemacht haben, um nach dem neuen König der Juden zu forschen.

Mit einem Stern wussten aber auch die jüdischen Adressaten des Matthäusevangeliums etwas anzufangen. Denn in ihren Schriften ist davon die Rede, dass ein Stern die Geburt des endzeitlichen Retters ankündigen wird. Es handelt sich hier um die so genannte Bileamsweissagung, nach der in ferner Zukunft ein Stern über Jakob aufgehen werde: „Ich sehe ihn, aber nicht jetzt, ich erblicke ihn, aber nicht in der Nähe: *Ein Stern geht auf in Jakob,* ein Zepter erhebt sich in Israel.“[42]

Matthäus konnte aus diesen ihm vorliegenden Informationen eine Art Mix anfertigen, um sowohl seinen juden- wie auch seinen heidenchristlichen Leserkreis auf je eigene Weise zu der Erkenntnis zu bringen, dass Jesus nicht nur eine Bedeutung für die Juden hat, sondern dass er darüber hinaus für alle Welt als Heilbringer und Friedensfürst gekommen ist.

Den Auftritt der Sterndeuter setzt Matthäus unmittelbar in Anschluss an den Stammbaum Jesu und die Erwähnung seiner Geburt. Der Text sagt weder etwas davon, dass die Astrologen Könige waren noch dass sie zu dritt erschienen sein sollen. Nach Matthäus hatten sie einen seltsamen Stern am Himmel gesehen. Weil die angereisten Weisen zu Recht vermuten konnten, dass man am jüdischen Königshof am besten über die Geburt eines neuen Königs informiert sei, ließ der Evangelist sie schnurstracks dorthin pilgern.

Sie erhalten hier Auskunft mit einem Prophetenzitat.[43] Auch hier hat Matthäus wieder geschickt gearbeitet. Er hat nicht nur aus zwei Textstellen bei verschiedenen Propheten einen einzigen Satz gemacht, sondern den Text auch noch für seine Intention etwas zurechtgebogen. In der hebräischen Bibel lauten die beiden Texte: „Aber du, Betlehem-Efrata, so klein unter den Gauen Israels, aus dir wird mir einer hervorgehen, der über Israel herrschen soll [...] Er wird auftreten und ihr Hirt sein in der Kraft des Herrn, im hohen Namen Jahwes, seines Gottes“ und „Du sollst der Hirt meines Volkes Israel sein, du sollst Israels Fürst werden“.[44] „Betlehem-Efrata“ lässt Matthäus zu „Betlehem im Gebiet von Juda“ werden – vielleicht um es geografisch richtiger einordnen zu können; aus „so klein unter den Gauen Israels“ macht er „keineswegs die unbedeutendste unter den führenden Städten von Juda“ – vielleicht um darauf hinzuweisen, dass sich die bisherige Bedeutungslosigkeit Betlehems bald ändern wird; aus dem „über Israel herrschen“ wird ein fürsorgender „Hirt meines Volkes Israel“.

Die Sterndeuter werden von dem Wunderstern direkt bis zu dem gesuchten Ort geführt. Wie soll das gegangen sein? Betlehem liegt etwa sieben Kilometer südlich von Jerusalem entfernt, die Sterne aber sind einige Lichtjahre von der Erde weg. Und wenn schon vom „Ziehen“ eines Sterns die Rede ist: Sterne „ziehen“ nicht von Nord nach Süd. Weiter lesen wir: „Dort (über dem Ort, wo das Kind geboren war) blieb er stehen.“ Wie kann ein Stern stehen bleiben? Und noch dazu über einem Haus?

Wie dem auch sei: Nach dem Matthäusevangelium haben die Astrologen den neugeborenen König der Juden gefunden und ihm ihre Gaben dargebracht: Gold, Weihrauch und Myrrhe. Diese drei Gaben werden wiederum im Alten Testament erwähnt, auf das sich Matthäus auffällig häufig beruft und das er immer wieder für reflektierende Zitatierungen heranzieht. „Völker wandern zu deinem Licht, und Könige pilgern zu deinem strahlenden Glanz [...] Auch den Reichtum des Meeres bringt man herbei, die

Schätze der Völker kommen zu dir. Zahllose Kamele strömen ins Land, Dromedare aus Midian und Efa. Ganz Saba kommt und bringt Weihrauch und Gold und verkündet den Ruhm des Herrn".[45] „Die Könige von Tarschisch und von den Inseln bringen Geschenke, die Könige von Saba und Seba kommen mit Gaben"[46] und „Dein Thron, du Göttlicher, steht für immer und ewig [...] Von Myrrhe, Aloe und Kassia duften deine Gewänder".[47] Die Texte erklären vielleicht am besten, warum die Volksfrömmigkeit aus den Sterndeutern Könige werden ließ.

Schon gegenüber dem König Herodes hatten die Weisen betont, dass sie gekommen seien, um dem neugeborenen König der Juden zu huldigen. Sich niederwerfen und den Boden, die Füße oder den Kleidersaum küssen – das taten die Perser vor ihrem König, den sie als Gott verehrten. Die Griechen und Römer machten es ihnen später nach. Und das tun auch hier die Weisen vor „ihrem" König, dem Jesuskind: Sie „fallen nieder und huldigen ihm".

Die heidnischen Sterndeuter erscheinen als wahre Gottsucher und als Menschen, welche die Bedeutung Jesu erkannt und daraus sofort Konsequenzen gezogen haben. Sie repräsentieren gewissermaßen die geistige Elite der Heiden, welche die universale Bedeutung Jesu erkannt hat. Ihre Geschenke können zum Ausdruck bringen: Gold, das leuchtet – du bist unser Licht; Weihrauch steigt empor – du bist unsere Hoffnung; Myrrhe ist wie Balsam – du bist unser Trost. Die Sterndeuter hatten die Botschaft des wunderbaren Sterns verstanden. Sie waren ihm gefolgt. Sie haben sich zu Jesus auf den Weg gemacht. Ganz nebenbei verbindet Matthäus damit eine leise Kritik an der Haltung seiner jüdischen Landsleute zu Lebzeiten Jesu: Die haben von alledem nichts gemerkt, obwohl sie aufgrund der in ihren Schriften enthaltenen Hinweise eigentlich als Erste die Bedeutung der Geburt und der Gestalt Jesu hätten erkennen müssen.

Flucht nach Ägypten, Kindermord und Rückkehr nach Galiläa

Wer sich das Matthäusevangelium etwas genauer anschaut, wird entdecken, dass darin immer wieder, offen oder versteckt, auf Mose angespielt wird, genauer: dass Parallelen zwischen ihm und Jesus aufgezeigt werden. Das geschieht sicher nicht zufällig, sondern ganz bewusst mit einem theologischen Hintergedanken. Im fünften Buch Mose, im Deuteronomium, steht ein gewichtiges Wort, das dem Mose in den Mund gelegt wird: „Einen Propheten wie mich wird dir der Herr, dein Gott, aus deiner Mitte, unter deinen Brüdern, erstehen lassen. Auf ihn sollt ihr hören."[48]

Offensichtlich soll Jesus im Evangelium des Matthäus zunächst *neben*, später aber im weiteren Verlauf immer deutlicher *über* Mose gestellt werden.

- Mose war der Anführer des alten Bundesvolkes – Jesus ist der Anführer des neuen Bundesvolkes.

- Mose galt als Vermittler der Offenbarung Gottes und als Lehrer Israels. Er hatte dem Volk vom Berge Sinai die Zehn Gebote Gottes gebracht. Vielleicht kannte Matthäus sogar einen im hellenistischen Judentum entstandenen Mose-Roman, in dem dieser als Lehrer der Menschheit, genialer Mensch und als der ideale Fromme geschildert und in dem sein Tod als Auffahrt in den Himmel gefeiert wird[49] – Jesus wird in der Bergpredigt das neue Gesetz des Gottesvolkes verkünden, und er wird glorreich in den Himmel auffahren.

Von der Kindheit des Mose wird in der Bibel erzählt, dass er durch einen feindseligen König, einen ägyptischen Pharao, verfolgt wurde. Als der nämlich feststellte, dass das Judenvolk in Ägypten immer zahlreicher wurde, ordnete er an, dass alle neugeborenen Jungen der Hebräer zu töten sind.[50] Aus einer anderen Quelle erfahren wir sogar, der Pharao habe von seinen Schriftgelehrten gesagt bekommen, dass unter den Hebräern ein Junge geboren werde, der die Ägypter vernichten und Israel mächtig machen werde. Der Befehl des Pharao, alle hebräischen Jungen gleich nach der Geburt zu töten, gilt hier allein der Tötung dieses angekündigten Rebellen.[51] Mose wird auf wunderbare Weise gerettet.[52] Auch hier erzählt eine außerbiblische Quelle etwas anderes: Gott sei dem Vater des Mose im Schlaf erschienen und habe ihm dessen Rettung angekündigt.[53] Weil der inzwischen erwachsene Mose eine Verfolgung durch den Pharao fürchtet, flieht er in ein fremdes Land.[54]

Entsprechende Parallelen zu Mose zieht Matthäus in seiner Erzählung über die ersten Lebensjahre des Jesuskindes. Offenbar war ihm die im Judentum verbreitete Regel bekannt: „Wie der erste Erlöser (= Mose), so der zweite Erlöser (= der Messias)." Die Sache hatte nur einen Haken: Mose kommt aus Ägypten, Jesus aus Betlehem bzw. Nazaret.

Aber Matthäus weiß auch dafür eine Lösung: Die Anordnung des Königs Herodes, in Betlehem und Umgebung alle männlichen Kinder bis zu zwei Jahren ermorden zu lassen, zwingt Josef, Maria und Jesus zur Flucht nach Ägypten. Und von dort kann Matthäus nun Jesus – wie einen zweiten Mose – nach dem Tod des Herodes ins Land Israel zurückkommen lassen. Das alles belegt Matthäus mit Zitaten aus dem Alten Testament: „Aus Ägypten habe ich meinen Sohn berufen",[55] „So spricht der Herr: Ein Geschrei ist zu hören, bitteres Klagen und Weinen, Rahel weint um ihre Kinder, und will sich nicht trösten lassen, denn sie sind dahin",[56] „Er wird Nazoräer genannt werden."[57]

War Jesus in Ägypten? Es ist schon höchst unwahrscheinlich, dass er in Betlehem geboren wurde. Erst recht betrifft das einen dort praktizierten Kindermord und die daraus für die junge Familie erwachsenden Folgen – Flucht nach Ägypten und (nach dem Tod des Herodes) Rückkehr nach Nazaret.

Jesus ist im Matthäusevangelium nun dort angelangt, von wo seine spätere Tätigkeit ihren Ausgang nehmen wird.

Kindheitsevangelium nach Lukas

Wenn man die Erzählung über die Kindheit Jesu, wie sie uns Matthäus überliefert hat, mit der Erzählung aus dem Lukasevangelium vergleicht, dann kann man meinen, hier sei von zwei völlig verschiedenen Ereignissen die Rede. Beiden Schriften gemeinsam sind nur die Namen – Maria, Josef, Jesus, Herodes – und der Ort Betlehem. Sonst nichts. Daraus ist nicht schwer zu schließen, dass beide Evangelisten aus unterschiedlichen Quellen geschöpft haben. Welche das sind, wissen wir nicht. Auffällig ist allerdings die wichtige Rolle, die Johannes der Täufer hier spielt. Das lässt auf eine Quelle schließen, die ein besonderes Interesse am Täufer und seiner Bedeutung hatte.[58]

Lukas erzählt die Vorgeschichte seiner beiden Protagonisten nicht einfach nacheinander – erst die des Johannes, dann die von Jesus. Er stellt die beiden vielmehr nebeneinander. Noch mehr: Er setzt sie in strenge Parallele:
- zuerst die Ankündigung der Geburt von Johannes und Jesus,
- dann die Begegnung der beiden Mütter und ihrer noch ungeborenen Kinder – sozusagen als Verbindungsglied –
- und schließlich wieder zuerst die Geburt des Täufers und dann die Geburt Jesu.

Diese kunstvoll gestaltete Parallelerzählung erscheint wie ein mittelalterlicher Flügelaltar.

Ankündigung der Geburt des Johannes	Ankündigung der Geburt Jesu	Begegnung der beiden Frauen und ihrer noch ungeborenen Kinder Johannes und Jesus	Geburt des Johannes	Geburt Jesu

Lukas möchte Johannes und Jesus miteinander vergleichen. Und da macht er es der Leserin und dem Leser und etwas einfacher, indem er es ihnen mit dieser Parallelsetzung ermöglicht, beide Seiten sozusagen auf einen Blick zu erfassen und daraus Schlüsse zu ziehen.

Die Ankündigung der Geburt Johannes des Täufers und Jesu

5 Zur Zeit des Herodes, des Königs von Judäa, lebte ein Priester namens Zacharias,
der zur Priesterklasse Abija gehörte. Seine Frau stammte aus dem Geschlecht
Aarons; sie hieß Elisabet. 6 Beide lebten so, wie es in den Augen Gottes recht ist,
und hielten sich in allem streng an die Gebote und Vorschriften des Herrn. 7 Sie
hatten keine Kinder; denn Elisabet war unfruchtbar, und beide waren schon in
vorgerücktem Alter.

8 Eines Tages, als seine Priesterklasse wieder an der Reihe war und er beim Gottes-
dienst mitzuwirken hatte, 9 wurde, wie nach der Priesterordnung üblich, das Los

geworfen, und Zacharias fiel die Aufgabe zu, im Tempel des Herrn das Rauch-
opfer darzubringen. 10 Während er nun zur festgelegten Zeit das Opfer darbrach-
te, stand das ganze Volk draußen und betete. 11 Da erschien dem Zacharias ein
Engel des Herrn; er stand auf der rechten Seite des Rauchopferaltars. 12 Als Za-
charias ihn sah, erschrak er, und es befiel ihn Furcht. 13 Der Engel aber sagte zu
ihm: Fürchte dich nicht, Zacharias! Dein Gebet ist erhört worden. Deine Frau
Elisabet wird dir einen Sohn gebären; dem sollst du den Namen Johannes geben.
14 Große Freude wird dich erfüllen, und auch viele andere werden sich über seine
Geburt freuen. 15 Denn er wird groß sein vor dem Herrn. Wein und andere be-
rauschende Getränke wird er nicht trinken, und schon im Mutterleib wird er vom
Heiligen Geist erfüllt sein. 16 Viele Israeliten wird er zum Herrn, ihrem Gott,
bekehren. 17 Er wird mit dem Geist und mit der Kraft des Elija dem Herrn voran-
gehen, um das Herz der Väter wieder den Kindern zuzuwenden und die Ungehor-
samen zur Gerechtigkeit zu führen und so das Volk für den Herrn bereit zu ma-
chen. 18 Zacharias sagte zu dem Engel: Woran soll ich erkennen, dass das wahr ist?
Ich bin ein alter Mann, und auch meine Frau ist in vorgerücktem Alter. 19 Der
Engel erwiderte ihm: Ich bin Gabriel, der vor Gott steht, und ich bin gesandt
worden, um mit dir zu reden und dir diese frohe Botschaft zu bringen. 20 Aber
weil du meinen Worten nicht geglaubt hast, die in Erfüllung gehen, wenn die Zeit
dafür da ist, sollst du stumm sein und nicht mehr reden können bis zu dem Tag,
an dem all das eintrifft. 21 Inzwischen wartete das Volk auf Zacharias und wun-
derte sich, dass er so lange im Tempel blieb. 22 Als er dann herauskam, konnte er
nicht mit ihnen sprechen. Da merkten sie, dass er im Tempel eine Erscheinung
gehabt hatte. Er gab ihnen nur Zeichen mit der Hand und blieb stumm.

23 Als die Tage seines Dienstes (im Tempel) zu Ende waren, kehrte er nach Hause
zurück. 24 Bald darauf empfing seine Frau Elisabet einen Sohn und lebte fünf
Monate lang zurückgezogen. Sie sagte: 25 Der Herr hat mir geholfen; er hat in
diesen Tagen gnädig auf mich geschaut und mich von der Schande befreit, mit
der ich in den Augen der Menschen beladen war.

26 Im sechsten Monat wurde der Engel Gabriel von Gott in eine Stadt in Galiläa
namens Nazaret 27 zu einer Jungfrau gesandt. Sie war mit einem Mann namens
Josef verlobt, der aus dem Haus David stammte. Der Name der Jungfrau war
Maria. 28 Der Engel trat bei ihr ein und sagte: Sei gegrüßt, du Begnadete, der Herr
ist mit dir. 29 Sie erschrak über die Anrede und überlegte, was dieser Gruß zu
bedeuten habe. 30 Da sagte der Engel zu ihr: Fürchte dich nicht, Maria; denn du
hast bei Gott Gnade gefunden. 31 Du wirst ein Kind empfangen, einen Sohn wirst
du gebären: dem sollst du den Namen Jesus geben. 32 Er wird groß sein und Sohn
des Höchsten genannt werden. Gott, der Herr, wird ihm den Thron seines Vaters
David geben. 33 Er wird über das Haus Jakob in Ewigkeit herrschen, und seine
Herrschaft wird kein Ende haben. 34 Maria sagte zu dem Engel: Wie soll das ge-
schehen, da ich keinen Mann erkenne? 35 Der Engel antwortete ihr: Der Heilige
Geist wird über dich kommen, und die Kraft des Höchsten wird dich überschat-
ten. Deshalb wird auch das Kind heilig und Sohn Gottes genannt werden. 36 Auch
Elisabet, deine Verwandte, hat noch in ihrem Alter einen Sohn empfangen; ob-

wohl sie als unfruchtbar galt, ist sie jetzt schon im sechsten Monat. **37** Denn für
Gott ist nichts unmöglich. **38** Da sagte Maria: Ich bin die Magd des Herrn; mir
geschehe, wie du es gesagt hast. Danach verließ sie der Engel. (Lk 1,5–38)

Zuerst fällt auf, wie viel Raum Lukas im ersten Kapitel der Vorgeschichte des Täufers gewährt – 20 Verse für Johannes und nur 12 für Jesus. Das könnte darauf hinweisen, dass dem Evangelisten eine ziemlich ausführliche Täufererzählung vorlag, die er nicht kürzen wollte.[59] Beim genaueren Betrachten des Textes lässt sich feststellen, dass Lukas die Geschehnisse um Ankündigung und Geburt Jesu so darstellt, dass sie die Ereignisse im Zusammenhang mit Ankündigung und Geburt des Johannes überbieten. Die Exegeten nennen das eine „überbietende Parallele". Lukas macht damit unaufdringlich, aber unmissverständlich klar: Jesus ist größer, bedeutender, wichtiger – vor Gott und den Menschen.

Johannes	Jesus
Engel erscheint im Tempel zu *Jerusalem* (er bleibt gleichsam „am Ort")	Engel erscheint in der *Provinz-„Stadt"* *Nazaret* (er muss eine lange Reise machen)
Der *Tempel* ist ohnehin „Wohnsitz Gottes"	Die *„hinterste Provinz"* wird durch diesen Besuch in besonderer Weise ausgezeichnet
Empfänger der Botschaft: ein *Mann*	Empfänger der Botschaft: eine *(Jung-)Frau* (das bedeutet eine „Aufwertung" der Frau)
Der Engel kommt zu einem Mann, dem *Vater* (das ist das „Gewöhnliche")	Der Engel kommt zu einer Frau, der *Mutter* (das ist außergewöhnlich)
Der Vater Zacharias ist *Priester* (er ist von Standes wegen schon herausgehoben)	Die Mutter Maria ist eine *Frau unter vielen* (das ist eine besondere Auszeichnung und Hervorhebung)
Elisabet stammt aus dem *Haus Aaron* (Priestergeschlecht)	Josef aus dem *Haus David* (Königsgeschlecht)
Der Name (Johannes) ist von Gott bestimmt	Der Name (Jesus) ist von Gott bestimmt
In *dieser* Hinsicht sind *beide „gleich"*	
Der *Vater* soll das Kind benennen (das ist das „Gewöhnliche")	Die *Mutter* soll das Kind benennen (das ist außergewöhnlich)
Johannes wird (nur) *groß* sein *vor Gott*	Jesus wird *Sohn des Höchsten* genannt werden
Johannes wird *dem Herrn* (= Jesus) (wie ein Herold) *vorausgehen*	*Gott wird Jesus den (Königs-)Thron (Davids) geben* (der steht damit über Johannes)

Nachdem Lukas die Ankündigungen der Geburt von Johannes und Jesus nacheinander vorgestellt hat, führt er nun die beiden noch ungeborenen Protagonisten und ihre Mütter zusammen.

Kunstvolle Verknüpfung der zwei Linien: Begegnung der beiden Frauen und ihrer noch ungeborenen Kinder – Lobgesang der Maria

39 Nach einigen Tagen machte sich Maria auf den Weg und eilte in eine Stadt im
Bergland von Judäa. 40 Sie ging in das Haus des Zacharias und begrüßte Elisabet.
41 Als Elisabet den Gruß Marias hörte, hüpfte das Kind in ihrem Leib. Da wurde
Elisabet vom Heiligen Geist erfüllt 42 und rief mit lauter Stimme: Gesegnet bist du
mehr als alle anderen Frauen, und gesegnet ist die Frucht deines Leibes. 43 Wer bin
ich, dass die Mutter meines Herrn zu mir kommt? 44 In dem Augenblick, als ich
deinen Gruß hörte, hüpfte das Kind vor Freude in meinem Leib. 45 Selig ist die,
die geglaubt hat, dass sich erfüllt, was der Herr ihr sagen ließ. 46 Da sagte Maria:
Meine Seele preist die Größe des Herrn, / 47 und mein Geist jubelt über Gott,
meinen Retter. 48 Denn auf die Niedrigkeit seiner Magd hat er geschaut. / Siehe,
von nun an preisen mich selig alle Geschlechter. 49 Denn der Mächtige hat Großes
an mir getan, / und sein Name ist heilig. 50 Er erbarmt sich von Geschlecht zu
Geschlecht / über alle, die ihn fürchten. 51 Er vollbringt mit seinem Arm macht-
volle Taten: / Er zerstreut, die im Herzen voll Hochmut sind; 52 er stürzt die Mäch-
tigen vom Thron / und erhöht die Niedrigen. 53 Die Hungernden beschenkt er
mit seinen Gaben / und lässt die Reichen leer ausgehen. 54 Er nimmt sich seines
Knechtes Israel an / und denkt an sein Erbarmen, 55 das er unsern Vätern verhei-
ßen hat, / Abraham und seinen Nachkommen auf ewig.
56 Und Maria blieb etwa drei Monate bei ihr; dann kehrte sie nach Hause zurück.
(Lk 1,39–56)

Auch bei dieser Zusammenführung hält Lukas an seiner überbietenden Parallele fest.

Johannes	Jesus
Elisabet preist *Maria*	Maria preist *Gott*
Das Kind in ihrem Leib *hüpft* vor Freude über die Begegnung mit Jesus	Jesus nimmt die freudige Huldigung scheinbar *ungerührt und hoheitsvoll* entgegen.

Lukas bringt nun die Mütter und ihre Kinder wieder auseinander und setzt (auf der rechten Seite unseres Flügelaltars) Johannes und Jesus erneut nacheinander in Parallele.

Erzählungen von der Geburt des Täufers und von der Geburt Jesu

Der Text von der Geburt des Täufers wird hier etwas gekürzt wiedergegeben. Die Auslassung betrifft einen längeren Lobgesang des Zacharias.

57 Für Elisabet kam die Zeit der Niederkunft, und sie brachte einen Sohn zur Welt.
58 Ihre Nachbarn und Verwandten hörten, welch großes Erbarmen der Herr ihr
erwiesen hatte, und freuten sich mit ihr. **59** Am achten Tag kamen sie zur Be-
schneidung des Kindes und wollten ihm den Namen seines Vaters Zacharias ge-
ben. **60** Seine Mutter aber widersprach ihnen und sagte: Nein, er soll Johannes
heißen. **61** Sie antworteten ihr: Es gibt doch niemand in deiner Verwandtschaft,
der so heißt. **62** Da fragten sie seinen Vater durch Zeichen, welchen Namen das
Kind haben solle. **63** Er verlangte ein Schreibtäfelchen und schrieb zum Erstaunen
aller darauf: Sein Name ist Johannes. **64** Im gleichen Augenblick konnte er Mund
und Zunge wieder gebrauchen, und er redete und pries Gott. **65** Und alle, die in
jener Gegend wohnten, erschraken, und man sprach von all diesen Dingen im
ganzen Bergland von Judäa. **66** Alle, die davon hörten, machten sich Gedanken
darüber und sagten: Was wird wohl aus diesem Kind werden? Denn es war deut-
lich, dass die Hand des Herrn mit ihm war. **67** Sein Vater Zacharias wurde vom
Heiligen Geist erfüllt und begann prophetisch zu reden [...]. (Lk 1,57–80)

Anders als bei der Ankündigung der Geburt, bei der Johannes ausführlicher behandelt wurde, erzählt Lukas nun die Geburt Jesu breiter und ausladender.[60]

1 In jenen Tagen erließ Kaiser Augustus den Befehl, alle Bewohner des Reiches in
Steuerlisten einzutragen. **2** Dies geschah zum erstenmal; damals war Quirinius
Statthalter von Syrien. **3** Da ging jeder in seine Stadt, um sich eintragen zu lassen.
4 So zog auch Josef von der Stadt Nazaret in Galiläa hinauf nach Judäa in die Stadt
Davids, die Betlehem heißt; denn er war aus dem Haus und Geschlecht Davids.
5 Er wollte sich eintragen lassen mit Maria, seiner Verlobten, die ein Kind erwar-
tete. **6** Als sie dort waren, kam für Maria die Zeit ihrer Niederkunft, **7** und sie gebar
ihren Sohn, den Erstgeborenen. Sie wickelte ihn in Windeln und legte ihn in eine
Krippe, weil in der Herberge kein Platz für sie war.
8 In jener Gegend lagerten Hirten auf freiem Feld und hielten Nachtwache bei
ihrer Herde. **9** Da trat der Engel des Herrn zu ihnen, und der Glanz des Herrn
umstrahlte sie. Sie fürchteten sich sehr, **10** der Engel aber sagte zu ihnen: Fürchtet
euch nicht, denn ich verkünde euch eine große Freude, die dem ganzen Volk
zuteil werden soll: **11** Heute ist euch in der Stadt Davids der Retter geboren; er ist
der Messias, der Herr. **12** Und das soll euch als Zeichen dienen: Ihr werdet ein Kind
finden, das, in Windeln gewickelt, in einer Krippe liegt. **13** Und plötzlich war bei
dem Engel ein großes himmlisches Heer, das Gott lobte und sprach:
14 Verherrlicht ist Gott in der Höhe, / und auf Erden ist Friede / bei den Menschen
seiner Gnade.

15 Als die Engel sie verlassen hatten und in den Himmel zurückgekehrt waren, sagten die Hirten zueinander: Kommt, wir gehen nach Betlehem, um das Ereignis zu sehen, das uns der Herr verkünden ließ. 16 So eilten sie hin und fanden Maria und Josef und das Kind, das in der Krippe lag. 17 Als sie es sahen, erzählten sie, was ihnen über dieses Kind gesagt worden war. 18 Und alle, die es hörten, staunten über die Worte der Hirten. 19 Maria aber bewahrte alles, was geschehen war, in ihrem Herzen und dachte darüber nach. 20 Die Hirten kehrten zurück, rühmten Gott und priesen ihn für das, was sie gehört und gesehen hatte; denn alles war so gewesen, wie es ihnen gesagt worden war. (Lk 2,1–20)

Gegenüberstellung: Geburt des Täufers und Geburt Jesu

Ort der Geburt nicht angegeben	Zu *Betlehem*, in der Stadt Davids
Geburt vor Repräsentanten der irdischen Welt	
Zeit des Herodes, des *Königs von Judäa* (Herodes ist nur ein „kleiner König“)	Als *Augustus Kaiser* und Quirinius Statthalter waren (Kaiser Augustus ist viel bedeutender als Herodes, er ist Weltherrscher)
Auftreten von Repräsentanten der *himmlischen* Welt	
keine Erscheinung von Engeln	gewaltige Engelerscheinung
Lobgesang (nur) des *Zacharias*	Lobgesang der *Engel*
Nachbarnbesuche	Hirtenbesuche (Hirten als Repräsentanten der Führungs- und der Unterschicht in Israel)

Auch hier, wie schon in den beiden vorangegangenen Erzählungen, hält Lukas an seiner überbietenden Parallele fest. Jetzt müsste es eigentlich jeder Leserin und jedem Leser des Evangeliums aufgegangen sein: Jesus ist mehr als Johannes. Das braucht der Evangelist gar nicht ausdrücklich zu betonen. Die aufmerksamen Leserinnen und Leser bekommen das schon selbst mit und können daraus ihre Schlüsse ziehen.

Die Steuerschätzung

Lukas stand vor einem Problem. Er wusste, dass Jesus in Nazaret geboren worden war. Aber er wusste auch, dass in der Überlieferung Betlehem als Geburtsort genannt wird, weil es die Davidsstadt ist und Jesus als Spross aus dem Haus des Königs David gelten soll. Wie sollte er aber die Familie Jesu von ihrem Wohnsitz Nazaret zu dem „Geburtsort“ Jesu, Betlehem, bringen? Das ist immerhin eine Entfernung von etwa 200 Kilometern. Aus freien Stücken hätten Maria und Josef diesen weiten Weg sicher nicht auf sich genommen. Also musste ein „offizieller Anlass“ dafür gefunden werden.

Lukas wusste von einer Steuerschätzung im Jahre 7 nach der Zeitenwende. Denn die erwähnt er in seiner Apostelgeschichte: „in den Tagen der Volkszählung".[61] Offensichtlich wusste jedermann, wann das war. Und vielleicht kannte Lukas auch einen Bericht seines Zeitgenossen, des jüdischen Historikers Flavius Josephus, der über diese Steuerschätzung schreibt, sie sei ein bisher unbekanntes (!), geradezu als unerhört empfundenes Ereignis gewesen.[62] Lukas brauchte etwas Derartiges für die Zeit der Geburt Jesu. Doch dafür gab es nichts. Jedenfalls wissen wir bis heute nichts davon. Und wir dürfen getrost annehmen, dass der Evangelist auch nicht besser informiert war als wir heute.

Lukas hatte gute Gründe anzunehmen, dass auch die Adressaten seiner Aufzeichnungen nicht so genau Bescheid wussten. Also verlegte er die historisch gesicherte Steuerschätzung aus dem Jahr 7 *nach* der Zeitenwende in das Jahr der Geburt Jesu – vermutlich 7 *vor* der Zeitenwende.[63]

Damit konnte Lukas gleich noch ein weiteres, ihm wichtig erscheinendes Anliegen unterbringen. Um Josef und Maria nach Betlehem zu bringen, hätte nämlich schon die Erwähnung eines Zensus genügt, der nur Palästina betraf, nicht aber „alle Bewohner des Reiches". Lukas spricht nämlich vollmundig von einer Steuerschätzung, die „zum ersten Mal" geschah und die Kaiser Augustus für *alle Bewohner des Reiches* anordnete. Die Annahme eines solchen, das ganze damalige „Weltreich" gleichzeitig umfassenden Zensusaktes ist jedoch historisch völlig unhaltbar. Doch gerade dieser Gedanke eines universalen Reichszensus scheint dem Evangelisten wichtig gewesen zu sein. Denn auf diese Weise gelang es ihm, das nach profanen Maßstäben bedeutungslose Ereignis der Geburt Jesu in die Weltgeschichte einzuordnen. Nur dieser Evangelist stellt dem Auftreten des Täufers und dem Auftreten Jesu eine Zeitangabe voraus, die nicht nur den kleinen Landstrich Palästina betrifft: „Im 15. Jahre der Regierung des Kaisers Tiberius, als Pontius Pilatus Statthalter von Judäa war [...]" und „In jenen Tagen erließ Kaiser Augustus den Befehl, alle Bewohner des Reiches in Steuerlisten einzutragen. Dies geschah zum ersten Mal; damals war Quirinius Statthalter von Syrien."[64] Durch diese zeitliche Fixierung kann Lukas die weltweite Bedeutung der Geschehnisse betonen.

Bemerkenswert ist schließlich noch, dass der Zensus im Fortgang der Erzählung überhaupt nicht mehr erwähnt wird. So wird nichts darüber gesagt, ob sich Josef und Maria vor oder nach der Geburt Jesu vor einem Zensor oder dessen Beauftragten in Betlehem gemeldet haben. Lukas erwähnt nur, dass sie „nach 8 Tagen" das Kind zur Beschneidung in den Jerusalemer Tempel brachten und dann „nach Galiläa in *ihre* Stadt Nazaret" zurückkehrten.[65]

„Herbergssuche" und Krippe

Wenden wir uns nun wieder der Erzählung über die Geburt Jesu zu! Lukas schreibt, dass Josef und Maria in der örtlichen „Herberge" nicht unterkommen konnten, weil „kein Platz für sie war". Von einer „Herbergssuche", einem Umherirren von Haus zu Haus und einer rigorosen Abweisung des fremden Mannes mit seiner hochschwangeren Frau ist nirgends die Rede. Auch von einer Geburt im „Stall" weiß Lukas nichts, nur von einer „Krippe", in die Maria den Neugeborenen legte.

Das Wickeln des Kindes könnte als Zeichen für die Hirten verstanden werden: „Sie sollen einen Säugling suchen, ein erst kürzlich geborenes Kind, eben ein ‚Wickelkind' […] Das so bedeutsame Ereignis wird unglaublich schlicht erzählt, damit kein ausmalendes Wort das eigentlich Gemeinte verdunkele."[66] Unter der „Krippe" dürfen wir uns eine mit Häcksel oder Lehm und Stein ausgemauerte Futtermulde am Boden oder erhöht in der Wand vorstellen. Jedenfalls war es „in Palästina niemals ein auf Füße gestellter hölzerner Kasten".[67]

Die Hirtengeschichte

Die Hirtengeschichte bildete vermutlich ursprünglich eine geschlossene literarische Einheit, die Lukas bei seinen Recherchen vorfand oder die ihm von irgendjemand zugespielt wurde.[68]

An der Geschichte ist einiges bemerkenswert, und vieles davon erscheint uns heute geradezu märchenhaft. Da sind zuerst die Hirten, die „auf freiem Feld Nachtwache bei ihrer Herde" halten. Plötzlich tritt „der Engel des Herrn" zu ihnen und hat eine Botschaft zu verkünden, die alle scheinbar selbstverständlich gut hören und verstehen können. Gleichzeitig werden die Hirten vom „Glanz des Herrn" umstrahlt. „Und plötzlich", sobald der eine Engel die unerhörte Nachricht verkündet hat, gesellt sich zu ihm ein „großes himmlisches Heer". Nirgends sonst in den Evangelien ist von einer derart massiven Engelerscheinung die Rede.

Merkwürdig ist die Selbstverständlichkeit, mit der himmlische Wesen auf Augenhöhe zu den offensichtlich völlig ahnungslosen Hirten treten und sie mit einer unerhörten Botschaft ansprechen, ohne dass bei ihnen irgendwelche Zweifel an der Realität der Engelerscheinungen aufkommen. Kaum vorstellbar erscheint auch die selbstverständliche Unmittelbarkeit, mit der sich die Hirten „eilends" nach Betlehem aufmachen, ohne überhaupt erfahren zu haben, wo die „Krippe" stehen soll. Eine Futtermulde ist in jedem betlehemitischen Bauernhaus zu finden, weil meist Menschen und Tiere in einem Raum zusammenleben. Eine Krippe lässt sich aber auch in einem angebauten Stall, sogar in einer Hürde im Freien antreffen, zumal die Erzählung keineswegs die winterliche Regenzeit voraussetzt. Dennoch finden sie sofort die Krippe und das Kind.

Das alles zeigt, wie wenig Interesse der Evangelist an einem möglicherweise konkreten historischen Geschehen erkennen lässt. Denn sonst müsste er doch wohl darauf achten, dass seine zukünftigen Leserinnen und Leser sich nicht fragen müssen, ob sich derart Unwahrscheinliches, Widersprüchliches und Ungereimtes wirklich zugetragen haben soll.

Doch die Absicht des Evangelisten, die er mit der Erwähnung der Hirten und der Krippe verfolgt, geht in eine andere Richtung: Hirtenmilieu und Krippe entsprechen einem Bild, mit dem Lukas vielleicht die Geburt des Sohnes Davids in der „Stadt Davids" illustrieren möchte. Der berühmte König David war nämlich selber ein betlehemitischer Hirte, bevor er zum König auserwählt wurde.[69]

Die Erzählung will also sicher kein Offenbarungserlebnis berichten, das irgendwelchen ahnungslosen Hirten damals zuteil wurde. Es ist auch kaum vorstellbar, dass die Hirten ein derart spektakuläres Ereignis nicht so schnell wie möglich überall weitererzählt hätten. Sie waren ja von dem Engel dazu indirekt aufgefordert worden, weil die „große Freude", die ihnen verkündet worden war, „dem *ganzen* Volke" gelten sollte. Ebenfalls kaum denkbar, dass das Geschehen nicht sehr rasch auch dem misstrauischen Herodes zu Ohren gekommen wäre, der in Sichtweite des heutigen Hirtenfeldes eine seiner Zwingburgen, das Herodion, hatte errichten lassen. Nichts von alledem. Die spektakulären Ereignisse finden keinerlei Erwähnung – weder in den gerade für diese Zeit ziemlich reichlich vorhandenen jüdischen Quellen noch in den neutestamentlichen Zeugnissen über das spätere Auftreten Jesu. Im Johannesevangelium wird Jesus von „den Juden" sogar seine für den Messias unmögliche Herkunft aus Galiläa, aus Nazaret, vorgehalten.[70]

Und weiter: Weder das Markus- noch das Matthäus- oder das Johannesevangelium wissen davon, dass Jesus jemals den Anspruch erhoben hätte, schon bei seiner Geburt sei eine gewaltige Engelerscheinung erfolgt oder darüber hinaus noch eine feierliche Proklamation, dass „der Retter, der Messias, der Herr" geboren ist.

Kurioserweise sollen die Hirten dieses für die ganze Welt höchst bedeutsame Kind nicht in einem vornehmen Palast, sondern in einer Krippe finden. Wie passt das zusammen? Man muss sich überhaupt fragen: Wozu ein derart massives Offenbarungswunder, wenn dieses die folgenden 30 Jahre bis zum öffentlichen Auftreten Jesu in der hintersten Provinz, in Galiläa, und sogar in seiner öffentlichen Predigt keine Aufmerksamkeit findet?

Merkwürdig ist auch, dass die Engel einfach auf die Geburt „in der Stadt Davids" hinweisen. Warum nicht einfach: „in Betlehem"? Woher wussten die Hirten, dass mit der „Stadt Davids" Betlehem und nicht Jerusalem gemeint war? Denn als „Stadt Davids“ gilt im Alten Testament wie im damaligen Judentum stets Jerusalem, die Residenz des Königs David. Eigentlich hätten die Hirten schnurstracks nach Jerusalem aufbrechen müssen.

Kindheitsevangelien nach Matthäus und Lukas als komplexe, theologisch hoch aufgeladene Bildergeschichten

Die beiden Kindheitsevangelien nach Matthäus und Lukas wurden so ausführlich vorgestellt, weil sie im deutschen Sprachraum nicht nur in der traditionellen Volksfrömmigkeit, sondern auch in ihrer heute weitgehend säkularisierten Form im Hinblick auf die Familie, auf den Kommerz und als „Fest des Friedens“ tief verankert sind. Das erscheint merkwürdig angesichts des inzwischen verbreiteten Wissens, dass es sich hier nicht um Tatsachenberichte, sondern um mehr oder minder frei erfundene Bildergeschichten handelt. Wenn aber der „holde Knabe im lockigen Haar“, die Krippe, der Gesang der Engel, der „Stern von Betlehem“, die „heiligen drei Könige“ und schließlich der Mord an den „unschuldigen Kindern“ alles nur Produkte einer frommen Fantasie sein sollen, dann muss man sich doch fragen, wie es trotzdem möglich ist, dass auch in unseren Tagen noch aufgeklärte, kritisch denkende Menschen das Weihnachtsfest feiern und guten Gewissens in die Kirche gehen können. Offenbar werden mit den Inhalten der Kindheitsevangelien in jedem Menschen Schichten angesprochen, die sich trotz Aufklärung und Säkularisierung nicht austreiben lassen.

Matthäus und Lukas haben eine Antigeschichte zu den damals umlaufenden gloriosen und fantastischen Kindheitsgeschichten der politischen Größen ihrer Zeit geschrieben. Der Jesus, den die Evangelisten vorstellen, ist kein Tausendsassa, kein Wunderkind, kein Übermensch.[71] Er ist genau das Gegenteil von dem, was man von einer historisch bedeutsamen Gestalt erwartet. Er kommt nicht in einem Palast zur Welt, sondern irgendwo „draußen“; seine Wiege ist kein Himmelbett, sondern eine Futterkrippe; er wird nicht von der Staatsmacht gehegt und gepflegt, sondern muss schon bald nach seiner Geburt im Ausland in Sicherheit gebracht werden.

Es gehört zu den Eigentümlichkeiten der Schrift, dass sie bisweilen fiktive Elemente in ihre Erzählungen einbaut, um zu zeigen, was wirklich geschehen ist. Die Evangelien verbergen hinter dem vordergründig Erzählten und der vielfach archetypischen Bildersprache tief verwurzelte anthropologische Einsichten und theologische Aussagen. Jeder Satz, ja fast jedes Wort besitzt hinter der scheinbar leicht für jedermann verständlichen Oberfläche noch eine Tiefendimension, die sich erst bei genauerem Hinsehen erschließt und die auch etwas Hintergrundwissen voraussetzt.

Politisch-zeitgeschichtliche Aspekte

Matthäus berührt in seiner Erzählung von den Weisen aus dem Osten die Heuchelei und die ungezügelte, brutale Machtausübung karrieresüchtiger Despoten, die auch vor einem Mord an unbeteiligten Kindern nicht zurückschrecken, um ihren Machterhalt zu sichern. Wer sich etwas in der Geschichte auskennt, weiß freilich, dass derartige „Herren" – wie hier der König Herodes – letztlich meist kläglich enden. Er weiß um die Ohnmacht der Mächtigen und die Macht der Ohnmächtigen.

Der Evangelist, der ja sein Werk aus der Perspektive des Jahres 85 oder 90 schreibt, erinnert mit der Huldigung der Sterndeuter daran, dass die vielen „Heiden" – vor allem aus Syrien und Griechenland –, die inzwischen zu Anhängern des unbekannten Kindes aus Betlehem wurden, allesamt Menschen sind, die in ihrer Suche nach dem Eigentlichen und Letzten, das ihr Leben erfüllen kann, fündig geworden sind, die ihr Lebensziel erreicht haben.

Lukas holt wesentlich weiter aus. Er verknüpft die Geburt Jesu mit der Geschichte der damals bekannten Welt. Was in einem kleinen Winkel des großen römischen Imperiums geschieht, steht nicht im Abseits, ist nicht unbedeutend. Hier geschieht das eigentliche Ereignis der Weltgeschichte. Durch die Geburt des Messias wird Betlehem zum eigentlichen Mittelpunkt der Welt. Das Heil ist nicht vom damals regierenden Kaiser Augustus, sondern vom Kind in der Krippe zu erwarten.

Das ist ein geradezu tollkühner Gedanke. Kaiser Oktavian Augustus (27 v. Chr.–14 n. Chr.) war der Großneffe und Haupterbe Caesars. Er hatte die Machtkämpfe, die auf dessen Ermordung im Jahr 44 v. Chr. folgten, gewonnen und war von 31 v. Chr. an zum Alleinherrscher des römischen Imperiums aufgestiegen. Er hatte dem Jahrhundert der römischen Bürgerkriege ein Ende gesetzt. Seine Herrschaft mündete in eine lang anhaltende Zeit inneren Friedens, die als Pax Augusta verklärt wurde. Vom römischen Senat wurde ihm zu Ehren ein Jahr vor seinem Tod der noch heute zu bewundernde „Altar des Friedens des Augustus", die „Ara Pacis Augustae", errichtet. Sein Bild wurde mit göttlichen Hoheitszeichen geschmückt. Der Senat der Stadt Rom zeichnete ihn mit dem Würdenamen „Augustus" aus: der Anbetungswürdige. Überschwänglich wurde er von zeitgenössischen Dichtern gepriesen. So sah man in ihm den von Vergil (70–19 v. Chr.) in seiner 4. Ekloge erwarteten Heilsbringer: „Das letzte Zeitalter [...] ist schon gekommen. Die große Reihe der Jahrhunderte wird von neuem geboren. Schon kehrt auch die Jungfrau, kehrt Saturnus' Reich wieder. Schon wird ein neuer Spross hoch vom Himmel herabgesandt [...] O tritt an die hohen Ehren – gleich wird die Zeit da sein –, teures Götterkind."[72]

Die griechischen Städte der Provinz Asia beschlossen, vermutlich im Jahr 9 v. Chr., den Julianischen Kalender und mit ihm eine neue Zeitrechnung einzuführen. Der Neujahrstag wurde auf den neunten Tag vor den Kalenden des Oktober, auf den 23. Oktober, festgelegt. In vier kleinasiatischen Städten fand man Fragmente des Erlasses, der die neue Zeitrechnung einführte, darunter auch die 1890 entdeckte „Inschrift von Priene".

> Dieser Tag, der Geburtstag des Kaisers, hat der ganzen Welt ein anderes Aussehen gegeben. Sie wäre dem Untergang verfallen, wenn nicht in dem heute Geborenen für alle Menschen ein gemeinsames Glück aufgestrahlt wäre [...] Wer richtig urteilt, wird in diesem Geburtstag den Anfang des Lebens und der Lebenskräfte für sich erkennen. Unmöglich ist es, in gebührender Weise Dank zu sagen für die großen Wohltaten, die dieser Tag gebracht hat. Die Vorsehung, die über allem Leben waltet, hat diesen Mann zum Heil der Menschen mit solchen Gaben erfüllt, indem sie ihn uns in den kommenden Geschlechtern als Heiland gesandt hat. Allem Krieg wird er ein Ende setzen und alles herrlich ausgestalten. In seiner Erscheinung sind die Hoffnungen der Vorfahren erfüllt. Er hat nicht nur die früheren Wohltäter der Menschheit alle übertroffen, sondern es ist auch unmöglich, dass je ein Größerer käme. Der Geburtstag des Gottes war für die Welt der Anfang der Evangelien, die seinetwegen ergangen sind.[73]

Der offenbar weitverbreitete Text ist ein bemerkenswertes Zeugnis für die göttliche Verehrung, die dem Kaiser zuteil wurde. Er wirft aber auch ein deutliches Licht auf die Erlösungssehnsucht der gesamten damals bekannten Welt.

Lukas hat die Sprache dieser Erlösungssehnsucht für seine Darstellung der Geburt Jesu aufgenommen. Er lässt die Engel auf den Feldern von Betlehem die Geburt des Heilands, des Retters, des Friedensbringers verkünden. In ihrer Botschaft verbirgt sich ein erstaunliches Sendungs- und Selbstbewusstsein der christlichen Gemeinden. Diese spielten ja zu der Zeit, als Lukas sein Evangelium schrieb, eine politisch völlig unbedeutende Rolle. Es ist schon erstaunlich: Allein aus dem Glauben an die Bedeutung dieses Jesus von Nazaret und der von ihm ausgelösten Bewegung konnten Lukas und die Mitglieder seiner Gemeinde zu einer derartigen Aussage kommen!

Die Geschichte hat Lukas Recht gegeben. Der liturgische Geburtstag Christi, der am 25. Dezember gefeiert wird, war lange Zeit der Anfang des neuen Jahres. Im Jahre 525/26 wurde in Rom, vor allem auf Betreiben des Mönches Dionysius Exiguus, die bisherige Zeitrechnung, die von der Gründung der Stadt Rom an zählte, auf die Zeitrechnung nach der Geburt Christi umgestellt. Dabei wurde das Jahresdatum der Geburt Christi versehentlich um sieben Jahre zu spät angesetzt. Die Jahre der Weltgeschichte werden ab jetzt von der Geburt Christi an gezählt: In Christus ist der wahre Retter der Welt erschienen.

Gesellschaftlich-soziale Aspekte

Matthäus lässt in seinem Kindheitsevangelium Männer, die als besonders weise und wissenschaftlich qualifiziert galten, vor dem unmündigen Kind erscheinen und ihm huldigen. Das Große, Bedeutende, Hochangesehene und Geachtete fällt auf die Knie vor dem Kleinen, Unbedeutenden, Unansehnlichen und Nichtbeachteten! Das Christentum ist nicht nur etwas für arme und ungebildete Leute, sondern auch für Reiche und Gebildete, wenn sie nur die Zeichen der Zeit zu deuten wissen und genügend Demut aufbringen, um niederzuknien und anzubeten.

Lukas deckt in seiner Erzählung von der Geburt Jesu die gesellschaftlich-sozialen Aspekte vor allem durch seine kontrastierende Darstellungsweise auf.

- Da ist der Kaiser auf der einen und da sind die kleinen Leute auf der anderen Seite.
- Da ist die Metropole Rom als Zentrum der Macht und der Weltherrschaft einerseits und da sind die Felder des Provinzdorfes Betlehem andererseits.
- Da ist der von Menschen zu einem „Gott“ gemachte „Retter“ und „Heiland“ Augustus, und da ist der von Gott zu den Menschen gesandte Retter, der „unten“, am Rande der Gesellschaft geboren wird.
- Da sind die Mächtigen in ihren Palästen, die zum Zweck der Steuererhebung selbst Hochschwangere auf die Reise schicken, und da sind die Menschen, die gehorchen und sich auf den Weg machen müssen, ohne Gewissheit, irgendwo in einer Herberge unterkommen zu können.
- Da ist ein Kind in einem Stall, das von armen Hirten besucht und verehrt wird und das von den Reichen und Mächtigen der Welt unbeachtet bleibt. Aber dieses Kind wird (zwei Kapitel später im Lukasevangelium) als erwachsener Mann erklären, es habe die Aufgabe, „den Armen die frohe Botschaft zu bringen, den Gefangenen Befreiung, den Blinden das Augenlicht, die Zerschlagenen zu befreien.“[74]

Tiefenpsychologische Aspekte

Bei *Matthäus* sind hier vor allem die Motive des Traums und der rettenden Flucht zu nennen.

Zweimal erzählt der Evangelist von einem *Traum* Josefs. Seit Urzeiten haben sich die Menschen mit Traumdeutung beschäftigt. Die alten Auffassungen gingen dahin, dass Götter oder Dämonen die Träume verursachen, wobei Götter die guten Träume eingeben. In den frühen antiken Kulturen erhoffte man sich von Träumen in erster Linie rettende Warnungen vor künftigen Ereignissen. Meist richtete man sich in seinem Handeln nach dem, was man im Traum erfahren hatte.[75]

Die *Flucht* führt beispielsweise im Märchen von Brüderchen und Schwesterchen zur Rettung. Da ergreift der Mann (hier das Brüderchen) die Initiative zur Flucht aus der Fron einer unerträglichen Situation (hier die Schikanen der Hexenstiefmutter). Durch die Flucht schafft der Mann (= Brüderchen) unbewusst die Voraussetzung zur Rettung. Diese geschieht im Märchen in der Annäherung des Königs (= Gott). Nach vielen Wirrungen und Irrungen führen Geduld, Hellhörigkeit und Sorgsamkeit schließlich zum Sieg des Guten über das Böse, über Neid und Intrige. Auch das aus der Liebe zwischen dem König (= Gott) und dem Schwesterchen hervorgegangene Kind wird aus den Klauen des mörderischen Lügengeistes gerettet.

Lukas bringt in seinem Kindheitsevangelium eine Fülle von (auch) tiefenpsychologisch zu deutenden Bildern und archetypischen Symbolen: Nacht und Licht, Feld und Stall, Hirten und Tiere, Kind und Mutter, Geborgenheit und Obdachlosigkeit, Kaiser und armer Mann.

Die *Nacht* ist seit alters her die Zeit der dunklen, unheimlichen Wesen und der Dämonen. „Nacht" steht für das Dunkel des Lebens: für Angst, Verlassenheit, Bedrohtsein, Ausgeschlossensein, Chaos. Die Nacht symbolisiert aber auch eine Zeit der Ruhe und Entspannung. Für die (christlichen) Mystiker kann die Nacht schließlich für die Dunkelheit stehen, die der Wiedergeburt und dem Beginn von etwas Neuem, Besseren, der Erleuchtung vorangeht.

In diese „Nacht" strahlen die Herrlichkeit Gottes und die Botschaft vom Frieden. Die Dämonen werden gebannt. Ein neues Zeitalter bricht an. Die Finsternis der Gottesferne und der Sünde muss weichen. Menschen und Tiere erfahren davon. Beiden wird der Friede verkündet.

Die Krippe mit dem friedlich darin liegenden und von seinen Eltern behüteten Kind steht nicht im Freien, schutzlos der Unbill der Natur ausgesetzt, sondern offensichtlich in einem Gebäude mit einem Dach darüber. Das assoziiert Geborgenheit, Umsorgtsein und Schutz.

Und schließlich gehören auch die von den Hirten vermutlich nicht allein auf den Feldern zurückgelassenen Schafe dazu. Die Tradition führt sogar noch Ochs und Esel hinzu. Wahrscheinlich verdanken wir die beiden Tiere einem nicht in den christlichen Kanon aufgenommenen „apokryphen" Evangelium. Dort werden sie unter Berufung auf die Erfüllung einer Stelle aus dem Buch des Propheten Jesaja an die Krippe gestellt: „Ich habe Söhne großgezogen und emporgebracht, doch sie sind von mir abgefallen. Der Ochse kennt seinen Besitzer und der Esel die Krippe seines Herrn. Israel aber hat keine Erkenntnis, mein Volk hat keine Einsicht."[76] Ochs und Esel werden zu Bildern derer, die ihren Herrn kennen und ihn nicht vergessen haben.

Menschen und Tiere gemeinsam an der Krippe – vielleicht deuten sie (dem Lukas höchst wahrscheinlich so noch nicht bewusst) auf die Integration des Triebhaften, des Animalischen, in das menschliche Ich hin. Und damit auf den Frieden des Menschen mit sich selbst.

Theologisch-christologische Aspekte

Es bleiben noch die theologisch-christologischen Aspekte, das Wesentliche und Eigentliche der Kindheitsevangelien. Matthäus und Lukas haben hier ein kleines theologisches Kunstwerk geschaffen. Sie haben höchstkomplexe und vielschichtige Aussagen in eine schlichte Erzählung verpackt. Sie haben ihre theologische und christologische Botschaft in einprägsame und den Menschen ihrer Zeit vertraute Bilder gekleidet.

Die theologisch-christologischen Aspekte des *Matthäus*evangeliums lassen sich vielleicht so zusammenfassen:

- Jesus ist in den Schriften des Alten Testaments in vielfacher Weise angekündigt worden. Man muss nur genau hinschauen, um das zu erkennen. Man muss die versteckten Anspielungen der Propheten richtig deuten.
- Jesus ist zutiefst im Volk Israel beheimatet. In seinem Stammbaum spiegeln sich Höhen und Tiefen der Geschichte des Volkes, Menschlich-Allzumenschliches und Heroisches.
- Jesus ist der neue Mose. Er rettet sein Volk aus aller Knechtschaft und Unterdrückung und führt es in die Freiheit der Kinder Gottes.
- Jesus ist von einer „Jungfrau" geboren: Menschliche Fruchtbarkeit allein hätte so etwas wie ihn nicht schaffen können. Hier war Gott am Werk. Jesus ist das Werk Gottes. Er ist das Geschenk Gottes an die Menschen.
- Jesus hat nicht nur eine Bedeutung für die Juden, sondern auch für die Heiden, ja für alle Menschen. Die Aufgeschlossensten unter ihnen haben ihn erkannt. Ihnen ist ein Licht aufgegangen. Sie sind dem Stern gefolgt. Sie haben Jesus aufgesucht, ihm gehuldigt und ihre Gaben dargebracht.
- Jesus erregt den Neid und die Missgunst der Mächtigen. Er wird kein ruhiges, bequemes Leben führen können. Sein gewaltsamer Tod zeichnet sich schon jetzt ab. Auch alle, die sich zu ihm bekennen, sind vor Verfolgung nicht sicher.
- Jesus und sein Schicksal sind in die Hände von Menschen gegeben. Sie müssen ihn in Sicherheit bringen. Später wird es die Aufgabe von Menschen sein, seine Botschaft zu hüten und weiterzugeben.

Lukas setzt etwas andere, aber nicht minder wichtige Akzente:

- Jesus ist eine „große Freude für das ganze Volk". Die Botschaft, die er zu bringen hat, ist ein „Evangelium", eine Botschaft überschwänglicher Freude. Lukas legt dem Engel die Worte in den Mund: „euangelízomai hymín charán megálän" (wörtlich: „ich frohbotschafte euch eine große Freude").
- Jesus ist der „Retter", der gekommen ist, „um zu suchen und zu retten, was verloren ist".
- Jesus ist vor allem gesandt zu den Armen und zu jenen, die keine besondere Wertschätzung im Volk erfahren. Die Hirten galten als Betrüger und

zählten auch nicht zu den Frommen, weil sie bei ihrer Berufsausübung den gesetzlichen Reinheitsvorschriften nicht nachkamen.

- Jesus ist der „Sohn Davids", in dem sich die Verheißungen und Erwartungen des Volkes Israel erfüllen.
- Jesus ist der eigentliche Friedensbringer, weil Friede nur möglich ist, wenn Gott ihn schenkt.
- Jesus ist nicht ein König, der mit Macht und Glanz daherkommt, sondern ein armer und heimatloser „Menschensohn".

Die theologisch-christologischen Aussagen beider Evangelien lassen sich wie im folgenden Zitat zusammenfassen.

> „Im Raum der Geschichte tritt ein Mensch auf, Mensch wie wir alle und doch in seinem ganzen irdischen Dasein, von der Geburt bis zum furchtbaren Kreuzestod, ein Mensch, der die Dimensionen des Menschlichen übersteigt und gerade dadurch auf die Transzendenz der menschlichen Existenz hinweist. Ein Mensch, der außergewöhnliche Zeichen tut und Worte spricht, die nicht untergehen; der Liebe übt wie kein anderer und der offenbart, was Liebe ist, welche die Menschen erlöst; der zum Bild und Zeichen Gottes in dieser Welt wird. Ein Mensch, in dem das Ewige in die Zeit einbricht; durch den die Menschen erfahren, was die Tiefen und Höhen menschlicher Existenz sind; der zur Hoffnung für die dem Tod ausgelieferten Menschen wird, weil er sterbend das Leben erwarb und eine neue Zukunft eröffnete. All dies offenbart sich schon in seiner Geburt: Das schwache Kind in der Krippe ist der Retter der Welt. Das ist die unvergängliche Weihnachtsbotschaft – ohne Legende und Mythos."[77]

Als nüchternes historisches Faktum der Vorgeschichte Jesu ist nur so viel festzuhalten: Jesus ist geboren in der Zeit der Regierung Herodes I., des Großen, wahrscheinlich im Jahre 7 oder 6 vor der Zeitenwende (Herodes regierte von 37 bis 4 vor der Zeitenwende). In dieser Zeit herrschte Kaiser Augustus über das gesamte römische Imperium. Quirinius war sein Statthalter in Syrien. Jesu Mutter hieß Maria, sein Vater Josef. Ihr ständiger Wohnsitz war Nazaret.

Anfang der Jesusgeschichte nach dem Johannesevangelium

1 Im Anfang war das Wort, /
und das Wort war bei Gott, /
und das Wort war Gott.
2 Im Anfang war es bei Gott
3 Alles ist durch das Wort geworden, /
und ohne das Wort wurde nichts,
was geworden ist.

4 In ihm war das Leben, /
und das Leben war das Licht der Menschen.
5 Und das Licht leuchtet in der Finsternis, /
und die Finsternis hat es nicht erfasst.
[...]
9 Das wahre Licht, das jeden erleuchtet, /
kam in die Welt.
10 Er war in der Welt, /
und die Welt ist durch ihn geworden, /
aber die Welt erkannte ihn nicht [...]
11 Er kam in sein Eigentum, /
aber die Seinen nahmen ihn nicht auf.
12 Allen aber, die ihn aufnahmen, gab er Macht, Kinder Gottes zu werden, /
allen, die an seinen Namen glauben,
13 die nicht aus dem Blut, /
nicht aus dem Willen des Fleisches, /
nicht aus dem Willen des Mannes, /
sondern aus Gott geboren sind
14 Und das Wort ist Fleisch geworden /
und hat unter uns gewohnt, /
und wir haben seine Herrlichkeit gesehen, /
die Herrlichkeit des einzigen Sohnes vom Vater, /
voll Gnade und Wahrheit. (Joh 1,1–18; hier: 1,1–5.9–14)

Jetzt geraten wir in eine ganz andere Welt. Der Prolog zum Johannesevangelium unterscheidet sich grundlegend von den Kindheitsevangelien nach Matthäus und Lukas. Während diese ihre theologische und christologische Botschaft in eine anschauliche Erzählung kleiden, setzt Johannes sofort höchst spekulativ und wenig anschaulich an. Die Evangelien nach Matthäus und Lukas begannen ihre Vorgeschichte Jesu „ganz unten". Der Evangelist Johannes beginnt seine Vorgeschichte „ganz oben".

An den Beginn seines Evangeliums stellt Johannes einen rätselhaften Satz: „Im Anfang war das Wort". „Wort" steht hier in der deutschen Übersetzung für das griechische „logos". Dieses Wort kennen wir aus den Begriffen Theo-*logie*, Geo-*logie*, Bio-*logie*. Darunter verstehen wir die wissenschaftliche, systematische Lehre von Gott, von der Erde, vom Leben.

Darüber hinaus war „Logos" nach der Lehre griechischer Philosophen eine Umschreibung für jene Kraft, die alle Wesen dieser Welt bestimmt und die ihnen Gestalt und Bewegung verleiht. Durch den Logos, so sagten sie, habe Gott die Welt gegründet. In dieser Kraft und durch diese Kraft ist alles geschaffen.

Auch im Judentum zur Zeit des Evangelisten Johannes hatte man diesen Begriff übernommen. Der jüdische Philosoph und Theologe Philon (ca.

25 v. Chr. bis 50 n. Chr.) setzte nämlich die göttliche „Weisheit", wie sie uns in den Schriften des Alten Testaments begegnet, mit dem „Logos" der griechischen Philosophie gleich. Er verstand den „Logos" als ein Zwischenwesen, durch das der jenseitige, geistige Gott mit der diesseitigen, materiellen Welt in Verbindung tritt. Der „Logos", so meinte er, ist nicht Gott, sondern (nur) „Sohn Gottes", sein „erstgeborener Sohn". Durch den „Logos" offenbart sich Gott.

Weil Johannes ein Evangelium auch für gebildete Juden und Griechen schreiben wollte, ist anzunehmen, dass er an den Anfang seiner Schrift diesen lapidaren Satz stellte, der die Gedanken jüdischer und hellenistischer Philosophen aufgreift und sie im Hinblick auf das Jesusgeschehen transparent macht. Johannes will seine Adressaten nicht mit etwas völlig Neuem überfallen, sondern ihnen zeigen, dass „sein" Jesus, den er ihnen verkünden will, genau jener „Logos" ist, den ihre Philosophen und Theologen schon verschwommen und verschleiert erahnt haben: „Im Anfang war der Logos, und der Logos war bei Gott. Und der Logos war Gott."

Einige Zeilen später erwähnt Johannes diesen Logos ein zweites Mal: „Und der Logos (das Wort) ist Fleisch geworden." Damit tut sich ein gewaltiger Kontrast auf: geistiger *Logos* – materielles *Fleisch!* Der Logos, die schöpferische, weltordnende Kraft und Weisheit Gottes, soll Fleisch geworden sein und „unter uns gewohnt" haben! Hier wird in drastischer Weise die eigentlich unüberwindliche Grenze zwischen Göttlichem und Menschlichem durchbrochen. Denn wenn es etwas gibt, womit die Gottheiten des Alten Orient und auch Jahwe, der Gott des Alten Bundes, überhaupt nichts zu tun hatten, von dem sie scharf abgesetzt wurden, dann war es das „Fleisch", der Inbegriff der Hinfälligkeit und Sterblichkeit.

Wir können nur Vermutungen anstellen, was den Evangelisten bewegt haben mag, hier dieses ominöse Wort „Fleisch" zu verwenden. Er hätte ja auch schreiben können: „Der Logos ist *Mensch* geworden." Das hätte viel harmloser geklungen. Selbst die Kirchenväter, 300 Jahre später, waren vorsichtiger. Im Nizäno-Konstantinopolitanischen Credo gingen sie weniger krass zu Werke. Dort heißt es: „Er (Christus) hat Fleisch *angenommen* durch den Heiligen Geist […] und ist *Mensch geworden.*" Das sieht fast so aus, als wollten die Bischöfe den Evangelisten korrigieren: Jesus hat das Fleisch *nur angenommen*, er ist nicht wirklich „Fleisch *geworden*".

Warum formulierte Johannes so krass? Vielleicht wollte er mit diesem auf viele Leserinnen und Leser sicher höchst anstößig wirkenden Wort den auch in seiner Gemeinde kursierenden Spekulationen entgegentreten, nach denen Jesus nur einen Scheinleib gehabt habe und in Wirklichkeit gar nicht wahrhaft ein Mensch aus Fleisch und Blut gewesen sei.

Es könnte aber auch sein, dass Johannes darüber hinaus einige seiner weiter blickenden Leserinnen und Leser nachdenklich stimmen und in ihnen das Gespür dafür wecken wollte, dass der Gott des Anfangs, der Schöpfer, in *allen* Dingen seiner Schöpfung gegenwärtig und erfahrbar ist, also auch im „Fleisch", in der Materie. Auch in der glitzernden Pracht und in der unendlichen Weite des nächtlichen Sternenhimmels ist etwas von der ordnenden Macht der göttlichen Weisheit, des „Logos", zu erahnen. Ebenso offenbart sich in der farbigen Vielfalt edler Steine, im knorzigen Urwuchs alter Bäume, im andächtig geöffneten, glühend roten Blütenkelch des Klatschmohns, im grazilen Körperbau und der bewundernswerten Leichtfüßigkeit der Gazelle etwas göttlich Großes und Schönes. Ist „nur" der Mensch Ebenbild Gottes, sind es nicht auch die unendlich vielen anderen Wesen, wenn auch vielleicht in einer weniger auffälligen und staunenswerten Weise? Gott, vielleicht will das Johannes auch sagen, ist in *allen* Dingen seiner Schöpfung geheimnisvoll gegenwärtig – in den großen und kleinen Wundern, aber auch in den bedrohlichen und Angst einjagenden Unverständlichkeiten. 1200 Jahre später schreibt der deutsche Mystiker Meister Eckhart: „Jegliche Kreatur ist Gottes voll. [...] Wenn sich Gott einen Augenblick von allen Kreaturen abkehrte, so würden sie zunichte."[78] Das Leben Gottes selber entfaltet sich in den Dingen. „Wer weiter nichts als die Kreaturen erkennen würde, der brauchte an keine Predigt zu denken, denn jegliche Kreatur ist Gottes voll und ist ein Buch."[79] „Alle Dinge" sind für Meister Eckhart „reiner Gott."[80] Es liegt nur am Menschen, dieses innerste Geheimnis der Dinge zu entdecken und ihm gemäß zu leben.

Johannes wollte von der Menschwerdung des Logos künden. Aber er wollte darüber hinaus auch davon künden, dass *alle* Dinge dieser Welt vom Logos erfüllt sind. Gewiss, zuerst und zutiefst sind es die Menschen und hier wieder in einzigartiger Weise der Mensch Jesus von Nazaret. Vielleicht wählte Johannes deswegen diese Ausdrucksweise, die vieles offenlässt und gleichzeitig vieles einschließt: „Der Logos ist *Fleisch* geworden." Der göttliche Logos ist in seiner „Fleischwerdung" den Menschen gleichsam „in den Leib gefahren". Die können nun nicht mehr die Ausrede geltend machen, Gott throne in weiter Ferne „hoch oben überm Sternenzelt". Der Abstand zwischen Gott und Mensch ist überbrückt. Die „Fleischwerdung" bedeutet das Eingehen des Schöpfers in seine Schöpfung. Das ist das eigentlich Anstößige an der Menschwerdung des Logos.[81]

Das Kind in der Krippe und der Fleisch gewordene Logos, die Hirten mit ihren Schafen und das krude „Fleisch" liegen gar nicht so weit auseinander.

3 Nazaret und Umgebung

Wir gehen heute davon aus, dass die Geburt Jesu (in Nazaret) um das Jahr 6 (oder auch etwas früher) und sein erstes öffentliches Auftreten etwa um das Jahr 28 oder 29 anzusetzen sind. Bevor wir uns jedoch intensiver mit dem öffentlichen Wirken Jesu beschäftigen, möchte ich noch einen Blick auf seine Heimat Nazaret und deren Umgebung werfen. Denn dort ist Jesus aufgewachsen, dort hat er seine Kindheit erlebt, dort ist er groß geworden. Wenn das Matthäusevangelium etwas vollmundig von der „Stadt" Nazaret spricht, dann verleitet das aufgrund unserer heutigen Vorstellung von einer Stadt zu der Annahme, dass es im Heimatort Jesu irgendwie ähnlich ausgesehen haben dürfte. Da täuschen wir uns allerdings gewaltig.

Nazaret

Nazaret liegt in einem Talkessel an den Südosthängen des Nebi Saïn (488 m), eines der letzten südlichen Ausläufer der Kalkberge des Libanon. Von diesem Berg genießt man einen schönen Blick über die nähere und weitere Umgebung des Ortes. Nach Süden hin weitet sich die geschichtsträchtige Ebene Jesreel mit der Festung Megiddo.[82] Dahinter zieht sich der Höhenrücken des Karmel westwärts, bis er in der Bucht von Ptolemais[83] steil ins Meer abstürzt. Im Osten von Nazaret erhebt sich der Berg Tabor. Im Südosten liegt Bet-Schean, wo König Saul nach einer verlorenen Schlacht gegen die Philister den Tod gesucht und sich ins eigene Schwert gestürzt hatte.[84] Bei klarem Wetter kann man im Hintergrund die Jordansenke mit den Bergen von Gilead am östlichen Ufer erkennen.

Nazaret war in der Zeit Jesu ein winzig kleines Dorf. Die wenigen Häuser bestanden fast alle aus tief in den Kalkstein des Bergabhangs hineinführenden natürlichen Felsgrotten, die meist noch künstlich erweitert waren.

Wer heute der Stadt einen Besuch abstattet, kann in unmittelbarer Nähe der protzigen Verkündigungskirche eine solche Höhlenwohnung besichtigen. Das ist natürlich nicht die „Wohnung der heiligen Familie", wie der Führer, meist ein älterer arabischer Christ, behauptet. Wenn er ein gutes Bakschisch erhält, zeigt er sogar die Holzlöffel, mit denen die heilige Familie ihr Essen einnahm. Zum Korrigieren eigener (falscher) Vorstellungen über die Wohnung der nächsten Angehörigen Jesu kann eine solche Besichtigung dennoch nützlich sein.

Damals besaßen einige der Höhlen einen unmittelbar angebauten, gemauerten und mit einem flachen Dach abgedeckten Vorbau. Das Innere gliederte sich meist in drei Teile: zwei für die Menschen reservierte in der vorderen Hälfte und einen als Stallung genutzten im hinteren Teil der Höhle.[85] Von außen gelangte man zunächst durch eine schmale Tür zu ebener Erde in eine Art Küche mit einigen für die Essenszubereitung wichtigen Vorrichtungen – wie einer Handmühle zum Getreidemahlen, einer Unterlage zum Abstellen der Wasserkrüge und verschiedenen Vorratskästen. Die Kochstelle lag in der Nähe der Tür, um den Rauchabzug zu erleichtern. Gegenüber dem „Küchenteil" befand sich der Wohn- und Schlafteil, der meist mit Schafsfellen ausgelegt und von der Stallung im hinteren Teil der Höhle nur durch einige Kästen und Stützpfeiler getrennt war. Wenn es an Sommerabenden angenehm kühl war, setzte man sich gelegentlich auf das Flachdach und konnte die schöne Aussicht ins Tal und in die Jesreelebene genießen. In der Stallung im hinteren Teil der Höhle wurden während der Nacht aus unterschiedlichen Gründen (z.B. drohendem Unwetter oder Kälte) nicht selten Schafe, Ziegen, Hühner und sogar Esel untergebracht, die sonst tagsüber um das Haus herum in einem durch eine Steinmauer abgegrenzten Bezirk frei herumlaufen konnten. In die Wände der Grotte waren häufig noch Löcher zum Aufbewahren von Vorräten und zum Abstellen von Öllampen und Leuchtern gemeißelt. Auch in den Felsboden waren manchmal birnenförmige Löcher zur (kühlenden) Aufbewahrung von Wasser, Öl und Wein eingelassen. Zur Beleuchtung dienten neben der Türöffnung kleine Öllämpchen, die manchmal kräftig rußten. Der Vorbau war mit Mörtel verputzt, Höhle und Vorbau waren selbstverständlich innen und außen weiß gekalkt.

Als gläubige und fromme Juden hatten die Bewohner an der oberen Hälfte des rechten Türpfostens ein längliches Kästchen, die „Mesusa" angebracht. Es enthält ein winziges Pergamentröllchen mit einigen Versen aus der Tora, die auch im Sch^{e}ma gesprochen werden.[86] Das Pergament ist so zusammengerollt, dass der Anfangsbuchstabe „sch" eines der gebräuchlichen Gottesnamen, „Schaddai" (= Allmächtiger, Erhabener), durch eine kleine Öffnung im Kästchen sichtbar wird. Beim Betreten eines Hauses berührt der Gast die Mesusa mit der rechten Hand, führt diese anschließend zum Mund und küsst sie. Er bringt damit seine Verbundenheit mit Gott und seinen Geboten zum Ausdruck.

Zum Wasserholen hatten die Einwohner Nazarets zwei Quellen zur Auswahl: Die stärkere befand sich in nördlicher Richtung am Abhang des Nebi Saïn. Sie gab immer genügend klares und frisches Wasser für Mensch und Tier.[87] Die zweite, etwas schwächere lag im Westen des Ortes.

Die schmalen und manchmal sehr steilen Gassen zwischen den Häusern Nazarets waren kaum gepflastert, sodass sie nach Regenfällen glitschig, in der trockenen Jahreszeit staubig, fast immer aber schmutzig waren. Kehren und Reinigen half da nicht viel, denn sooft es die Witterung erlaubte, ließen alle Dorfbewohner ihre Schafe und Ziegen außerhalb des Ortes das spärliche Gras an den Hängen des Nebi Saïn abweiden. Dazu mussten die Tiere durch die Gassen getrieben werden – mit den entsprechenden Folgen.

In dieser kleinen Welt – von großer landschaftlicher Schönheit und bewohnt von Menschen mit einem unbändigen Freiheitswillen – spielte sich die Kindheit Jesu ab. Aber die war längst nicht so friedlich und idyllisch, wie wir das vermuten. Die Zeit war geprägt von andauernden Unruhen, kriegerischen Auseinandersetzungen und brutalen Strafaktionen der römischen Besatzungsmacht. Ob das unbedeutende und winzige Nazaret davon immer verschont blieb, ist gar nicht so sicher. Es ist nicht auszuschließen, dass schon der junge Jesus schreckliche Grausamkeiten miterleben musste, die sein späteres Denken und Reden beeinflusst haben.

Sepphoris

In der Zeit Jesu war Sepphoris die Hauptstadt Galiläas.[88] Der Ort war etwa sechs Kilometer Luftlinie von Nazaret entfernt und lag am Nordabhang des nördlich von Nazaret gelegenen Nebi Saïn. Er galt als eine Zierde von ganz Galiläa.[89] Als der von Rom eingesetzte und als äußerst gewalttätig bekannte König Herodes im Jahr 4 v. Chr. starb, kam es in ganz Palästina zu Aufständen. Der uns aus der Schlacht im Teutoburger Wald wohl bekannte Quintilius Varus, damals Gouverneur von Syrien, ließ die Stadt völlig zerstören und Tausende von Aufständischen entlang der Straßen kreuzigen.[90] Von Herodes Antipas, dem Sohn des Herodes, wurde die Stadt großzügig wieder aufgebaut und erweitert. Sepphoris dürfte damals etwa 25 000 Einwohner gehabt haben.[91] Die Stadt liegt, umgeben von Dörfern des galiläischen Unterlandes, ziemlich genau in der Mitte zwischen dem Mittelmeer im Westen und dem See Gennesaret im Osten, am südlichen Rand der Battof-Ebene.

Durch die Battof-Ebene führen zwei wichtige Straßen: die Via Maris, die von Südwesten nach Nordosten verläuft, und – über eine Querverbindung nach Norden mit Sepphoris verbunden – die für den Außenhandel entscheidende Route, welche die syro-phönizische Hafenstadt Ptolemais im Westen mit Magdala am galiläischen Meer im Osten verbindet. An besonders klaren Tagen im Frühjahr schwebt der noch schneebedeckte Hermon wie eine kleine weiße Wolke über der Ebene.

Jesus und seine Angehörigen

Wie mag der Heranwachsende sich in seiner Familie verhalten haben? Welchen Eindruck machte er auf seine Eltern, auf seine Geschwister? Vermutlich ist es nicht immer so zugegangen, wie die frommen, manchmal doch etwas bigotten Künstler der Nazarenerschule es uns glauben machen wollen. Gelegentlich mag es so ähnlich gewesen sein wie auf dem bekannten Gemälde von Max Ernst aus dem Jahr 1926 *Die Jungfrau züchtigt das Jesuskind vor drei Zeugen: André Breton, Paul Éluard und dem Maler*. Als das Bild erstmals in Paris im „Salon der Unabhängigen" gezeigt wurde, löste es einen handfesten Skandal aus. Nach Paris wurde es dann in Köln gezeigt, wo die Resonanz noch heftiger ausfiel. Der Erzbischof erzwang nicht nur die Schließung der Ausstellung noch am Eröffnungstag, er exkommunizierte Max Ernst, der damals im benachbarten Brühl lebte, wegen Gotteslästerung, ausgeübt durch dieses Bild. Heute hängt das Bild im Kölner Museum Ludwig, im Schatten des Domes, und ist dort eine Hauptattraktion.

Spürten die Geschwister Jesu etwas Besonderes an ihrem Bruder? In einem fiktiven Tagebucheintrag seines Bruders Jakobus heißt es:

> „Von Anfang an erfuhr ich Jeshua gegenüber ein eigenartiges Gefühl von Distanz und Nähe, von Fremdheit und Vertrautheit. Von ihm ging eine seltsame Faszination aus, die mich manchmal fast erschrecken ließ. Ich fühlte mich zu ihm hingezogen, ohne zu wissen warum. Doch gleichzeitig spürte ich stets einen unüberbrückbaren Abstand zwischen ihm und mir. Sein Verhalten war immer von großem Ernst geprägt. Trotzdem konnte er fröhlich sein und herzlich lachen. Seine Freude wirkte freilich nicht unbändig, wie bei manchen seiner Altersgenossen, sondern eher zurückhaltend. Nicht oberflächlich, sondern aus einer rätselhaften, für mich unauslotbaren und geheimnisvollen Tiefe kommend. Niemals drängte Jeshua sich in den Vordergrund, und dennoch war er die geheime Mitte seines kleinen Freundeskreises und – neben unserer Mutter Maria – auch unserer Familie. Für jeden hatte er ein aufmerksames Ohr. Wenn man ihm etwas sagte, hatte man nicht den Eindruck, dass er mit seinen Gedanken ganz woanders war. Andererseits aber konnte ich oft beobachten, dass er wie abwesend schien, weit weg von dem, was uns beschäftigte und bedrängte. Als ob er stets auf eine innere Stimme lausche."[92]

Im Alter von etwa 30 Jahren gab Jesus seinen Beruf als Bauhandwerker auf und verließ Nazaret und seine Familie, um hinab zu Johannes an den Jordan zu wandern und sich von ihm taufen zu lassen. Vermutlich war das kein spontaner Entschluss. Wahrscheinlich hatte er sich schon lange mit diesem Gedanken getragen, seit er von dem Wirken des Täufers gehört hatte. Vielleicht glaubte er auch aufgrund dessen, was er in den rund 30 Jahren seines Aufenthalts in Nazaret erleben musste, dass ein gewaltiger Umbruch dem

Land bevorstehe und dass nur die radikale Umkehr zu Gott eine Chance des Überlebens vor dem drohenden Gericht eröffne. Vielleicht deutete er die Geschehnisse ringsum – die Zerstörung von Sepphoris durch die Römer vor einigen Jahren, die immer wieder aufflackernden Rebellionen gegen die römischen Besatzer und ihre blutigen Vergeltungsstrafzüge, die Ausbeutung der Landarbeiter und Tagelöhner durch die Feudalherren, die immer dreister und schamloser werdenden Betrügereien der Steuerpächter – als „Zeichen der Zeit“[93], die nach Umdenken und Buße riefen.

4 Öffentliches Wirken

Taufe durch Johannes

Die Taufe Jesu gilt als eines der wenigen historisch sicheren Fakten, weil sie ihn nämlich in ein schiefes Licht rückt: Wer zu dem Täufer pilgerte, hatte offensichtlich etwas auf dem Kerbholz. Warum hätte Jesus sich sonst die Gardinenpredigten dieses finsteren Asketen anhören und sich anschließend von ihm im Jordan untertauchen lassen, damit seine Sünden mit der Strömung symbolisch fortgeschwemmt werden? Welches Interesse sollten christliche Gemeinden gehabt haben, eine Taufe Jesu durch Johannes zu erfinden, wenn diese Taufe „zur Vergebung der Sünden" geschah, Jesus aber von Paulus als Mann „ohne Sünde" gepriesen wird?

Wir wissen nicht, was Jesus dazu bewegt hat, seine Heimat Nazaret zu verlassen, und ob es ein „reiner Zufall" war, dass er dabei auf den Täufer stieß. Immerhin ist das Wirken des Täufers wahrscheinlich auch in Galiläa bekannt gewesen.[94] So ist eher anzunehmen, dass Jesus tief beeindruckt war von dem, was er über die Predigt des Täufers zu hören bekam, und dass er sich deswegen entschloss, ihn aufzusuchen. Jesus empfand offensichtlich für die zahlreichen Gruppierungen, die sich aufgrund der politischen Situation als revolutionäre „Befreiungsbewegungen" gegen die bedrückende Römerherrschaft zusammenfanden, wenig Sympathie. Er favorisierte den Wüstenpropheten, der die Wende und die wirklich grundlegende Änderung der Verhältnisse von Gott und von der Umkehr jedes Einzelnen erwartete.

Alle vier Evangelisten erzählen von der Begegnung Jesu mit dem Täufer. Aber wie sie das tun, ist höchst aufschlussreich. Das soll eine Gegenüberstellung der Texte verdeutlichen.

Mt 3,13–17	Mk 1,9–13	Lk 3,21–22	Joh 1,29–34
13 Zu dieser Zeit kam Jesus von Galiläa an den Jordan zu Johannes, um sich von ihm taufen zu lassen. 14 Johannes wollte es aber nicht zulassen und sagte zu ihm: Ich müsste	9 In jenen Tagen kam Jesus aus Nazaret in Galiläa	21 Zusammen mit dem ganzen Volk	29 Am Tag darauf sah er Jesus auf sich zukommen und sagte: Seht, das Lamm Gottes, das die Sünde der Welt hinweg nimmt. 30 Er ist es, von dem ich gesagt habe: Nach mir kommt ein Mann, der mir voraus ist, weil er vor mir war. 31 Auch ich kannte ihn

von dir getauft werden, und du kommst zu mir? [15] Jesus antwortete ihm: Lass es nur zu! Denn nur so können wir die Gerechtigkeit ganz erfüllen. Da gab Johannes nach. [16] Kaum war Jesus getauft und aus dem Wasser gestiegen, da öffnete sich der Himmel, und er sah den Geist Gottes wie eine Taube auf sich herabkommen. [17] Und eine Stimme aus dem Himmel sprach: Das ist mein geliebter Sohn, an dem ich Gefallen gefunden habe.	und ließ sich von Johannes im Jordan taufen. [10] Und als er aus dem Wasser stieg, sah er, dass der Himmel sich öffnete und der Geist wie eine Taube auf ihn herabkam. [11] Und eine Stimme aus dem Himmel sprach: Du bist mein geliebter Sohn, an dir habe ich Gefallen gefunden.	ließ auch Jesus sich taufen. Und während er betete, öffnete sich der Himmel, [22] und der Heilige Geist kam sichtbar in Gestalt einer Taube auf ihn herab, und eine Stimme aus dem Himmel sprach: Du bist mein geliebter Sohn, an dir habe ich Gefallen gefunden.	nicht; aber ich bin gekommen und taufe mit Wasser, um Israel mit ihm bekannt zu machen. [32] Und Johannes bezeugte: Ich sah, dass der Geist vom Himmel herabkam wie eine Taube und auf ihm blieb. [33] Auch ich kannte ihn nicht; aber der, der mich gesandt hat, mit Wasser zu taufen, er hat mir gesagt: Auf wen du den Geist herabkommen siehst und auf wem er bleibt, der ist es, der mit dem Heiligen Geist tauft. [34] Das habe ich gesehen, und ich bezeuge: Er ist der Sohn Gottes.

Markusevangelium

[9] In jenen Tagen kam Jesus aus Nazaret in Galiläa und ließ sich von Johannes im Jordan taufen. [10] Und als er aus dem Wasser stieg, sah er, dass der Himmel sich öffnete und der Geist wie eine Taube auf ihn herabkam. [11] Und eine Stimme aus dem Himmel sprach: Du bist mein geliebter Sohn, an dir habe ich Gefallen gefunden. (Mk 1,9–13)

Schon das, was Markus, der erste Evangelist, hier erzählt, kann man sich nur schwer vorstellen. Eben hat sich Jesus von Johannes taufen lassen, da „öffnet“ sich der Himmel, der Geist kommt wie eine Taube herab und eine Stimme aus dem Himmel spricht. Das klingt reichlich fantastisch. Wie kann das Öffnen des Himmels ausgesehen haben? War der Himmel vorher bewölkt? Wer hat das alles wahrgenommen? Jesus, Johannes, einige Taufbewerber, alle? Und was ist mit der Taube, die – von wo? – herabflatterte?

Wahrscheinlich müssen wir hier etwas Ähnliches annehmen wie bei den Erzählungen der Kindheitsevangelien. Es gab keine Augen- und Ohrenzeugen des Geschehens. Man wusste nur, dass Jesus sich von Johannes hatte taufen lassen. Und dass er damit den Anschein erweckt hatte, ein Sünder zu sein wie alle anderen, die zu Johannes kamen und sich von ihm taufen ließen.

So griffen Markus oder jene, die vor ihm diese Erzählung geschaffen hatten, auf Schriftstellen aus dem Alten Testament zurück, um damit zu erklären, dass es sich bei diesem Ereignis um etwas handelte, das dort schon vorausgesagt worden war. Nur einige davon möchte ich hier zitieren:

- Vom Öffnen des Himmels ist beim Propheten Jesaja die Rede im Zusammenhang mit der Erwartung des endzeitlichen Heils: „Reiß doch den Himmel auf, und komm herab."[95]
- Auch für das, was die Himmelsstimme sagt, gibt es eine Stelle im Alten Testament. In Psalm 2 sagt ein israelitischer König (David?) von sich: „Er [Gott] sprach zu mir: Mein *Sohn* bist du. Heute habe ich dich gezeugt."[96] In den sogenannten Gottesknechtsliedern findet sich der Satz: „Seht, *das ist mein Knecht*, den ich stütze; das ist mein Erwählter, an *ihm finde ich Gefallen*."[97] Und schließlich wird Isaak, der Sohn Abrahams, als *„geliebter Sohn"* bezeichnet.[98]
- Die Taube ist ein Bild für Schönheit, Reinheit und Liebe, sogar für die Liebenden selbst. Sie gilt im gesamten vorderen Orient als Liebesvogel und als Bote der jeweiligen Mutter-, Fruchtbarkeits- und Liebesgöttin. Vielleicht lässt Markus dieses bei seinen heidenchristlichen Adressaten vermutlich bekannte Motiv einfließen, um damit jenes Liebesverhältnis anzudeuten, das zwischen Jesus und Gott besteht.
- Möglicherweise will Markus auch – vor allem für seine jüdische Zuhörer- und Leserschaft – an das von der Noach-Geschichte her bekannte Bild einer Taube mit dem Ölzweig im Schnabel erinnern, die davon Kunde gibt, dass die Erde wieder bewohnbar und der Fluch von ihr genommen ist.[99]

Matthäusevangelium

> **13** Zu dieser Zeit kam Jesus von Galiläa an den Jordan zu Johannes, um sich von ihm taufen zu lassen. **14** Johannes aber wollte es nicht zulassen und sagte zu ihm: Ich müsste von dir getauft werden, und du kommst zu mir? **15** Jesus antwortete ihm: Lass es nur zu! Denn nur so können wir die Gerechtigkeit (die Gott fordert) ganz erfüllen. Da gab Johannes nach. **16** Kaum war Jesus getauft und aus dem Wasser gestiegen, da öffnete sich der Himmel, und er sah den Geist Gottes wie eine Taube auf sich herabkommen. **17** Und eine Stimme aus dem Himmel sprach: Das ist mein geliebter Sohn, an dem ich Gefallen gefunden habe. (Mt 3,13–17)

Matthäus übernimmt alles, was er im Markustext vorfand, gestaltet aber das Ganze als Offenbarung des Sohnes Gottes. Er fügt ein Gespräch zwischen dem Täufer und Jesus in die Markusvorlage ein: „Zu dieser Zeit kam Jesus von Galiläa an den Jordan zu Johannes, um sich von ihm taufen zu lassen. Johannes wollte es nicht zulassen und sagte zu ihm: Ich müsste von dir getauft werden, und du kommst zu mir? Jesus antwortete ihm: Lass es nur zu! Denn nur so können *wir* die *Gerechtigkeit* [die Gott fordert] ganz *erfüllen.*" Gerechtigkeit, ganz erfüllen? Ein rätselhaftes Wort, das wenig zu einer Klärung beiträgt, sondern die Sache eher unverständlicher macht. Es kommen weitere Merkwürdigkeiten hinzu:

- Jesus redet von sich im Plural („*wir* müssen…") Warum? Schließt er den Johannes damit ein („wir beide müssen…")? Meint er auch alle, die zu Johannes gekommen sind, um sich taufen zu lassen („wir alle, die wir hergekommen sind, müssen…")? Möchte Matthäus durch das „wir" im Munde Jesu vielleicht sogar jene einbeziehen, die das Evangelium hören oder lesen, die christliche Gemeinde insgesamt („wir alle, die wir auf den Namen Jesu getauft sind, müssen…")?
- Und weiter: Was ist mit „Gerechtigkeit" gemeint? Heißt das, jedermann soll seine Pflicht erfüllen, soll rechtschaffen und ordentlich leben? Das greift wohl zu kurz. Vermutlich bedeutet „Gerechtigkeit" hier, dass Jesus, Johannes, die Gemeinde, alle Getauften bereit sein müssen, die an sie gerichtete göttliche Forderung zu erfüllen. Wie das geht, wird Jesus von diesem Augenblick an in Wort und Tat vorleben.

Lukasevangelium

> 21 Zusammen mit dem ganzen Volk ließ auch Jesus sich taufen. Und während er betete, öffnete sich der Himmel, 22 und der Heilige Geist kam sichtbar in Gestalt einer Taube auf ihn herab, und eine Stimme aus dem Himmel sprach: Du bist mein geliebter Sohn, an dir habe ich Gefallen gefunden. (Lk 3,21–22)

Lukas folgt dem Gang der Markuserzählung, aber er kleidet sie in eine andere sprachliche Gestalt. Das ist leicht zu erkennen: Lukas stellt Jesus in die große Taufbewegung des Johannes hinein. Jesus kommt *zusammen mit dem ganzen (!) Volk.* Als Einziger betont der Evangelist, dass Jesus vor der Taufe gebetet habe. Das könnte als Hinweis auf die christliche Taufliturgie verstanden werden. Der Geist wird, wörtlich übersetzt, als „der Geist, der *heilige*" vorgestellt und ausdrücklich als *sichtbar* bezeichnet. Lassen Markus und auch Matthäus bei der Schilderung des Ereignisses noch an eine Vision Jesu denken, so betont Lukas durch seine redaktionelle Arbeit das wirkliche Geschehen. Von einem visionären Sehen wie bei Markus und Matthäus ist bei Lukas nicht mehr die Rede. Aus einem mehr innerlich verborgenen Erlebnis wird ein äußerlich wahrnehmbares Ereignis.

Johannesevangelium

29 Am Tag darauf sah er Jesus auf sich zukommen und sagte: Seht, das Lamm
Gottes, das die Sünde der Welt hinwegnimmt. 30 Er ist es, von dem ich gesagt
habe: Nach mir kommt ein Mann, der mir voraus ist, weil er vor mir war. 31 Auch
ich kannte ihn nicht; aber ich bin gekommen und taufe mit Wasser, um Israel mit
ihm bekanntzumachen. 32 Und Johannes bezeugte: Ich sah, dass der Geist vom
Himmel herabkam wie eine Taube und auf ihm blieb. 33 Auch ich kannte ihn
nicht; aber er, der mich gesandt hat, mit Wasser zu taufen, er hat mir gesagt: Auf
wen du den Geist herabkommen siehst und auf wem er bleibt, der ist es, der mit
dem Heiligen Geist tauft. 34 Das habe ich gesehen, und ich bezeuge: Er ist der
Sohn Gottes. (Joh 1,29–34)

Für den Evangelisten Johannes ist die Taufe Jesu nur eine Art Aufhänger, um gleich am Anfang seines Evangeliums auf die einmalige Bedeutung Jesu hinzuweisen. Hier übernimmt der Täufer das, was in den synoptischen Evangelien die Himmelsstimme tut.

„Seht, das Lamm Gottes, das die Sünde der Welt hinwegnimmt“

„Lamm Gottes“ – das erinnert jeden Juden an das Lamm, das am Paschafest geschlachtet wird. Jesus ist am Vorabend des Paschafestes gestorben. Da liegt eine Deutung Jesu als wahres Osterlamm, als „Lamm Gottes“ nahe.[100] Darüber hinaus weist das „Lamm“ auf die Gestalt des leidenden Gottesknechts hin, wie ihn der Prophet Jesaja beschreibt. Er war „wie ein Lamm, das man zum Schlachten führt“. Er „trug die Sünden von vielen“.[101] Der Evangelist deutet schon beim ersten Auftreten Jesu auf das Passionsgeschehen hin. Jesus kommt, um die „Sünde der Welt“ – die Verschlossenheit der Menschen gegenüber dem Geist Gottes – zu tragen. Dies wird ihn das Leben kosten.

„Er ist der Sohn Gottes“

In jenen Psalmen, die vom Königtum handeln, spricht der Gott Israels den König wie ein Vater an: „Mein Sohn bist du, heute habe ich dich gezeugt.“[102] Vermutlich kommt diese Vorstellung aus Ägypten. Der Pharao galt dort als göttlicher Adoptivsohn. Auch in den Psalmen erscheint der König als Gottes „erstgeborener Sohn“.[103] Und im Buch der Weisheit wird sogar jeder Gerechte als „Sohn Gottes“ bezeichnet.[104] „Sohn Gottes“ im Verständnis des Evangelisten heißt nicht, dass Jesus mit Gott sozusagen auf gleicher Stufe steht. Denn natürlich – das betont der Evangelist an anderer Stelle ausdrücklich – ist Gott, der Vater, *größer* als Jesus, der Sohn.[105]

Johannes erwähnt nicht, dass Jesus sich taufen ließ
Das Merkwürdigste am Text des Johannesevangeliums ist die Tatsache, dass der Evangelist die Taufe Jesu selbst überhaupt nicht erwähnt. Hier können wir nur vermuten, dass er es genau aus dem Grund tat, der zuvor schon kurz genannt wurde: Jesus musste durch die Übernahme der Bußtaufe in ein schiefes Licht geraten. Das wollte Johannes unter allen Umständen vermeiden. So macht er den Täufer, der Umkehr verlangt und deswegen jene, die dazu bereit sind, durch Untertauchen im Jordan symbolisch reinigt, zu einem Herold, dessen Aufgabe es ist, auf den „Sohn Gottes" hinzuweisen. Das „Lamm, das die Sünde der Welt hinwegnimmt", kann nicht selbst der Buße bedürftig sein. Und der „Sohn Gottes" schon gar nicht. So legt der Evangelist, ohne mit der Wimper zu zucken, dem Täufer die tiefen, erst nach Ostern entstandenen christologischen Aussagen der Urkirche in den Mund. Er zeigt keinerlei Interesse an einer historisierenden Berichterstattung, sondern bemüht sich um eine „dem Glauben dienende Darstellung, die aus den geschichtlichen Ansätzen schon stärker entwickelt, was in ihnen keimhaft enthalten ist."[106]

Versuchungserzählung

Dass im Johannesevangelium keine Erzählung über eine wie auch immer geartete Versuchung Jesu zu finden sein wird, können wir jetzt schon vermuten. Denn der „Sohn Gottes" kann nicht in Versuchung geführt werden. Um ihn macht der Teufel einen großen Bogen. Nicht so bei den Synoptikern. Bei ihnen ist Jesus noch viel mehr „erdgebunden" – wie jeder andere Mensch vor ihm und nach ihm.

Also müssen wir uns mit den Synoptikern begnügen. Da die Erzählungen von Matthäus und Lukas sich sehr ähneln, sollen hier nur Markus und Matthäus miteinander verglichen werden.

Mt 4,1–11 (vgl. Lk 4,1–13)	Mk 1,12–13
1 Dann wurde Jesus vom Geist in die Wüste geführt; dort sollte er vom Teufel in Versuchung geführt werden. 2 Als er vierzig Tage und vierzig Nächte gefastet hatte, bekam er Hunger. 3 Da trat der Versucher an ihn heran und sagte: Wenn du Gottes Sohn bist, so befiehl. dass aus diesen Steinen Brot wird. 4 Er aber antwortete: In der Schrift heißt es: Der Mensch lebt nicht nur von Brot, sondern von jedem Wort, das	12 Danach trieb der Geist Jesus in die Wüste. 13 Dort blieb Jesus vierzig Tage lang und wurde vom Satan in Versuchung geführt. Er lebte bei den wilden Tieren,

aus Gottes Mund kommt. [5] Darauf nahm ihn der Teufel mit sich in die Heilige Stadt, stellte ihn oben auf den Tempel [6] und sagte zu ihm: Wenn du Gottes Sohn bist, so stürz dich hinab; denn es heißt in der Schrift: Seinen Engeln befiehlt er, dich auf ihren Händen zu tragen, damit dein Fuß nicht an einen Stein stößt. [7] Jesus antwortete ihm: In der Schrift heißt es auch: Du sollst den Herrn, Deinen Gott, nicht auf die Probe stellen. [8] Wieder nahm ihn der Teufel mit sich und führte ihn auf einen sehr hohen Berg; er zeigte ihm alle Reiche der Welt mit ihrer Pracht [9] und sagte zu ihm: Das alles will ich dir geben, wenn du dich vor mir niederwirfst und mich anbetest. [10] Da sagte Jesus zu ihm: Weg mit dir, Satan! Denn in der Schrift steht: Vor dem Herrn, deinem Gott sollst du dich niederwerfen und ihm allein dienen. [11] Darauf ließ der Teufel von ihm ab, und es kamen Engel und dienten ihm.	und die Engel dienten ihm.

Markus

Der Text ist an den Schluss der Erzählung von der Taufe Jesu angefügt. Die drei Sätzchen sind scheinbar nichts anderes als eine nüchterne Aufzählung. Erstens: in die Wüste getrieben, zweitens: 40 Tage dort geblieben, drittens: vom Teufel versucht, viertens: Engel dienten ihm. Aber so einfach ist es doch nicht.

Mit dem „Geist", von dem Jesus in die Wüste geführt wird, ist offenbar der Geist Gottes gemeint, der in der Taufe auf Jesus herabkam. Ein 40-tägiges Fasten wird auch von Mose überliefert. 40 Tage und 40 Nächte habe er gefastet, bevor er die Weisungen Gottes auf dem Berg Sinai empfing und sie dem Volk verkündete.[107] Aber Jesus wird vom Geist nicht auf einen Berg geführt, sondern in die Wüste. Das ist ein Ort des Schreckens,[108] ein Land voller Gefahr, Trübsal und Angst.[109] Dort, so steht es in den Texten des Alten Testaments, treiben die Dämonen ihr Unwesen, dort „tanzen die Feldteufel".[110] Und eben mit diesen Teufeln, genau genommen, mit ihrem Chef, bekommt es Jesus zu tun.

Der kleine Abschnitt steht nach der Tauferzählung als letzter Text vor den folgenden Kapiteln über das öffentliche Wirken Jesu. Die beiden Hauptakteure des nun beginnenden Dramas werden vorgestellt:

- Auf der einen Seite steht *Jesus*. Er ist von Gott in der Taufe vor aller Welt als „sein lieber Sohn“ beglaubigt worden, und er ist von Gottes Geist „getrieben“.

- Auf der anderen Seite steht der Teufel, *Satan*, der Widersacher schlechthin. Vor dem entscheidenden Aufeinandertreffen der beiden muss Jesus noch eine 40-tägige Probe- und Bewährungszeit bestehen – an einem Ort, der eher zum Herrschaftsbereich des Satans gehört. Doch Engel dienen ihm.

Satan

Um wen oder um was handelt es sich bei diesem „Satan“? Der „Satan“ taucht erst sehr spät in den Schriften des Alten Testaments auf. Bis in die Zeit des Babylonischen Exils (586–538 v. Chr.) gilt in Israel, dass Gott hinter der gesamten Wirklichkeit steht, die den Menschen umgibt, auch hinter der Wirklichkeit des Bösen.[111] Der älteste Beleg für den „Satan“ als übermenschlichen Widersacher des Menschen findet sich beim Propheten Sacharja (um 520 v. Chr.), der diese Gestalt wohl im persischen Exil kennengelernt hat.[112] Im noch etwas später geschriebenen Buch Ijob taucht der „Satan“ als einer auf, der zum himmlischen Hofstaat gehört.[113] Danach wird er immer wieder einmal in der Schrift erwähnt.

Die Rede vom „Satan“ ist zu verstehen vor dem Hintergrund der jeweiligen Zeit. Es handelt sich um eine mythologische Figur, mit der das Geheimnis des Bösen anschaulich und leicht fasslich umschrieben werden soll. Wir stehen häufig genug vor der bedrückenden Frage: Wie konnte so etwas geschehen? Wie konnten Menschen wie du und ich zu so etwas fähig sein? Tatsächlich sieht es manchmal so aus, als wäre eine übermenschliche Macht über Menschen hergefallen und hätte sie zu etwas genötigt, was sie eigentlich gar nicht wollten. Weil die Versuchung zur bösen Tat, zur Sünde, so rätselhaft und übermächtig erscheint, möchten wir wenigstens einen Namen für sie haben: „Satan“. Das klingt, als ob tatsächlich irgendeine personale Macht damit gemeint ist. Damit kann man sich freilich auch entlasten oder entschuldigen: Weil der „Satan“ so mächtig ist und weil ich so schwach bin, musste ich seiner Verführungskunst erliegen.

Die wilden Tiere

Jesus bekommt es nicht nur mit dem „Satan“ zu tun. Er lebt auch noch zusammen mit den „wilden Tieren“. In der Wüste „lagern die Wüstentiere, und ihre Häuser sind voller Eulen. Strauße wohnen dort.“[114] „Da werden Wüstentiere und wilde Hunde einander treffen, und ein Feldgeist wird dem andern begegnen. Das Nachtgespenst wird auch dort herbergen und seine Ruhestatt dort finden. Da wird auch die Natter nisten und legen, ihre Eier aufhäufen und ausbrüten. Auch die Raubvögel werden dort zusammenkommen.“[115] Also eine nicht gerade angenehme und ungefährliche Gesellschaft, in die sich Jesus begibt. Aber offenbar kann die ihm 40 Tage lang nichts anhaben. Könnte es sein, dass Markus mit dieser Harmonie jenen paradiesischen Zustand anspricht, den der Prophet Jesaja in einem großartigen Bild für die messianische Zeit erwartet? „Dann wohnt der Wolf beim Lamm, der Panther liegt beim Böcklein. Kalb und Löwe weiden zusammen, ein kleiner Knabe kann sie hüten. Kuh und Bärin freunden sich an, ihre Jungen liegen beieinander. Der Löwe frisst Stroh wie das Rind. Der Säugling spielt vor dem Schlupfloch der Natter, das Kind steckt seine Hand in die Höhle der Schlange"[116] Wenn Jesus im Frieden mit den wilden Tieren lebt, dann wäre das ein Fingerzeig für alle, die diese Stelle beim Propheten Jesaja kennen: Dieser Jesus ist der lange erwartete Messias, der Friedensbringer schlechthin!

Man könnte das Ganze auch noch unter einem „modernen" Aspekt sehen. Die Tiere, auch die „wilden", sollen teilhaben an der mit Jesus anbrechenden Heilszeit. Sie sind die Mitgeschöpfe der Menschen. Sie sind des Heils ebenso bedürftig, denn „die gesamte Schöpfung seufzt und liegt in Geburtswehen".[117] Der bekannte Urwaldarzt und Theologe Albert Schweitzer leitete aus dieser Überlegung sein Konzept der „Ehrfurcht vor dem Leben" ab. Als Kernsatz seiner Auffassung wurde die Aussage populär: „Ich bin Leben, das leben will, inmitten von Leben, das leben will."[118] Daraus folgte für ihn, dass die Grundsätze der Ethik nicht an der Artengrenze zwischen Mensch und Tieren enden, sondern dass der Mensch zu ethischem Verhalten gegenüber der gesamten Schöpfung verpflichtet sei. Für ihn bedeutete das unter anderem auch, dass das Töten von Tieren für die Ernährung der Menschen nicht zulässig sei.

Nicht zuletzt aufgrund dieses Bewusstseins der gemeinsamen Geschöpflichkeit von Mensch und Tier hat sich seit der Mitte des 19. Jahrhunderts die Tierschutzbewegung entwickelt, die letztlich dazu führte, dass der Tierschutz in die Gesetzgebung vieler Staaten aufgenommen und inzwischen sogar als Staatsziel im Grundgesetz der Bundesrepublik Deutschland und im Jahre 2004 auch im Entwurf der Verfassung der Europäischen Union verankert wurde.

Matthäus

Der Matthäustext ist wesentlich umfangreicher. Vermutlich kannte Matthäus für seine Erzählung neben dem Markusevangelium noch eine zweite Quelle. Diese enthielt die drei Orte der Versuchung – Wüste, Tempel, Berg – und Details über die Art der jeweiligen Versuchung.

Das hier verwendete griechische Wort für „versuchen" („peirázein") wird meist verstanden im Sinne von „zum Bösen verleiten". Aber das Wort hat noch eine zweite Bedeutung. Es kann auch besagen: „einen Versuch machen, ein Experiment ausführen". Legt man dem Text diese Bedeutung zugrunde, dann hätte der Satan offenbar mit Jesus ein Experiment unternehmen wollen, nämlich, herauszufinden, ob Jesus wirklich ein „Sohn Gottes", ein Frommer und Gerechter, ist.

Er hätte damit etwas getan, was die Menschen damals in der Zeit Jesu und was manche auch heute noch anstellen: Sie behandeln Gott wie einen Automaten, der beim Einwurf eines „Geldstücks" (z. B. Gebet, Almosen, Gelübde) die entsprechende Ware (z. B. Heilung, Erfolg) zu liefern hat. Damit die Menschen an Gott oder an Jesus glauben können, verlangen sie Beweise. Es soll ein Wunder geschehen. Je spektakulärer, desto besser.

Der Satan will Jesus genau dazu verleiten: Jesus soll Steine in Brot verwandeln, und er soll das Naturgesetz der Schwerkraft überwinden und einen Sprung von der Tempelmauer unverletzt überstehen.

Doch Jesus weigert sich, nach derartigen Methoden versucht, das heißt, missbraucht zu werden. Wer die Echtheit des Anspruchs Jesu überprüfen will, darf dafür keine Bedingungen stellen. Vielmehr muss er die Echtheit an sich selbst ausprobieren. Dabei kann er nämlich feststellen, ob ihm so wirklich ein neues, erfüllteres Leben gelingt. Er muss die Botschaft Jesu für sich selbst in die Tat umsetzen. Er selbst muss Jesus nachfolgen – wenn es sein muss bis zum bitteren Ende.

Wer dieses reichlich mühsame und langwierige Experiment scheut, befindet sich auf dem Weg, den Satan in der Versuchungsgeschichte mit Jesus ausprobieren wollte. Er wollte schneller, einfacher und vor allem ohne jedes persönliche Engagement herausbekommen, wer Jesus wirklich ist. Der aber hat ihm diesen Gefallen nicht getan. Er nimmt den Menschen das anstrengende und oft leidvolle Experiment der Bewährung nicht ab. Glaube ist nicht Sicherheit und Bequemlichkeit, sondern Ungewissheit und Wagnis.

Zur dritten Versuchung wird Jesus vom Satan auf einen hohen Berg geführt. Ohne alle Umschweife wird er zum Abfall von Gott und zur Anbetung des Satans aufgefordert. Als Preis stellt der Versucher die Weltherrschaft in Aussicht. Hier geht es tatsächlich um eine Verlockung zum Bösen. Aber das Böse liegt nicht in der Herrschaft über die Königreiche der Erde. Es gibt auch gute Herrscher und gute Könige. Das Böse liegt in der Art und Weise, wie Jesus zu der Machtstellung gelangen soll: durch ziemlich ungenierten Machtmissbrauch. Man könnte auch etwas moderner sagen: durch Korruption, durch Bestechung. Doch Jesus ist weder korrupt noch bestechlich. Auf dunkle Machenschaften lässt er sich nicht ein.

Die Versuchungsgeschichte will sagen: Auch Jesus musste wie jeder andere Mensch um innere Klarheit und Festigkeit ringen. Doch er hat der Versuchung Satans widerstanden. Er hat sich entschieden, einen anderen Weg zu gehen. Er ließ sich weder durch wohlmeinende Ratschläge seiner Verwandten[119] oder seiner Jüngerinnen und Jünger[120] noch durch Drohungen seiner Feinde[121] und eben auch nicht durch eine Stimme aus dem eigenen Inneren von seinem vorgezeichneten Weg abbringen. Seine Entscheidung für Gott war kompromisslos und unwiderruflich. Er hat seine herausragende Stellung nicht gewonnen durch Täuschung oder Manipulation, schon gar nicht durch Gewalt und Zwang, sondern durch seinen unbeirrbaren Kampf gegen alle widergöttlichen Mächte, durch seinen selbstlosen Dienst an den Mitmenschen und durch seine bedingungslose Bereitschaft, auch die letzte Konsequenz zu ziehen, die Hingabe des eigenen Lebens. Jesus beginnt sein öffentliches Wirken – als geliebter „Sohn Gottes", erfüllt von der Kraft des Geistes aus der Höhe.

Botschaft

Wir wollen unseren Blick jetzt auf den Inhalt der Botschaft Jesu richten. Markus fasst sie am Anfang seines Evangeliums programmatisch zusammen: „Die Zeit ist erfüllt, das Reich Gottes ist nahe. Wagt ein Umdenken und vertraut euch meiner Botschaft an!" Das sind die wesentlichen Punkte, die sich wie ein roter Faden durch die gesamte Verkündigungstätigkeit Jesu ziehen. Das ist sein „Programm". Es geht ihm um ein neues Gott-Erfahren und Gott-Denken.

Programm

„Die Zeit ist erfüllt, das Reich Gottes ist nahe."
Jesus wird nicht müde, immer wieder darauf hinzuweisen: „Das Reich Gottes ist nahe!" Er verknüpft den Anbruch des Gottesreiches mit seiner Person und seinem Handeln. Darum fordert er konsequente Nachfolge und ein neues Verhalten – Bereitschaft zur Vergebung, zur selbstlosen Hilfe für die in Not Geratenen, ja sogar zur Feindesliebe. Das Reich Gottes ist nicht Menschenwerk, sondern Geschenk Gottes, dem man sich aber tatkräftig zuwenden muss. Als „Reich-Gottes-Gebet" kann das Vaterunser verstanden werden: „[…] dein Wille geschehe, unser tägliches Brot gib uns heute, vergib uns unsere Schuld, wie auch wir unseren Schuldigern vergeben".[122]

Was „Reich Gottes" in der Botschaft Jesu meint, lässt sich nur umschreiben:

- Die Nähe Gottes selbst, und zwar eine den Menschen annehmende, vergebende und damit aufrichtende Nähe.
- Heilung und Befreiung des Menschen von allem, was ihn quält und was ihn hindert, Mensch zu sein: von Krankheiten, von verunmenschlichenden Mächten, von Mutlosigkeit, von der Unfähigkeit zur Kommunikati-

on, die sich in Taubheit, Stummheit oder Blindheit zeigt, und schließlich von der quälenden Sorge um das Morgen.

- Ein neues Verhalten der Menschen zueinander: das Ende allen ungerechten Umgangs mit anderen, Geschwisterlichkeit statt Herrschaft, Zusammenführung bislang Verfeindeter, Friede, der aus Versöhnung erwächst, kurz: Liebe als der Weg, auf dem die Verwandlung der Welt geschieht.

Zusammengefasst: Das Reich Gottes meint einen Bereich, der für die Menschen Heil bringt. Es meint die Situation, in der sich Gottes Gegenwart unter den Menschen und in den Menschen ereignet.

„Wagt ein Umdenken und vertraut euch meiner froh machenden Botschaft an!“

Die von Jesus angekündigte neue Gemeinschaft mit Gott verlangt Umkehr. Darum lautet der zweite Kernsatz seines Programms: „Wagt ein Umdenken und vertraut euch meiner froh machenden Botschaft an!“ Die übliche Übersetzung des griechischen Urtextes lautet hier meist anders: „Kehrt um und glaubt an das Evangelium!“ Doch das von Markus hier verwendete griechische Wort „metanoeíte!“ deutet eher ein neues Denken an: „Denkt um, ändert euren Sinn, schlagt eine andere Denkrichtung ein, erwerbt euch ein neues Bewusstsein!“ Die griechische Präposition „metá“ kann aber auch heißen: „danach, dahinter, hinter.“ Es ist daher auch möglich, „metanoeíte“ mit „dahinterdenken“, „hinterfragen“ zu übersetzen. Dann wäre mit „metanoeíte“ gemeint: „Gebt euch nicht mit dem Vordergründigen zufrieden! Hinterfragt das angeblich Selbstverständliche! Schaut hinter die Dinge!“

Aus dem Um-*Denken* muss ein Um-*Kehren* werden. Schon die alttestamentlichen Propheten hatten immer wieder zur Umkehr aufgerufen. Sie verwendeten dafür das hebräische Wort „shub“. Das bedeutet nichts anderes als „eine Kehrtwende machen, eine andere Richtung einschlagen“. Der Mensch soll sich in seinem ganzen Menschsein wandeln, in seinem Denken *und* Fühlen, in seinem Reden *und* Tun. Auch die für den zweiten Halbsatz geläufige Übersetzung „glaubt an das Evangelium“ wird im Folgenden etwas anders wiedergegeben: „vertraut euch meiner froh machenden Botschaft an.“ Glaube setzt Vertrauen voraus. Jene Menschen, die Jesus zum Umdenken aufrief, mussten zuerst einmal Vertrauen fassen zu ihm, dem unbekannten jungen Mann aus der Provinz, der etwas umstürzlerisch Neues zu verkünden hatte – ein „Eu-angelion“, eine Botschaft, die den Menschen Hoffnung gibt, die sie froh machen kann.

Predigt

Von Jesus muss eine unwiderstehliche Anziehungskraft auf seine Zeitgenossen ausgegangen sein. Vor allem sein Wort scheint die Menschen fasziniert zu haben. Die synoptischen Evangelien spiegeln noch etwas davon wider. Jesus formulierte klar und treffsicher, kam ohne Umschweife zur Sache, besaß scharfe Beobachtungsgabe und ungetrübten Realitätssinn.

Gleichnisse

Jesus bevorzugte für seine Verkündigung die schlichte, anschaulich-konkrete Bildrede, vorzüglich in Form von Gleichnissen – nicht nur, um sich seinen theologisch kaum gebildeten Zuhörerinnen und Zuhörern verständlich zu machen und weil es so orientalischer Brauch ist, sondern auch, weil er damit die Menschen zwingt, sich auf die Erzählung einzulassen. Bei einer eindeutigen, nicht gleichnishaften Rede weiß man, woran man ist. Man braucht nicht darüber nachzudenken. Wenn wir zu jemandem sagen: „Du bist 1,80 Meter groß", dann ist alles klar und eindeutig, dann braucht man nicht weiter darüber nachzudenken, was damit wohl gemeint sein könnte. Wenn aber jemand zu hören bekommt: „Du bist wie eine Eiche", dann kann er entweder die Aussage zur Kenntnis nehmen und sofort wieder zur Tagesordnung übergehen oder er kann sich darüber Gedanken machen, was damit gemeint sein könnte, ob der Vergleich zutrifft, ob er das selbst auch so sehen würde, ob die Aussage als Ironie zu verstehen ist usw.

Bilder, Parabeln und Gleichnisse werden nur dann richtig verstanden, wenn man sich auf das Gesagte einlässt. Sie können und sollen den Hörer stutzig machen und ihn zum Mit- und Weiterdenken einladen. Sie wollen provozieren zu eigenem Entdecken und zum Transfer auf das eigene Leben und die eigene Situation.

Jesu Gleichnisse sind an Suchende und Hörende gerichtet. Sie schreiben die „ganz und gar nichtalltägliche Wirklichkeit der Gottesherrschaft in das Leben der Hörenden hinein."[123] Ihre vornehmlichen Themen sind Gott und sein Handeln, der Mensch, sein Verhalten, sein Ziel, das Volk Gottes, Satan, Sünde, Tod und Gericht, Auferstehung und Heil. Sie fordern dazu auf, Alltag und Umwelt anders sehen zu lernen. Sie erzählen von Gott und seiner Gerechtigkeit, indem sie von Menschen und ihrer Gerechtigkeit (oder auch Ungerechtigkeit) sprechen. Sie öffnen die Augen für die Welt Gottes, indem sie den Blick auf die Umwelt des Menschen richten. Sie verweisen auf die Güte und Barmherzigkeit, die Liebe und Treue Gottes, indem sie das Augenmerk auf die Güte und Barmherzigkeit, die Liebe und Treue der Menschen lenken. Gott und Welt, Schöpfer und Geschöpf werden in eine Wechselbeziehung gebracht. Jesus eröffnet den Zugang zu Gott, indem er den Zugang zu Welt und Umwelt erschließt.

Die Gleichnisse Jesu laden die Zuhörerinnen und Zuhörer auch dazu ein, zu Jesu selbst und seiner Sendung Stellung zu nehmen. Trifft das, was Jesus über Gott und sein Handeln sagt, vielleicht auch auf Jesus und sein

Handeln zu? Ist hier etwa eine Parallele erkennbar? Ist Jesus selbst ein Gleichnis Gottes? Kein spektakuläres Mirakel, sondern der überall im menschlichen Alltag unerwartet Begegnende, der unverhofft und immer neu mit Überraschungen seiner Liebe Aufwartende, der dennoch Unverfügbare und nie im Kalkül Aufgehende? Immer wieder machen die Gleichnisse deutlich, dass die Gestalt, die Art und Weise der Gotteserfahrung oft völlig verschieden ist von der Erwartung der Menschen, auch jener, die meinen, die Wege Gottes zu kennen.

Einprägsam und schockierend zugleich sind die Bildworte vom Kamel, das eher durch ein Nadelöhr geht als ein Wohlhabender ins Himmelreich; vom Auge, das man ausreißen soll, wenn es verführt; vom Splitter im Auge des Bruders und dem Balken im eigenen Auge; vom Fasten mit fröhlichem Gesicht; vom Sauerteig, der alles durchsäuert; von der von selbst wachsenden Saat, um die sich der Bauer nicht kümmern muss; vom winzigen Senfkorn, das zum riesigen Baum heranwächst; vom Unkraut im Acker, das nicht zu früh ausgerissen werden darf, um nicht die ganze Aussaat mit auszureißen; von dem einen verlorenen Schaf, das der Hirte suchen geht und dabei die übrigen 99 Schafe zurücklässt; vom Haus, das auf Sand gebaut ist und bei einer starken Überschwemmung weggerissen wird.[124]

Obwohl Jesus bis zu seinem öffentlichen Auftreten als Wanderprediger im Bauhandwerk gearbeitet hat und dort einige Erfahrungen gesammelt haben dürfte, die er zum Thema seiner Gleichnisse hätte machen können, bevorzugt er als Anschauungsmaterial der Gleichnisse häufig Erfahrungen aus der Landwirtschaft.[125] Und dabei geht er ins Detail: Er kennt sich aus mit den Feinden des Sämanns: Vögeln, die das Saatgut aufpicken, Dornen, die den Keimlingen das Leben schwer machen, steinigem Untergrund, der die Saat kaum aufsprossen lässt und erbarmungslos der Hitze preisgibt.[126] Jesus weiß um die erstaunliche Wachstumsfähigkeit des winzigen Senfkorns.[127] Er schildert exakt die Wachstumsphasen des Getreidekorns: Der Same keimt und wird größer, die Erde bringt „von selbst“ Frucht, zuerst Halm, dann Ähre, dann volles Korn in der Ähre.[128]

Nimmt man diese Gleichnisse etwas genauer unter die Lupe, lässt sich feststellen, dass Jesus in ihnen die Landwirtschaft und das Wachstum der Pflanzen in einer Weise zur Sprache bringt, die seiner Aussageabsicht entspricht. So wird ein kluger Bauer es schon von vornherein zu vermeiden suchen, dass sein Saatgut unter Dornen oder auf allzu steinigen Boden fällt. Und wenn Jesus von einem 100-, 60- oder auch nur 30-fachen Ernteertrag redet, dann kann sich jeder fleißige Bauer, der schon mit einem 4- bis 8-fachen Ertrag hochzufrieden ist, nur wundern. Auch kann kein Bauer sich nach der Aussaat auf die faule Haut legen und warten, bis er beim Einfahren der

Ernte wieder etwas tun darf. Kein Bauer kommt auf die Idee, Senfkorn in seinen Garten zu pflanzen, weil das ein gefürchtetes Unkraut ist.

> „Daran führt kein Weg vorbei: Bei Jesu Geschichten fühlt der brave Landmann sein Berufsethos in Frage gestellt. Der Ärger über seine Darstellung als schlafender Faulenzer wird groß, seine Freude über die Senfkornwucherungen dagegen klein gewesen sein. Selbst der Hinweis darauf, dass Jesus ‚nicht vom Fach ist', kann nur als schwacher Entschuldigungsgrund gelten. Jesus vertut sich nicht im Fachwissen, sondern er verzerrt Allgemeinwissen – und das offensichtlich bewusst."[129]

Das scheinbare Unwissen Jesu hat seinen Grund in der Absicht, die er mit seinen Gleichnissen verfolgt: Er denkt an die Gottesherrschaft und biegt deshalb seine Gleichnisse entsprechend zurecht.

> „Mögen die Widerstände noch so groß und der Anteil an fruchtbarem Land noch so klein sein, die Gottesherrschaft wird sich ausbreiten – und das mit ungeheuerem Ertrag. Keine menschliche Leistung ist gefordert, nur das Ausstreuen der Kunde von der Gottesherrschaft, alles andere geht ‚automatisch'. Hat die Gottesherrschaft erst einmal Fuß gefasst, wird sie sich mit geradezu ungeheuerer Produktionskraft durchsetzen und alle bisher gewohnten und behüteten Strukturen im besten Sinn des Wortes überwuchern. Der Fluchtpunkt dieser provozierenden, die Berufsehre der Bauern durchaus kompromittierenden Schilderungen ist die Durchsetzungskraft der Gottesherrschaft: Sie soll ins Bild gesetzt werden."[130]

Andere Gleichnisse handeln von unterschiedlichen Verhaltensweisen der Menschen – Wachsamkeit, Egoismus, Klugheit, Raffinesse, Rebellion, Versöhnungsbereitschaft.[131] Am bekanntesten (auch unter Nichtchristen) und am folgenreichsten im Hinblick auf eine konkrete Umsetzung ist das Gleichnis vom barmherzigen Samariter.[132] Man könnte es geradezu als „Weltkulturerbe" bezeichnen, denn die hier aufgestellte Forderung Jesu, dem in Not geratenen Unbekannten zu helfen, ist in die Strafgesetzgebung eingegangen. So lautet § 323c des deutschen Strafgesetzbuches: „Wer bei Unglücksfällen oder gemeiner Gefahr oder Not nicht Hilfe leistet, obwohl dies erforderlich und ihm den Umständen nach zuzumuten, insbesondere ohne erhebliche eigene Gefahr und ohne Verletzung anderer wichtiger Pflichten möglich ist, wird mit Freiheitsstrafe bis zu einem Jahr oder mit Geldstrafe bestraft."[133]

Die Gleichnisse haben eine lange Auslegungsgeschichte. Sie beginnt schon bald nach Ostern, als man anfängt, die Reden Jesu zu sammeln und sie auf konkrete Gegebenheiten und Bedürfnisse der jeweiligen Gemeinden zu beziehen und anzupassen. Man nimmt sich diese Freiheit zur Veränderung und Anpassung in der Überzeugung, dass der Auferweckte bei seinen Gemeinden ist, dass er in ihrer Mitte lebt und dass er darum zu der Gemeinde sprechen und ganz konkret auf ihre Bedürfnisse eingehen würde, wenn er leibhaftig unter ihnen sein könnte. Diese Überlegung führt zu einem teilweise tief greifenden Adaptationsprozess. Die Gemeinde verdeutlicht in manchen Gleichnissen bestimmte Aussagen und verändert damit nicht unerheblich die äußere Form und manchmal auch den Inhalt.[134] Andere Gleichnisse, die ursprünglich an die Gegner Jesu gerichtet waren, finden neue Adressaten in jenen Gliedern der jungen Kirche, die durch ihr Fehlverhalten die Zeugniskraft der Botschaft Jesu beeinträchtigen.[135] Wieder andere Gleichnisse erhalten durch die Einordnung in einen bestimmten Kontext des jeweiligen Evangeliums einen spezifischen, nicht selten anderen „Sitz im Leben".[136]

Wie vielschichtig ein Gleichnis sein kann, welche Fragen es stellt und welche zahlreichen und unterschiedlichen Perspektiven es aufreißt, soll an einem Beispiel aus dem Matthäusevangelium aufgezeigt werden.

1 Denn mit dem Himmelreich ist es wie mit einem Gutsbesitzer, der früh am
Morgen sein Haus verließ, um Arbeiter für seinen Weinberg anzuwerben. 2 Er
einigte sich mit den Arbeitern auf einen Denar für den Tag und schickte sie in
seinen Weinberg. 3 Um die dritte Stunde ging er wieder auf den Markt und sah
andere dastehen, die keine Arbeit hatten. 4 Er sagte zu ihnen: Geht auch ihr in
meinen Weinberg! Ich werde euch geben, was recht ist. 5 Und sie gingen. Um die
sechste und um die neunte Stunde ging der Gutsherr wieder auf den Markt und
machte es ebenso. 6 Als er um die elfte Stunde noch einmal hinging, traf er wieder
einige, die dort herumstanden. Er sagte zu ihnen: Was steht ihr hier den ganzen
Tag untätig herum? 7 Sie antworteten: Niemand hat uns angeworben. Da sagte er
zu ihnen: Geht auch ihr in meinen Weinberg! 8 Als es nun Abend geworden war,
sagte der Besitzer des Weinbergs zu seinem Verwalter: Ruf die Arbeiter, und zahl
ihnen den Lohn aus, angefangen bei den letzten, bis hin zu den ersten. 9 Da kamen
die Männer, die er um die elfte Stunde angeworben hatte, und jeder erhielt einen
Denar. 10 Als dann die ersten an der Reihe waren, glaubten sie, mehr zu bekom-
men. Aber auch sie erhielten nur einen Denar. 11 Da begannen sie, über den Guts-
herrn zu murren, 12 und sagten: Diese letzten haben nur eine Stunde gearbeitet.
und du hast sie uns gleichgestellt: wir aber haben den ganzen Tag über die Last der
Arbeit und die Hitze ertragen. 13 Da erwiderte er einem von ihnen: Mein Freund,
dir geschieht kein Unrecht. Hast du nicht einen Denar mit mir vereinbart?
14 Nimm dein Geld und geh! Ich will dem letzten ebensoviel geben wie dir. 15 Darf
ich mit dem, was mir gehört, nicht tun, was ich will? Oder bist du neidisch, weil
ich (zu anderen) gütig bin? 16 So werden die Letzten die Ersten sein und die Ersten
die Letzten. (Mt 20,1–16)

„Ein Gleichnis, das in unsere Arbeitswelt nicht mehr hineinpasst. Jedenfalls zeigt es, dass Jesus offenbar reichlich wirklichkeitsfremd gewesen zu sein scheint. Wenn ein Arbeitgeber so handeln würde, müsste er bald Konkurs anmelden.“ So oder ähnlich dürfte vermutlich die erste, durchaus verständliche Reaktion auf diesen Text lauten. In der Tat: Wer das Gleichnis als eine Anweisung für die Entlohnungspraktiken von Weinbergbesitzern oder sonstigen Arbeitgebern versteht, hat sicher Recht. Eine derartige Großzügigkeit und Handlungsweise würde bald in den wirtschaftlichen Ruin führen.

Aber es handelt sich hier um ein Gleichnis, um ein Gleichnis Jesu. Seine Gleichnisse wollen etwas vergleichen und nicht etwas anordnen. Sie wollen nachdenklich stimmen, provozieren (von lat. „pro-vocare“ = herausfordern, aufreizen), scheinbare Selbstverständlichkeiten in Frage stellen, das eigentlich und letztlich Dahinterliegende aufdecken.

Was soll nun aber hier angestoßen werden? Vielleicht hat Jesus das Gleichnis erzählt, um sich vor seinen Kritikern zu rechtfertigen. Die hatten darüber gemurrt, dass er sich um Menschen kümmert, deren Gesellschaft man sonst lieber meidet – um die Zollpächter, die nicht nur mit den Römern kollaborierten, sondern auch noch kräftig in den eigenen Geldsäckel wirtschafteten, um die Prostituierten, die zwar einerseits den Männern für ihre Lustbefriedigung willkommen, andererseits aber von ihnen gesellschaftlich geächtet waren, um die Kranken und Aussätzigen, von denen man annahm, dass ihre Krankheit die Folge irgendeiner Schuld ist. Man murrte gegen Jesus, weil er ein guter Mensch war. Vielleicht würde man ihm heute „Gutmenschentum“ vorwerfen. Jedenfalls fiel er aus dem Rahmen des Üblichen.

Seinen Kritikern hält Jesus entgegen: „Ihr habt keine Ahnung vom ‚Himmelreich‘[137], von der Herrschaft Gottes! Gott ist nicht so, wie ihr meint. Gott ist kein Vertreter des bloßen Rechtsstandpunktes wie ihr. Er sieht hinter die Oberfläche. Ihr urteilt nur nach dem Augenschein. Ihr denkt gar nicht darüber nach, warum ein Mensch so geworden ist, wie er ist. Ihr fragt nicht nach den eigentlichen und letzten Motiven für sein Handeln. Gott tut das. Ich versuche das auch mit meinem Handeln zu tun.“ Jesus *argumentiert* nicht in diesem Gleichnis, sondern er *schockiert*. Er *provoziert*.

Das Gleichnis ist auch heute (noch) eine Provokation. Besonders Arbeitgeber und Unternehmer können sich ein Stück abschneiden. Christen wie Nichtchristen müssen sich vom Gleichnis und vom Handeln des gütigen Weinbergbesitzers die Frage gefallen lassen, ob sie Arbeit von vornherein als eine soziale Tätigkeit sehen, die in einer Solidaritätskette steht, in die auch die Familie des Arbeitnehmers eingebunden ist.[138] Wir dürfen nicht einem exzessiven Leistungsdenken verfallen. Wir müssen uns fragen lassen, ob unser Lohn sozialverträglich ist, ob auch die Ehefrau und die Kinder noch davon leben können. Arbeitgeber haben eine Fürsorgepflicht nicht nur für die bei ihnen angestellten Arbeitnehmer, sondern auch – freilich in eingeschränktem Maße – für deren Angehörige. Und in einem Sozialstaat tragen sie sogar Mitverantwortung für jene, die arbeiten *wollen*, aber nicht arbeiten *können*, weil sie keine Arbeit finden, weil sie krank sind oder weil ihnen zeitlebens so viel Arbeit aufgebürdet wurde, dass ihre Arbeitskraft frühzeitig erschöpft war. Die moderne Sozialgesetzgebung begründet sich vermutlich auch aus (vergessenen und kaum noch einzeln im Detail zu eruierenden) christlichen Wurzeln.

Noch ein weiterer Gesichtspunkt, der mit dem Gleichnis angesprochen wird, erscheint provozierend und bedenkenswert. Der Weinbergbesitzer tadelt die Arbeiter, die zur ersten Stunde gekommen sind, weil sie anfangen zu rechnen: „Wenn die zuletzt Gekommenen einen Denar für eine Stunde Arbeit bekommen, dann müssten wir für elf Stunden Arbeit elfmal so viel erhalten. Und noch einen Zuschlag für die ungünstige Arbeitszeit während der Mittagshitze." Sie bestehen auf dem Recht, das sie errechnen.[139] Diese Mentalität des Einandervorrechnens ist weit verbreitet. Jeder Mensch neigt dazu, anderen ihre Fehler und Versäumnisse vorzurechnen. Wir beanspruchen, dass unsere Verdienste und Leistungen gebührend berücksichtigt und dass wir dafür honoriert werden. Wir rechnen mit Dank und Anerkennung, mit Zuwendung und Beachtung, mit Rücksichtnahme und Hilfe, mit Verständnis und Nachsehen. Und das tun wir in Ehe und Familie, am Arbeitsplatz und unter Freunden, bei Vorgesetzten und Untergebenen, kurz: in nahezu allen zwischenmenschlichen Beziehungen.

Manche Christen, die ja eigentlich durch das Gleichnis eines Besseren belehrt sein sollten, rechnen auch mit ihrem Glauben. Schon damals, zur Zeit des Matthäus, mag es vorgekommen sein, dass Gemeindemitglieder der „ersten Stunde", also jene, die schon längere Zeit zur Christengemeinde gehörten, sich über neu Hinzugekommene mokierten, weil die am Ende den gleichen Lohn erhalten sollen wie sie, die „Altgläubigen", die sich ein Leben lang bemüht hatten, ein nicht immer ganz leichtes und zeitweise sogar recht anstrengendes, entbehrungsreiches christliches Leben zu führen, während jene sich herzlich wenig um die Einhaltung der Zehn Gebote oder des Gebotes der Nächstenliebe gekümmert und in Saus und Braus gelebt hatten. Auch heute beschweren sich Christen, dass ihre Rechnung nicht aufzugehen scheint: Wer sich ein Leben lang bemüht hat, ein anständiger Christ zu sein, der soll wenigstens im Jüngsten Gericht, bei der „Endabrechung", auch entsprechend mehr „Lohn" erhalten als jene, die sich kurz vor ihrem Tod erst haben taufen lassen.

Andere Christenmenschen pochen darauf, dass sie allein den wahren Glauben besitzen und rechnen Andersdenkenden und -glaubenden ihren Unglauben vor. Wieder andere brüsten sich damit, dass sie im „Besitz" des richtigen (katholischen oder evangelischen) Glaubens sind und rechnen manchen Reformfreudigen „Verwässerung" der „ewig gültigen und unveränderlichen" Glaubensinhalte oder gar Abfall vom Glauben vor. Der Lohn aber, den Gott zu geben hat, ist nicht aufgrund von Recht und Gerechtigkeit zu erlangen, auch nicht durch Leistung und Verdienst, durch „linke" oder „rechte", durch „progressive" oder „konservative" Rechtgläubigkeit. Er beruht allein auf der Güte Gottes. Der gütige Gott gibt, was die Menschen zu einem menschenwürdigen erfüllten Leben brauchen.

Beachtenswert ist auch der Kontext, in den Matthäus das Gleichnis gesetzt hat. Voraus geht nämlich ein Abschnitt über Reichtum und Nachfolge. Da tritt zuerst ein junger Mann auf, der Jesus nachfolgen will. Als er aber hört, dass er dazu seinen Besitz verkaufen und den Armen geben soll, macht er sich traurig aus dem Staube, denn er besitzt viele Grundstücke.[140] Danach dreht Petrus den Spieß herum und rechnet – rechnet! – Jesus vor: Er habe alles verlassen und sei ihm nachgefolgt, was er wohl dafür bekomme? Und Jesus verheißt ihm das Hundertfache des Verlassenen und das ewige Leben. Der Abschnitt endet mit dem Satz: „Viele aber, die jetzt die Ersten sind, werden dann die Letzten sein, und die Letzten werden die Ersten sein."[141]

Es geht hier um Reichtum und Nachfolge, aber auch ums Rechnen. Der Schlusssatz mit den „Letzten" und „Ersten" leitet geschickt zum folgenden Gleichnis über, in dem bei der Lohnauszahlung am Abend zuerst jene an die Reihe kommen, die als Letzte gekommen waren. Und damit sich jeder diesen Satz einprägen kann, der dem Matthäus (und wohl auch Jesus selbst) offensichtlich wichtig war, wiederholt ihn der Evangelist am Ende des Gleichnisses: „*So* werden die Letzten die Ersten sein und die Ersten die Letzten."[142]

Gottes Maße sind anders als die der Menschen. Gott ist kein Vertreter eines bloßen Rechtsstandpunktes. Er ist gütig. So gütig, wie nur die Liebe sein kann. Der erste Johannesbrief zieht den Schluss: „Gott ist die Liebe. [...] Wenn jemand sagt: Ich liebe Gott!, aber seinen Bruder hasst, ist er ein Lügner. Denn wer seinen Bruder nicht liebt, den er sieht, kann Gott nicht lieben, den er nicht sieht."[143] Das ist die Lehre, die Jesus mit dem Gleichnis erteilen will. Er zeigt die Gesinnung Gottes. Damit deckt er aber auch die Gesinnung der Menschen auf, die nicht selten kleinlich und rechthaberisch denken, die sich nicht freuen, dass Gott gütig ist auch gegen solche, die nach den unter Menschen gängigen Vorstellungen von Recht und Gerechtigkeit den vollen Lohn nicht verdient haben.

„Bergpredigt" – Die Seligpreisungen

„Die Bergpredigt setzt schon im ersten Satz mit dem ein, was sie ihrem ganzen Wesen nach ist: mit dem vollkommenen Widerspruch zu unserer Welt, wie sie ist. Und doch zugleich mit dem endgültigen Ausdruck dessen, was sie sein soll. In Zuspruch und Widerspruch formuliert dieser Leittext den christlichen Anspruch auf die Welt – als deren vollendete Veränderung. Nun ist aber die Welt, wie sie ist. Hat dies der Bergpredigt die Kraft genommen, nach 2000 Jahren des

Christentums? Die Kraft genommen zumal angesichts der Tatsache, dass das Christentum vom Widerspruch der Bergpredigt geprägt ist – und ihr oft genug zuwider gelebt hat? Das Rätsel, man könnte es fast ein Wunder nennen: Kein Text steht so quer zum vermeintlich wirklichen Leben – und trotzdem lässt er die Menschen nicht los."

So begann der Journalist und Theologe Robert Leicht eine achtteilige Serie zu den so genannten Seligpreisungen der Bergpredigt.[144] Er bezog sich hier auf die erste Seligpreisung „Selig, die arm sind im Geiste, denn ihnen gehört das Himmelreich."

Man muss einmal versuchen, sich das vorzustellen: Da tritt ein 30-jähriger Nobody auf und gibt Thesen von sich, die den Rahmen des Gewohnten und Althergebrachten sprengen, die allen plausiblen menschlichen Erfahrungen widersprechen und die auch 2000 Jahre später noch die Gemüter bewegen werden.[145] Und trotzdem überdauern diese aberwitzigen Sätze zumindest einmal 2000 Jahre, werden zu einem Stachel im Fleisch vieler Politiker, Ökonomen, Philosophen und vieler, vieler Menschen insgesamt. Überdauern die Behauptungen der Bergpredigt gerade deshalb die Zeiten, weil das so genannte christliche Abendland in seiner gesamten Geschichte dieser ungeheuren Herausforderung so wenig entsprochen hat?

Schon allein wegen dieser Thesen ist der junge Mann aus Nazaret zu einer bedeutenden und immer aufs Neue aktuellen Gestalt der Weltgeschichte geworden, der sich neben Buddha, Laotse und Konfuzius, Sokrates und Platon durchaus sehen lassen kann.

Im Lukasevangelium ist die Rede „in der Ebene" oder „auf ebenem Feld" angesiedelt.[146] Sie wird daher als „Feldrede" bezeichnet. Die Rede ist wesentlich kürzer als die Bergpredigt im Matthäusevangelium. Das meiste, das in der Feldrede steht, findet sich auch in der Bergpredigt – gelegentlich mit anderen Akzentsetzungen. Auffällig ist, dass die Bergpredigt des Matthäus Sätze enthält, die sich im Lukasevangelium außerhalb der Feldrede finden.[147] Andererseits gibt es in der Feldrede des Lukas Sätze, die im Matthäusevangelium außerhalb der Bergpredigt stehen.[148] Die Annahme liegt nahe, dass die Komposition der beiden Reden, der Bergpredigt im Matthäusevangelium und der Feldrede im Lukasevangelium, im Wesentlichen auf das Konto der jeweiligen Evangelisten geht.

Die so genannten Seligpreisungen finden sich sowohl in der matthäischen Bergpredigt als auch in der lukanischen Feldrede,[149] allerdings in unterschiedlichen Fassungen.

Mt 5,1–12	Lk 6,17–23
1 Als Jesus die vielen Menschen sah, stieg er auf einen hohen Berg. Er setzte sich, und seine Jünger traten zu ihm. 2 Dann begann er zu reden und lehrte sie.	17 Jesus stieg mit ihnen den Berg hinab. In der Ebene blieb er mit einer großen Schar seiner Jünger stehen, und viele Menschen aus ganz Judäa und Jerusalem und dem Küstengebiet von Tyrus und Sidon 18 strömten herbei. Sie alle wollten ihn hören und von ihren Krankheiten geheilt werden. Auch die von unreinen Geistern Geplagten wurden geheilt. 19 Alle Leute versuchten, ihn zu berühren; denn es ging eine Kraft von ihm aus, die alle heilte. 20 Er richtete seine Augen auf seine Jünger und sagte:
3 Selig, die arm sind im Geiste; denn ihnen gehört das Himmelreich.	Selig ihr Armen, denn euch gehört das Reich Gottes.
4 Selig die Trauernden; denn sie werden getröstet werden.	21 Selig, die ihr jetzt weint, denn ihr werdet lachen.
5 Selig, die keine Gewalt anwenden; denn sie werden das Land erben.	
6 Selig, die hungern und dürsten nach der Gerechtigkeit; denn sie werden satt werden.	21a Selig, die ihr jetzt hungert; denn ihr werdet satt werden.
7 Selig die Barmherzigen; denn sie werden Erbarmen finden.	
8 Selig, die ein reines Herz haben; denn sie werden Gott schauen.	
9 Selig, die Frieden stiften; denn sie werden Söhne Gottes genannt werden.	
10 Selig, die um der Gerechtigkeit willen verfolgt werden; denn ihnen gehört das Himmelreich.	22 Selig seid ihr, wenn euch die Menschen hassen und aus ihrer Gemeinschaft ausschließen, wenn sie euch beschimpfen und euch in Verruf bringen.
11 Selig seid ihr, wenn ihr um meinetwillen beschimpft und um des Menschensohnes willen verfolgt und auf alle mögliche Weise verleumdet werdet.	
12 Freut euch und jubelt: Euer Lohn im Himmel wird groß sein. Denn so wurden schon vor euch die Propheten verfolgt.	23 Freut euch und jauchzt an jenem Tag; euer Lohn im Himmel wird groß sein. Denn ebenso haben es ihre Väter mit den Propheten gemacht.

- Schon an der Einleitung fällt auf, dass sich die Predigt bei beiden Evangelisten an einen unterschiedlichen Zuhörerkreis richtet. Bei Matthäus sind es „viele Menschen“, bei Lukas „die Jünger“, die Jesus (in diesem Evangelium) erst kurz vor der Feldrede berufen hat.[150] Bei Lukas waren vorher „Menschen aus ganz Judäa und Jerusalem und dem Küstengebiet von Tyrus und Sidon *herbeigeströmt*", die alle Jesus hören „und von ihren Krankheiten geheilt werden" wollten. Da dürfte Lukas wohl übertreiben. Er klärt uns auch nicht darüber auf, was mit der herbeigeströmten Menschenmasse passiert ist: Wurden die Kranken alle geheilt? Und was geschah dann mit ihnen? Denn plötzlich scheint sich Jesus von ihnen abzuwenden. „Er richtete seine Augen auf seine Jünger" und hielt ihnen eine lange Predigt. Soll das heißen, dass der Inhalt dieser Predigt die „vielen Menschen" nichts mehr angeht, dass ihnen Jesus sozusagen den Rücken zukehrt? Dass alles, was jetzt von Jesus gesagt wird, nur noch für den engeren Kreis der Jünger und Jüngerinnen zu gelten hat?

- Wenn man das Verhalten der „vielen Menschen" und der Jünger bei Matthäus und Lukas miteinander vergleicht, dann könnte man pointiert sagen: Bei Matthäus ist die Bergpredigt an die vielen Menschen gerichtet, die Jünger und Jüngerinnen dürfen hinzutreten und zuhören; bei Lukas ist sie an die Jünger gerichtet und die vielen Menschen dürfen (vielleicht) zuhören.
- Nicht ganz einfach ist die Übersetzung des ersten Wortes, das den „Preisungen" den Namen gegeben hat: „selig". Im griechischen Originaltext steht das Wort „makários", das „glücklich, selig" bedeutet. In der deutschen Sprache gibt es auch die Kombination beider Wörter: „glückselig". Der Duden bietet noch einige weitere Synonyme für das Wörtchen „selig" an: „wohlgeartet, gut, glücklich, gesegnet, heilsam".[151] Im Deutschen hat „selig" die Bedeutung von: „begeistert, beglückt, entzückt, erfreut, freudestrahlend, freudig, froh [gestimmt], fröhlich, glücklich, glückselig, glückstrahlend, heiter, sonnig, überglücklich, voll Freude, [von Glück] erfüllt; (gehoben) beseelt, beseligt, freudvoll, frohgemut, frohmütig, hochgestimmt, trunken; (bildungssprachlich) enthusiasmiert, euphorisch; (umgangssprachlich) happy, im siebten Himmel; (Jargon verhüllend) high."[152] In Bildungen mit Substantiven drückt „-selig" aus, „dass die beschriebene Person in etwas schwelgt, sich dem damit verbundenen oder dadurch ausgelösten Gefühl [allzu] bereitwillig hingibt".[153]
- Jesus möchte vermutlich zum Ausdruck bringen, dass jene Menschen, von denen er hier spricht, zutiefst beglückt und zufrieden sind, dass sie sich in einem Zustand großen anhaltenden Glücks befinden, das über das vergängliche irdische Glück hinausgeht und einen tiefen inneren Frieden schenkt. Nicht ganz zu Unrecht könnte man sagen, dass es sich hier um ein „beneidenswertes" Glück handelt.
- Welches deutsche Wort trifft nun das von Jesus hier wahrscheinlich Gemeinte am besten? Die neueren deutschen Bibelübersetzungen entscheiden sich für „selig" (Einheitsübersetzung, Zürcher Bibel, Lutherbibel

1984), „glücklich zu preisen“ (Neue Genfer Übersetzung), „freuen dürfen sich alle“ (Gute Nachricht) oder „glückselig“ (Elberfelder Bibel). Restlos befriedigend sind diese Übertragungen alle nicht. Darum kommt man wohl immer wieder auf „selig“ zurück, das zumindest den noch einigermaßen christlich sozialisierten Zeitgenossen irgendwie vertraut ist. Wie dem auch sei: „Die Seligpreisungen sind an erster Stelle Glückwünsche, Gratulation, Zuspruch von Glück und Segen.“[154]

- Auffällig ist, dass – nach Lukas – Jesus seine Zuhörerinnen und Zuhörer direkt anspricht: „Selig *ihr* Armen.“ Die direkte Anrede verweist auf die historische Situation: So wird eine Versammlung von Menschen angesprochen. Der Matthäustext dagegen ist allgemeiner gehalten und auf mehrere Situationen anwendbar.
- Jesus spricht – wiederum nach Lukas – von „Armen“, ohne den (häufig falsch verstandenen und darum missbrauchten) Zusatz „im Geiste“. Das griechische Wort für „arm“ („ptochós“) bedeutet soviel wie „bettelarm“. Diese Bezeichnung entspricht wohl der allgemeinen wirtschaftlichen Lage der „einfachen Leute vom Land“ in Israel in der Zeit Jesu. Und diese Leute hatte Jesus vermutlich als Ansprechpartner seiner Predigt im Sinn. Schon im Alten Testament – vor allem nach dem babylonischen Exil – gelten die Armen als „Lieblinge Jahwes“[155]. Darüber hinaus bringt Armut häufig ein tieferes Gottesverhältnis.[156] Der marxistische Philosoph Ernst Bloch meint: „Armut steht dem Heil am nächsten, Reichtum hindert es, inwendig und auswendig. Aber Armut ist bei Jesus mitnichten bereits ein Stück des Heils, dergestalt, dass sie nicht vernichtet werden müsse. Nirgends wird Armut, als übliche, erzwungene, erbärmliche, verteidigt, geraten wird nur freiwillige Armut.“[157] Erzwungene Armut bewirkt meist das Gegenteil: Neid und Missgunst, Hass und Wut. Und Glorifizierung der Armut kann dazu führen, dass man meint, den Armen noch etwas Gutes zu tun, wenn man nichts zur Veränderung ihrer miserablen Situation unternimmt.
- Bei der Seligpreisung der Hungernden bringt Lukas wieder die direkte Anrede, während Matthäus eine etwas blasse Umschreibung verwendet – ähnlich wie bei den „Armen im Geiste“.
- Direkter klingt auch bei Lukas die Seligpreisung der „Weinenden“, denen „Lachen“ verheißen wird. Matthäus schwächt wiederum ab und macht aus den Weinenden (nur) „Trauernde“. Weinen ist umfassender.

Um die veränderte Wiedergabe bei Matthäus nachvollziehen zu können, soll das folgende „Gedankenexperiment“ helfen. Nehmen wir einmal an, Jesus habe irgendwo auf einem Feld in Galiläa zu seinen Zuhörerinnen und Zuhörern gesagt: „Ich beglückwünsche euch in eurer Armut und zu eurer Armut. Ihr habt keinen Besitz angehäuft, der euch belastet, ihr braucht nicht dauernd darauf bedacht sein, euer Eigentum zu schützen. Sicher, ihr habt nicht immer genug zu essen und müsst manchmal tatsächlich Hunger leiden. Oft genug ist euch zum Heulen zumute. Aber ich versichere euch: Ihr seid in Wahrheit die Begüterten, ihr werdet einmal das Reich Gottes besitzen. Ihr werdet im Reich Gottes an der reich gedeckten Hochzeitstafel Platz nehmen dürfen. Ihr werdet dann endlich froh sein nach allem Leid, was ihr ertragen musstet, nach allen Tränen, die ihr hier vergossen habt. Ja wirklich, ihr dürft euch freuen und glücklich sein, ihr seid wirklich selig zu nennen." Dann mag er ihnen das Gleichnis vom reichen Mann und dem armen Lazarus erzählt haben.[158] Oder das Gleichnis vom reichen Kornbauern[159] und vielleicht auch noch das Gleichnis vom großen Gastmahl.[160]

Aber wie hätte Jesus reden müssen, wenn seine Adressaten nicht die armen Habenichtse aus der hintersten Provinz, sondern die Teilnehmer des Gastmahls gewesen wären, zu dem er von einem reichen Pharisäer eingeladen wurde,[161] oder des Mahls, das ihm – dem Evangelisten Johannes zufolge – eine Woche vor seinem Tod in Betanien bereitet wurde?[162] Da hätte er den Inhalt seiner Botschaft in eine andere Form bringen müssen. Sonst hätten seine Zuhörerinnen und Zuhörer sich überhaupt nicht getroffen gefühlt. Sie waren ja nicht arm, sie litten keinen Hunger, sie hatten nichts zu beklagen oder zu beweinen.

Vor eine ähnliche Situation sah sich der Evangelist Matthäus gestellt. In seiner Gemeinde gab es – rund 60 Jahre nach dem Tod Jesu – längst zahlreiche Christen, die nicht (mehr) zur Schicht der Bettelarmen gehörten und die sich deshalb mit „ihr Armen" nicht angesprochen, sich vielleicht dadurch sogar beleidigt fühlen würden. Matthäus sah sich vor die Alternative gestellt, entweder die Seligpreisungen gar nicht in sein Evangelium aufzunehmen oder sie so umzuformulieren, dass sie sowohl für die Armen in seiner Gemeinde, die es selbstverständlich auch gab, wie für die halbwegs Wohlhabenden oder gar Reichen passten. Dass sich alle davon etwas „abschneiden" konnten und mussten. Er fand eine kluge Lösung, indem er den Zusatz „[arm] im Geiste" (griech.: „to pneumati") zu der Seligpreisung der Armen hinzufügte. Die deutsche Einheitsübersetzung gibt – selbst nun wiederum den Matthäustext durch einen Zusatz interpretierend – den griechischen Originaltext des Matthäusevangeliums mit „[arm im Geiste] *vor Gott*" wieder.

Ähnlich gekonnt fand Matthäus auch einen Ausweg, die Seligpreisung für die Hungernden umzuformulieren: „Selig, die hungern *und dürsten nach der Gerechtigkeit;* denn sie werden satt werden." Da weiß man zwar nicht so genau, was eigentlich mit „Gerechtigkeit" gemeint ist und was den Hunger und Durst nach Gerechtigkeit im Leben ausmacht. Aber darüber konnte man sich ja selbst den Kopf zerbrechen oder in der Gemeinde diskutieren. Und auch die „Weinenden" machte Matthäus, etwas einschränkend, zu

„Trauernden". So gelang ihm eine treffende „Über-Setzung" der Seligpreisungen, die Jesus in einer bestimmten Situation vor einem bestimmten Zuhörerkreis anders formuliert hatte. Matthäus erreichte ein gelungenes „Aggiornamento", eine Übersetzung in die Gegenwart.

Vielleicht war sich Matthäus nicht ganz sicher, ob alle in seiner Gemeinde den ungeheuren Anspruch und die gewaltige Herausforderung begreifen würden, die in den drei ursprünglichen Seligpreisungen an die Armen, Hungernden und Weinenden steckt. Darum fügte er sicherheitshalber noch einige weitere hinzu, die das Anliegen der ursprünglichen drei verdeutlichen und konkreter zum Ausdruck bringen. „Bei den ersten drei haben wir mit der uns überhaupt erreichbaren Sicherheit originale Rede Jesu vor uns."[163] Andererseits geben die von Matthäus vorgenommenen Veränderungen und Anpassungen „ein großartiges Beispiel für die Anwendung von Jesusworten auf die nachösterliche Kirche".[164]

> „Matthäus und Lukas und ihre jeweiligen Gemeinden haben die Seligpreisungen Jesu nicht einfach geistlos repetiert. Sie haben mit den Seligpreisungen gelebt und haben damit ganz neue Entdeckungen gemacht. Sie entdeckten die Vielfalt und die Größe christlichen Lebens und wurden sensibel für alles, was dieses Leben bedroht. Matthäus war überzeugt, dass Jesus Christus selbst Verwirklicher und Garant einer jeden Seligpreisung sei, die er selbst hinzugefügt hat – ist Jesus nicht der Gewaltlose, der Barmherzige, der Herzensreine, der Friedensstifter? Und Lukas war überzeugt, dass er sich bei seinen Wehe-Rufen über die Reichen auf Jesus selbst berufen könne – ist Jesus nicht selbst das Opfer der Reichen und Satten und Lachenden und Falschen geworden? So gilt denn auch für die Seligpreisungen des Matthäus wie für die Wehe-Rufe des Lukas: Ihre beste Erklärung ist Jesus Christus selbst."[165]

Was Matthäus für seine Gemeinde versucht hat, geschieht auch heute noch. Es gibt in aller Welt ähnliche Bemühungen, das von Jesus ursprünglich Gesagte und Gemeinte zeit- und situationsbezogen zu übertragen. Ein solcher Text soll hier noch vorgestellt werden:

Glücklich sind die arm sind …
    nicht die Geldlosen,
    sondern die, deren Herzen frei sind.
Glücklich sind die Trauernden …
    nicht die, die jammern,
    sondern die, die ihre Stimme erheben.
Glücklich sind die, die keine Gewalt anwenden …
    nicht die Schwächlinge,
    sondern die, die geduldig und tolerant sind.
Glücklich sind, die hungern und dürsten nach Gerechtigkeit …

nicht die, die heulen,
sondern die kämpfen.
Glücklich sind die Barmherzigen ...
nicht die, die vergessen,
sondern die vergeben.
Glücklich sind die ein reines Herz haben ...
nicht die, die sich wie Engel verhalten,
sondern die, die ein ehrliches Leben führen.
Glücklich sind, die Frieden stiften ...
nicht die, die Konflikte meiden,
sondern die, die sich ihnen stellen.
Glücklich, die um der Gerechtigkeit willen verfolgt werden ...
nicht weil sie leiden,
sondern weil sie lieben.[166]

Die Bergpredigt ist ein Programm neuen, aufbauenden menschlichen Verhaltens in der Welt. Ihre Forderungen gelten für alle. Sie ist der Aufruf, dem Reich Gottes, wie Jesus es sich vorstellte, schon hier und heute Gestalt zu geben. Sie ist der Appell, sich ernsthaft auf den Weg zu einer wirklich besseren, gerechteren und humaneren Welt zu machen. Sie ist eine prophetische Provokation, eine zukunftsträchtige Vision. Sie soll Menschen in Bewegung bringen, ihnen die behagliche, selbstzufriedene Sicherheit nehmen und sie unmittelbar dem radikalen Anspruch Gottes aussetzen.

Es entspricht wohl nicht der Intention Jesu, wenn aus dem Aufruf ein Gesetz, wenn aus dem dringlichen Appell an die freie Gewissensentscheidung des Einzelnen eine verbindliche Rechtsvorschrift gemacht wird – so wie es etwa in der katholischen Kirche mit dem Verbot der Wiederverheiratung nach einer Ehescheidung gehandhabt wird, während man gleichzeitig den Appell, nicht zu schwören, großzügig ignoriert. „Da Jesus hinter die Ebene des Gesetzes zurückgreift auf den Ursprung, darf sein Wort selbst nicht wieder unmittelbar und ohne weiteres als Gesetz angesehen werden.“[167] So sind etwa die Worte Jesu zur Ehe und Ehescheidung, zum selbstgerechten Richten und zum Schwören, seine Aufforderungen zum Racheverzicht oder zur Feindesliebe[168] nicht als Gesetzesvorschriften zu verstehen, sondern als prophetische Mahnrede, mit der Implikationen aufgezeigt werden, die sich aus dem Kommen der Gottesherrschaft für das Leben der Menschen in der Nachfolge Jesu ergeben.

Die schwierige Liebe gegenüber allen Arten von Feinden, die anspruchsvolle Moral einer richtig verstandenen aktiven Gewaltlosigkeit, die Option für die Armen, Entrechteten, Verfolgten und Unterdrückten, der lebenslange Kampf gegen die innere Gespaltenheit, anders zu handeln als zu reden, und die radikale Ernstnahme des Gebotes der Nächstenliebe – das alles sind Themen von höchster Aktualität und Allgemeingültigkeit. Zur Verwirklichung braucht es beides: Geist und Praxis, und zwar gleichermaßen auf der individuellen Ebene wie auf der Ebene des wirtschaftlichen, sozialen, nationalen, internationalen und (auch) kirchlichen Lebens.

Auseinandersetzungen mit den „Schriftgelehrten und Pharisäern" und „den Juden"

Es gehört zu den in der gesamten Christenheit am weitesten verbreiteten und sich hartnäckig haltenden Vorurteilen, dass die „hinterhältigen" und „heuchlerischen" Schriftgelehrten und Pharisäer die eigentlichen Feinde Jesu waren. Dass sie ihn in endlose Streitgespräche verstrickten und mit List und Tücke in die Falle zu locken versuchten. Dass sie schließlich die Hauptschuld an seinem Tod tragen. „Pharisäisch" gilt noch immer als Schimpfwort und bezeichnet eine Geisteshaltung, die geprägt ist von Selbstgerechtigkeit und Heuchelei. Vor allem Texte im Matthäusevangelium haben zu dieser negativen Wertung der Pharisäer beigetragen.

Die „Schriftgelehrten und Pharisäer"

Liest man allerdings die Evangelien etwas genauer, so stößt man durchaus auch auf Texte, in denen die Pharisäer positiv gesehen werden. Sie suchen ernsthaft nach dem „wichtigsten Gebot" in der Tora.[169] Sie warnen Jesus vor Herodes.[170] Ein führendes Mitglied besucht Jesus, um mit ihm tiefsinnige Gespräche zu führen.[171] Und schließlich tritt nicht nur der Pharisäer Saulus/Paulus der Christengemeinde bei,[172] sondern auch andere Pharisäer. Manche von ihnen nehmen eine wohlwollend-neutrale Haltung gegenüber der Sache Jesu ein.[173]

Darüber hinaus wissen wir inzwischen aufgrund neu entdeckter Funde und zeitgenössischer jüdischer Quellentexte etwas besser Bescheid über diese Leute. Die Pharisäer bildeten eine Art von Bruderschaft, die aus mannigfachen Strömungen zusammengesetzt war. Beim einfachen Volk standen sie in hohem Ansehen. Wegen ihres ersthaften Bemühens, den Willen Gottes zu erfüllen, und wegen der Strenge ihrer Gesetzesbefolgung galten sie als die „Gerechten im Lande". Dabei waren sie keineswegs so konservativ-reaktionär, wie man es nach der Darstellung in den Evangelien vermuten möchte. Sie wandten sich gegen eine griesgrämige, unzeitgemäße religiöse Praxis, indem sie den Mut aufbrachten, das in Jahrhunderten geschriebene Gotteswort für ihre Zeit weiterzuentwickeln, zu „über-setzen". Sie bemühten sich, das Gesetz, die Tora, nicht nur zu bewahren und es verbindlich auszulegen. Vielmehr wollten sie es auch für die Gegenwart lebbar machen und Möglichkeiten aufzeigen, es in allen Situationen des Alltags konkret zu verwirklichen.

Sie kamen damit einem weitverbreiteten Bedürfnis des Volkes entgegen, das nach Orientierung und Weisung verlangte. Die Auslegepraxis führte allerdings nicht selten auch zu eigenartigen Spitzfindigkeiten: Wie weit darf man sich am Sabbat bewegen, um nicht gegen die vorgeschriebene Sabbatruhe zu verstoßen? Darf man sich am Sabbat verloben? Darf man eine ärztliche Tätigkeit ausüben, wenn der Kranke nicht in unmittelbarer Lebensgefahr schwebt?

Es ist unschwer einzusehen, dass solche Überlegungen leicht zu einem Formalismus führen konnten und auch tatsächlich führten, der das Gesetz und den mit ihm reklamierten Willen Gottes völlig verrechtlichte.[174] Dieser Gefahr waren sich die meisten Pharisäer durchaus bewusst. Man sollte sie aber nicht an ihrem Versagen (das leider nur allzu häufig auch in der religiösen Praxis des Christentums festzustellen ist), sondern an ihren Leistungen messen.

Schon vor 130 Jahren vertrat ein jüdischer Jesusforscher die Ansicht, dass Jesus „ein Jude, ein pharisäischer Jude mit galiläischer Färbung" gewesen sei. Er war „ein Mann, der die Hoffnungen in sich erfüllt glaubte. Einen neuen Gedanken sprach er keineswegs aus, auch brach er nicht etwa die Schranken der Nationalität. ... Er hob nicht im Entferntesten irgendetwas vom Judenthum auf, er war ein Pharisäer, der auch in den Wegen Hillels ging, nicht auf jedes einzelne Äußerliche Wert legte, aber andererseits sprach er es auch aus, dass nicht ein Titelchen vom Gesetze weggenommen werden soll, die Pharisäer sitzen auf dem Stuhl Mosis, und was sie sprechen, das sollt ihr befolgen. Er wurde allerdings, wenn wir treu berichtet sind, als man ihm entgegentrat, auch zu geringschätzigen Äußerungen über das Eine und Andre veranlasst, aber in seinen ursprünglichen Überzeugungen wankte er niemals."[175]

Es hat mehr als 200 Jahre gedauert, bis auch in der christlichen Jesusforschung die Zugehörigkeit Jesu zum Judentum überhaupt wahrgenommen und schließlich auch nahezu allgemein akzeptiert wurde. Und erst in jüngster Zeit setzt sich auch die Erkenntnis durch, dass Jesus durchaus als „Sympathisant" der pharisäischen Glaubenslehren und der pharisäischen Gesetzesauslegung bezeichnet werden kann. Inzwischen hat sich das Blatt derart gewendet, dass Beiträge zur Frage nach dem historischen Jesus als überholt und verdächtig erscheinen, wenn in ihnen die jüdische Identität Jesu ignoriert wird oder keine (besondere) Rolle spielt.

Doch offenbar gab es in der Zeit des Matthäus schon einige Gemeindemitglieder, die eine ähnliche Haltung an den Tag legten, wie sie im Evangelium den Pharisäern vorgeworfen wird. Es gab durchaus auch unter Christen manchen Hochmut in der wohlhabenden Oberschicht gegenüber den „unwissenden und unreinen" Angehörigen der Unterschicht. Es gab Mangel an praktizierter Nächstenliebe. Und es gab sicher auch manche Erstarrung der religiösen Riten und Gebräuche.[176] Man muss sich freilich fragen: Wo gibt es die nicht? Auch die religiöse Praxis unserer Tage ist nicht frei von solchen Haltungen.

Indem Matthäus die Kritik, die er an seinen eigenen Glaubensbrüdern und -schwestern üben will, auf Menschen verlagert, die nicht mehr leben, kann er sozusagen den Sack schlagen und den Esel meinen. Und um deutlich zu machen, dass es sich bei den Drohworten nicht um seine eigene Meinung handelt, sondern um das, was Jesus hier und jetzt sagen würde, wenn er zu der Gemeinde sprechen könnte, legt Matthäus seinen Tadel, seine eigenen Vorwürfe und seine eigenen Warnungen einfach Jesus selbst in den Mund. Er kann das mit gutem Gewissen tun, weil er der festen Überzeugung ist, dass der vom Tod auferweckte Jesus in den Gemeinden lebendig ist.

Matthäus konnte freilich nicht ahnen, dass späteren Generationen dieser Hintergrund nicht mehr bewusst sein würde und dass sie deswegen die Drohreden gegen jene „Pharisäer" in den eigenen Reihen, die der Evangelist im Blick hat, als Drohworte Jesu gegen das tatsächliche Verhalten einer bestimmten Gruppe zur Zeit Jesu verstehen würden.

> „Eine Untersuchung der Aussagen über die Pharisäer in den Evangelien und über die in ihnen verarbeiteten Traditionsschichten lässt eindeutig erkennen, dass die Pharisäer zunehmend als die speziellen Gegner Jesu herausgestellt wurden, und zwar im Zusammenhang des zum Teil harten und schwierigen Ablösungsprozesses, der nach Ostern die Kirche und Israel voneinander trennten."[177]

„Die Juden"

Im Johannesevangelium sind die Hauptgegner Jesu meist „die Juden" schlechthin. Aber auch hier finden wir widersprüchliche Aussagen über sie. Das zeigen die folgenden Beispiele.

> **16** Darauf verfolgten die Juden Jesus, weil er das an einem Sabbat getan hatte. **17** Jesus aber entgegnete ihnen: Mein Vater ist noch immer am Werk, und auch ich bin am Werk. **18** Darum waren die Juden noch mehr darauf aus, ihn zu töten, weil er nicht nur den Sabbat brach, sondern auch Gott seinen Vater nannte und sich damit Gott gleichstellte. (Joh 5,16–18)
> **40** Ihr wollt mich töten, einen Menschen, der euch die Wahrheit verkündet hat, die Wahrheit, die ich von Gott gehört habe [...] **44** Ihr habt den Teufel zum Vater, und ihr wollt das tun, wonach es euren Vater verlangt. Er war ein Mörder von Anfang an [...] **48** Da antworteten ihm die Juden: Sagen wir nicht mit Recht: Du bist ein Samariter und von einem Dämon besessen? (Joh 8,40.44.48)

Aber auch

> Ihr betet an, was ihr nicht kennt. Wir beten an, was wir kennen. Denn das Heil kommt von den Juden. (Joh 4,22)
> Viele der Juden, die zu Maria gekommen waren und gesehen hatten, was Jesus getan hatte, kamen zum Glauben an ihn. (Joh 11,45)

- Einerseits schildert der Evangelist verschiedentlich harte Dispute, die Jesus mit „den Juden“ führt. Sie stellen Jesus zur Rede, weil er Händler und Geldwechsler aus dem Vorhof des Tempels verjagt hat, und verlangen von ihm eine Legitimation für sein Handeln.[178] Sie regen sich darüber auf, dass er am Sabbat einen Gelähmten geheilt hat, und das auch noch unter Berufung auf das Heilshandeln Gottes.[179] Sie nehmen es Jesus nicht ab, dass er der Gesandte des Vaters ist, dass er „von oben“ kommt und göttliche Wahrheit verkündet.[180] Jesus reagiert nicht zimperlich: Er wirft „den Juden“ vor, dass sie ihn umbringen wollen. Damit aber würden sie nicht den Willen Gottes tun, sondern sich dem Willen einer widergöttlichen Macht unterwerfen. Der Vorwurf gipfelt in den Worten: „Ihr habt den Teufel zum Vater, und ihr wollt das tun, wonach es euren Vater verlangt. Er war ein Mörder von Anfang an. Und er steht nicht in der Wahrheit, denn es ist keine Wahrheit in ihm.“[181] Wenn „die Juden“ Jesus töten wollen, so handeln sie im Sinne einer dämonischen Macht. Sie erscheinen als Besessene.
- Andererseits bemüht sich Jesus, jene Juden nicht vor den Kopf zu stoßen, die – wie Nikodemus – aus welchen Gründen auch immer sich nicht oder noch nicht trauen, an ihn zu glauben. Er möchte sie zum Umdenken einladen.[182] Und an einigen Stellen zeigt das Johannesevangelium sehr deutlich, dass „die Juden“ keineswegs allesamt „den Teufel zum Vater“ haben und deswegen nur Unheil und Verderben in die Welt bringen. Ganz im Gegenteil: „Das Heil kommt von den Juden.“[183] Lobend erwähnt das Evangelium jene Juden in Galiläa und Judäa, die zum Glauben an Jesus gefunden hatten.[184] Auch die bleibende Wertschätzung jüdischer Traditionen bringt der Evangelist zum Ausdruck.[185]

Sollte Johannes diese Widersprüche nicht bemerkt haben? Kaum denkbar. Aber warum formuliert er dann derart gegensätzliche Aussagen in seinem Evangelium?

Darüber haben sich die Bibelgelehrten immer wieder den Kopf zerbrochen. Um den Text richtig deuten zu können, sollten wir zunächst die Situation bedenken, in der Johannes sein Evangelium schreibt.[186]

In der Gemeinde des Johannes muss es heftige Auseinandersetzungen zwischen den „altgläubigen“ Juden und der jungen Gemeinde der Christen gegeben haben. Der Evangelist war offensichtlich bemüht, seinen stark verunsicherten und verängstigten Glaubensgenossen Mut zu machen. Denn er musste erleben, wie dauernde Konflikte und die Angst vor Verfolgung bei vielen Christen in seiner Gemeinde Hassgefühle gegenüber den Juden aufkommen ließen. Einige seiner Gemeindemitglieder mögen vor deftigen Verbalinjurien nicht zurückgeschreckt und die „Altjuden" als „Kinder des Teufels" betrachtet und beschimpft haben. Johannes konnte sich solchen Gefühlsaufwallungen nicht verschließen. So mag er sich dazu entschlossen haben, sie in sein Evangelium als eine aus der Verfolgungssituation heraus verständliche Reaktion aufzunehmen.

Johannes verfolgt in seinem Evangelium gewissermaßen eine Doppelstrategie:

- Einerseits bemüht er sich, jene Juden, die – wie Nikodemus – sich nicht oder noch nicht trauten, an Jesus zu glauben, nicht zu verprellen, sondern sie zum Umdenken einzuladen.[187]
- Andererseits geht er mit „den (feindlich gesinnten) Juden" streng ins Gericht und wirft ihnen Unglauben und Verstockung vor. Dafür hätte er allerdings, so wird man wohl sagen dürfen, auch weniger schweres Geschütz als „Kinder des Teufels" auffahren können.

Vielleicht ist sogar mit dem „Teufel" gar nicht der eigentliche Widersacher Gottes gemeint, sondern eine profane Macht, die Römer? Gerd Theißen hat diese Vermutung ausgesprochen, weil an anderer Stelle im Johannesevangelium der Teufel als „Herrscher der Welt" bezeichnet wird[188] und weil, nachdem der Satan in Judas „hineingefahren" ist, um Jesus ans Kreuz zu bringen,[189] das Kommen des „Herrschers der Welt"[190] angekündigt wird. Ist damit die römische Justizmaschinerie gemeint, die Jesus – auf Betreiben einflussreicher Kreise der jüdischen Aristokratie (nicht *der* Juden!) – ans Kreuz bringt?[191] Und machen sich ihre Helfershelfer damit zu Handlangern, zu „Kindern" dieser teuflischen Macht?

Wir dürfen doch wohl annehmen, dass Johannes hinter dem steht, was er an anderer Stelle geschrieben hat, dass nämlich „das Heil von den Juden" kommt. Dann kann es sich logischerweise bei den „Kindern des Teufels" nicht um echte Juden handeln. Denn Johannes spricht hier den Gegnern Jesu ja gerade ihr Jude-Sein ab. Johannes, so darf man mit guten Gründen annehmen, macht also gar nicht „*die* Juden", von denen im Evangelium oft so pauschal die Rede ist, verantwortlich für den Tod Jesu. Es geht ihm lediglich um eine Handvoll Juden, die von der römischen Besatzungsmacht, vom Vertreter des „Herrschers der Welt" total abhängig geworden sind. Das Johannesevangelium will nicht sagen, „*die* Juden" seien schuld am Tode Jesu, sondern „die von den Römern abhängigen Juden, [...] die vom Satan für seinen Willen missbrauchten Menschen haben Jesu Tod verursacht."[192]

Wie dem auch sei: Das Johannesevangelium und sein Autor können von antijüdischen Aussagen nicht freigesprochen werden.[193] Die Auswirkungen dieser johanneischen (und auch der matthäischen) Polemik waren verheerend, weil im Verlauf der 2000-jährigen Geschichte des Christentums die hier vorgestellten feinsinnigen Unterscheidungen nicht gemacht wurden. Erst das Zweite Vatikanische Konzil hat mit der am 28.10.1965 feierlich verabschiedeten Erklärung „Nostra aetate“ ein völlig neues Kapitel im Hinblick auf das Verhältnis zu den Juden aufgeschlagen. Darin wird das „gemeinsame Erbe“ hervorgehoben, das Kirche und Judentum verbindet. „Jesus war Jude und ist es immer geblieben.“[194] „Die Kirche kann nicht vergessen, dass sie durch jenes Volk [...] die Offenbarung des Alten Testamentes empfing.“ Sie verurteilte „im Bewusstsein dieses gemeinsamen Erbes [...] alle Hassausbrüche, Verfolgungen und Manifestationen des Antisemitismus, die sich zu irgendeiner Zeit und von irgendjemanden gegen die Juden gerichtet haben“.[195] Die Erklärung erinnert an Paulus, der im Römerbrief schreibt: „Wenn du als Zweig vom wilden Ölbaum in den edlen Ölbaum eingepfropft wurdest und damit Anteil erhieltest an der Kraft seiner Wurzeln, so erhebe dich nicht über die anderen Zweige. Wenn du es aber tust, sollst du wissen: Nicht du trägst die Wurzel, sondern die Wurzel trägt dich.“[196] Weil das gemeinsame geistliche Erbe von Christen und Juden so reich ist, fordert das Konzil dazu auf, „die gegenseitige Kenntnis und Achtung zu fördern, die vor allem die Frucht biblischer und theologischer Studien sowie des brüderlichen Gespräches ist“.[197]

Bei seinem Besuch in der Synagoge von Rom am 13. April 1986 sagte Papst Johannes Paul II.: „Die jüdische Religion ist für uns nicht etwas ‚Äußerliches‘, sondern gehört in gewisser Weise zum ‚Inneren‘ unserer Religion. Zu ihr haben wir somit Beziehungen wie zu keiner anderen Religion. Ihr seid unsere bevorzugten Brüder und, so könnte man gewissermaßen sagen, unsere älteren Brüder.“[198]

In ähnlicher Weise hat sich auch die Evangelische Landeskirche Württemberg geäußert: „Als Christen leiden wir unter der schweren Last der Vergangenheit. Wir erkennen und bekennen unsere Schuld vor Gott und vor dem jüdischen Volk und bitten den HERRN, dass ER uns helfe zur Umkehr im Glauben und Tun [...] Gottes Treue gilt uneingeschränkt sowohl Seinem erwählten Volk, wie der in Christus Jesus berufenen Gemeinde aus allen Völkern. Nicht gegenseitige Abgrenzung, sondern gemeinsames Lob der Treue Gottes ist unser Anliegen.“[199]

Es wird Zeit, sich endlich von den Vorurteilen in Sachen „*die* Pharisäer“ und „*die* Juden“ zu verabschieden und die Fakten zur Kenntnis zu nehmen.

Umgang mit den Menschen

Was Jesus in seiner Predigt von anderen verlangt, lebt er selbst exemplarisch vor. Er geht auf die Menschen zu. Er zerbricht das uralte Freund-Feind-Schema, weil er im oppositionellen Mitmenschen nicht den Gegner und Rivalen sieht, sondern den möglichen Partner und Mitarbeiter, den Hausgenossen im Reich Gottes. Er fühlt sich von der existenziellen Not seiner Zeitgenossen in die Pflicht genommen – vor allem jener, die am Rand der Gesellschaft leben müssen. Jesus bevorzugt den Aufenthalt „in schlechter Gesellschaft".[200] Er sympathisiert mit Dirnen und Ausgestoßenen, mit Armen und Habenichtsen, mit Zöllnern und Sündern. Besonders sein Umgang mit Zöllnern erregt Anstoß.

Zöllner galten als Betrüger. Es war damals üblich, die Steuern an Interessenten zu verpachten. Als „Privatunternehmer" hatten die Zöllner dafür zu sorgen, dass die festgesetzte Steuer für die Benutzung von Wegen und Brücken, von bestimmten Waren, die auf dem Markt angeboten wurden (Salz), und die Steuern für den Transport der Waren in eine andere Stadt oder über die Landesgrenzen ordnungsgemäß entrichtet wurden. Von diesen Steuern waren in besonderer Weise die Menschen am Nordufer des Sees Gennesaret betroffen, weil sie mit ihren Erzeugnissen und Waren zwischen Betsaida im Herrschaftsgebiet des Philippus und Kafarnaum im Gebiet des Herodes Antipas hin- und herpendeln mussten. Die beiden „Landesfürsten" schlossen Zoll-Pachtverträge mit dem jeweils Höchstbietenden. Die Pächter bemühten sich, ihre Pachtausgaben nicht nur wieder hereinzuwirtschaften, sondern darüber hinaus noch möglichst viel Gewinn für sich selbst abzuschöpfen. Je skrupelloser sie dabei zu Werke gingen, desto rascher konnten sie Reichtum und Wohlstand erlangen. Es war darum nur allzu verständlich, dass die galiläische Landbevölkerung den Zöllnern wenig Sympathie entgegenbrachte. Sie wurden religiös als „unrein" abgestempelt.[201] Und von denen lasst Jesus sich und seinen engsten Freundeskreis sogar noch zum Essen und Trinken einladen!

Jesus rechtfertigt sein Verhalten gegenüber jenen, die daran Anstoß nehmen, mit einem Gleichnis: „Wenn einer von euch hundert Schafe hat und eins davon verliert, läst der dann nicht die neunundneunzig in der Steppe zurück und geht dem verlorenen nach, bis er es findet? Und wenn er es gefunden hat, nimmt er es voll Freude auf die Schultern. Und wenn er nach Hause kommt, ruft er seine Freunde und Nachbarn zusammen und sagt zu ihnen: Freut euch mit mir, ich habe mein Schaf wiedergefunden, das verloren war."[202]

„Hirte" war im damaligen Judentum eine feststehende Metapher für den König *und* für Gott. Beim Propheten Jeremia ist zu lesen: „Weh den

23,1-4

Hirten, die die Schafe meiner Weide zugrunde richten und zerstreuen – Spruch des Herrn. Darum – so spricht der Herr, der Gott Israels, über die Hirten, die mein Volk weiden: Ihr habt meine Schafe zerstreut und versprengt und habt euch nicht um sie gekümmert. Jetzt ziehe ich euch zur Rechenschaft wegen eurer bösen Taten – Spruch des Herrn. Ich selbst aber sammle den Rest meiner Schafe aus allen Ländern, wohin ich sie versprengt habe. Ich bringe sie zurück auf ihre Weide; sie sollen fruchtbar sein und sich vermehren. Ich werde für sie Hirten bestellen, die sie weiden, und sie werden sich nicht mehr fürchten und ängstigen und nicht mehr verlorengehen – Spruch des Herrn."[203] Gott selbst gilt als „Hirte Israels".[204] Der Psalm 23 beginnt mit den Worten: „Der Herr ist mein Hirte, nichts wird mir fehlen." Jede Hörerin und jeder Hörer des Gleichnisses kann unschwer erkennen, dass von Gott als eigentlich handelnder Person die Rede ist.

Jesus tritt mit diesem Gleichnis und mit seinem Verhalten, das er auf diese Weise rechtfertigt, gleich in mehrere Fettnäpfchen: Er wirft den „Hirten des Volkes" indirekt vor, sie würden ihrer Fürsorgepflicht nicht nachkommen, das Volk „mit Einsicht und Klugheit zu weiden",[205] sie seien schuld daran, dass sich nicht nur ein einzelnes Schaf verirrt hat, sondern das ganze Volk. Und er rechtfertigt sein in den Augen seiner Gegner nicht zu billigendes Verhalten damit, dass er sein Handeln in eine Linie setzt mit dem Handeln des Königs und sogar mit dem Handeln Gottes. Das ist eine unerhörte Anmaßung.

Jesus erfüllt mit seinem Handeln den Traum und die Hoffnung vieler Menschen, die sich in ihrem Leben verrannt haben, die in einer Sackgasse gelandet sind, die nicht mehr aus noch ein wissen. Er weist ihnen den Weg, wenn sie sich verirrt haben. Er hilft ihnen beim Aufstehen, wenn sie gestrauchelt sind. Er lehrt sie, vorwärts zu schauen – in die Zukunft. Er zeigt ihnen, dass es für einen Neuanfang nie zu spät ist. Er macht ihnen Mut zur Umkehr und zum Umdenken.

Ein gutes Beispiel dafür liefert die Erzählung von der Ehebrecherin.

> 2 Am frühen Morgen begab sich Jesus in den Tempel. Alles Volk kam zu ihm. Er
> setzte sich und lehrte es. 3 Da brachten die Schriftgelehrten und die Pharisäer eine
> Frau, die beim Ehebruch ertappt worden war. Sie stellten sie in die Mitte 4 und
> sagten zu ihm: Meister, diese Frau wurde beim Ehebruch auf frischer Tat ertappt.
> 5 Mose hat uns im Gesetz vorgeschrieben, solche Frauen zu steinigen. Nun, was
> sagst du? 6 Mit dieser Frage wollten sie ihn auf die Probe stellen, um einen Grund
> zu haben, ihn zu verklagen. Jesus aber bückte sich und schrieb mit dem Finger auf
> die Erde. 7 Als sie hartnäckig weiterfragten, richtete er sich auf und sagte zu ihnen:
> Wer von euch ohne Sünde ist, werfe als erster einen Stein auf sie. 8 Und er bückte
> sich wieder und schrieb auf die Erde. 9 Als sie seine Antwort gehört hatten, ging
> einer nach dem anderen fort, zuerst die Ältesten. Jesus blieb allein zurück mit der

Frau, die noch in der Mitte stand. 10 Er richtete sich auf und sagte zu ihr: Frau, wo sind sie geblieben? Hat dich keiner verurteilt? 11 Sie antwortete: Keiner, Herr. Da sagte Jesus zu ihr: Auch ich verurteile dich nicht. Geh und sündige von jetzt an nicht mehr! (Joh 8,3–11)

Bei dieser Erzählung, die ins Johannesevangelium aufgenommen wurde, haben wir es mit einer „Perle alter Überlieferung“[206] zu tun. Es ist anzunehmen, dass die Sünderin eine Ehefrau war. Aus dem Text selbst und auch aus dem Zusammenhang, in den er gestellt ist, geht nicht hervor, ob sich der Zug mit der Frau auf dem Weg zum Gericht befindet oder ob er bereits von dort kommt und die Frau zur Hinrichtung führt. In jedem Fall gerät Jesus in eine heikle Situation: Soll er die sonst so häufig von ihm gepredigte und von seinen Zuhörerinnen und Zuhörern verlangte Barmherzigkeit aufgeben oder dem klaren Wortlaut des Gesetzes widersprechen, das für Ehebruch die Todesstrafe durch Steinigung verlangt?[207] Wenn das Urteil schon gefällt ist, ist die Lage für Jesus aber noch problematischer und gefährlicher: Entweder müsste er sich gegen das jüdische Gericht stellen oder aber – vorausgesetzt, dass sich die römische Besatzungsmacht die Vollstreckung eines Todesurteils vorbehalten hatte – als Revolutionär gegen die Römer erscheinen. Die Erzählung ist an dieser Frage nicht interessiert. Sie lenkt das Augenmerk allein auf Jesus. Die Anrede der Ankläger wird in der deutschen Einheitsübersetzung mit „Meister“ wiedergegeben. Im Hebräischen lautete sie wahrscheinlich „Rabbi“.[208] Die Aufgabe eines Rabbi war es, das Gesetz des Mose, die Tora, auszulegen und zu interpretieren. Vermutlich steckt in dieser Anrede eine unverhohlene Ironie. Die Ankläger benutzen die Gelegenheit, den im Volk als Rabbi, als Gesetzeslehrer, angesehenen Mann in Verlegenheit zu bringen und in eine Falle zu locken. Der Tatbestand ist klar: Die Frau wurde in flagranti ertappt und ergriffen, die Vorschriften des mosaischen Gesetzes für diesen Fall sind eindeutig. Wenn sich Jesus dagegen ausspricht, tastet er die Autorität des Mose und damit Gottes selbst an.

Jesus durchschaut das Manöver. Er hütet sich vor einer direkten Antwort. Er bückt sich nieder und schreibt mit dem Finger auf die Erde. Um Zeit zu gewinnen für eine Antwort? Um zu zeigen, dass ihn das Ganze nichts angeht und die Leute ihn gefälligst in Ruhe lassen sollen? Wir sind auf Vermutungen angewiesen. Eine wird von den neueren Exegeten bevorzugt: „Jesus verweist die Fragenden, die mit der Schärfe des Gesetzes die Frau verurteilen, an das Gericht Gottes, vor dem alle Menschen Sünder sind. Gott müsste sie alle in den Staub schreiben. Es ist eine Nichtigkeitserklärung, […] eine Zeichenhandlung, die Menschen mit Sinn für prophetische Zeichen verstehen konnten.“[209] Diese Deutung passt in den Fortgang der Erzählung: Die Anklagenden haben die stumme Geste Jesu nicht verstanden oder wollten sie nicht verstehen und insistieren auf einem klärenden Wort. Das erhalten sie: „Wer von euch ohne Sünde ist, werfe als erster einen Stein auf sie." Der Satz ist einmalig und unvergesslich formuliert. Jetzt ist der Ball bei ihnen. Jetzt sind sie die Gefragten. Jetzt sind sie gezwungen, Farbe zu bekennen. Dazu können sie sich im Bewusstsein eigener Schuld nicht entschließen. Scheinbar unberührt beugt sich Jesus wieder zur Erde und schreibt weiter in den Sand. Was zu sagen war, um seine Haltung zu verdeutlichen, ist gesagt.

> „In der synoptischen Tradition gibt es viele solche knappen, treffenden, ins Herz dringenden Worte Jesu, die eine Frage oder Situation entscheiden, meisterliche Formulierungen, aus denen der Geist Jesu spricht. Auch hier soll das Wort als solches seine Wirkung tun; aber wenn unsere Deutung der Geste Jesu richtig war, dann sagt auch sein neues Schreiben auf die Erde, und jetzt deutlicher als vorher: Gott schreibt die Sünder in den Staub. Er ist es, der richtet."[210]

Den Anklägern hat es die Sprache verschlagen. Sie lassen von der Frau ab und verduften still und leise.

Die Szene zwischen Jesus und der Frau ist in unübertrefflicher Sprachkraft gestaltet, mit keinem Wort zu viel oder zu wenig. Jesus richtet sich auf und redet zum ersten Mal die Frau selbst an. Er fragt nicht nach ihrer Tat, nicht nach einer Entschuldigung, die sie vorbringen könnte, sondern nach ihren Anklägern. Die Antwort der Frau verrät nichts von Gemütsbewegung und sentimentaler Dankbarkeit, wie in dieser Situation zu erwarten wäre. Der Evangelist bleibt meisterlich nüchtern. Nur in der Anrede „Herr" verbirgt sich die Ehrfurcht der Frau vor Jesus und eine stille Bitte an ihn, noch das letzte, nun wirklich alles entscheidende Wort zu sprechen. Und das klingt wie eine richterliche Entscheidung: „Auch ich verurteile dich nicht." Es ist ein Freispruch, der doch nicht den Gedanken aufkommen lässt, Jesus wage es nicht, sie zu verurteilen, weil er sich ja nach dem, was er vorher gesagt hat, nun selbst unter die Sünder zu rechnen habe. Er spricht sie frei aus souveräner Entscheidung, in der Hoheit dessen, der um Gottes Barmherzigkeit weiß.

> „Die erkennbare Haltung Jesu stimmt zu dem unverdächtigen Bild vom ‚historischen Jesus', wie es aus den synoptischen Evangelien hervortritt. Er hat sich frei, unbekümmert um das Urteil der Menschen, über jeglichen Legalismus hinweggesetzt und den Sündern, Ausgestoßenen und ‚Verlorenen' die barmherzige Liebe Gottes entgegengebracht. Die historischen Umstände, die in der Perikope vorausgesetzt werden, widersprechen ebenfalls nicht den damaligen Verhältnissen."[211]

Die hier von Jesus gezeigte und in seiner eigenen Haltung gelebte Versöhnung gegenüber den als „Sünder" abgestempelten Menschen ist Zeichen für die *Vergebung der Sünden* durch Gott selbst. An zwei Stellen in den Evangelien ist davon die Rede, dass Jesus zu Menschen sagt: „Deine Sünden sind dir vergeben.“[212] Jesus besaß offensichtlich ein besonderes Sendungsbewusstsein und sah sich als authentischer Ausleger des göttlichen Willens. Nicht wenige Exegeten stellen heute allerdings in Frage, ob Jesus wirklich *so* gesprochen hat. Denn der Apostel Paulus bringt die Vergebung der Sünden erst mit dem Tod Jesu in Verbindung: „[Jesus] ist *gestorben* für unsere Sünden.“[213] Doch „ob Jesus selbst Sündenvergebung ausdrücklich zugesprochen hat oder nicht, ist weit weniger wichtig, als dass er in seinem Handeln tatsächlich Sündenvergebung gebracht hat“.[214] Durch die menschlich-offene Art, in der Jesus, der vom Vater gesandte „Sohn“, mit Schuldig-Gewordenen und als Sünder Abgestempelten umging, vollzog sich für alle sichtbar Vergebung. Weil das Handeln Jesu für die Augen- und Ohrenzeugen so „ganz anders“ und souverän erschien, konnten sie darin die „theologische Verdichtung der in Jesu Gegenwart erfahrenen Nähe und Zuwendung Gottes sehen.“[215]

Tischgemeinschaft

Wiederholt erzählen die Evangelien, dass Jesus gern und öfters mit Menschen *gegessen und getrunken* hat. Häufig wurde er von Fremden zum Essen eingeladen. Seinen jüdischen Tischgenossen war der Gleichnis- und Symbolcharakter solchen Mahlhaltens bekannt. Gemeinsames Essen und Trinken ist Ausdruck für Gemeinschaft. Und Jesus hat das wohl gelegentlich auch noch eigens zum Ausdruck gebracht. Jedenfalls überliefert der Evangelist Lukas die Bemerkung eines Gastes, der zusammen mit Jesus zu einem Festessen bei einem führenden Pharisäer eingeladen war: „Selig, wer im Reich Gottes am Mahl teilnehmen darf.“[216]

Doch Jesus feiert nicht nur mit jenen, die sich schon jetzt ihres Platzes beim himmlischen Mahl sicher wähnen. Er isst und trinkt mit Zöllnern und Sündern, Neugierigen und Suchenden, Satten und Hungrigen, Reichen und Armen, Freunden und Feinden. Diese gemeinsamen Mähler werden nicht allzu häufig gewesen sein.[217] Sie liefen wohl zumeist nach dem für diese Anlässe üblichen Ritual ab. Vermutlich waren es einigermaßen wohlhabende Leute – Zöllner beziehungsweise (heimliche) Sympathisanten der Jesusbewegung –, die Jesus dazu einluden und die auch die dafür erforderlichen Lebensmittel stellten. Es ist anzunehmen, dass man den interessanten, wohnsitzlosen Gast darum bat, die Rolle des „Hausvaters“ zu übernehmen und das Lobgebet über das Brot zu sprechen, mit dem das Mahl eröffnet wurde. Aber es mag wohl auch gar nicht so selten vorgekommen sein, dass neben Jesus noch andere Gäste geladen waren – vielleicht, weil der Mann aus Nazaret seine Gastgeber darum gebeten hatte, vielleicht auch, weil diese

Leute neben den Jüngerinnen und Jüngern Jesus gerade begleiteten. Und diese Typen erregten wohl vor allem Aufsehen.

So mag es eine bunte Gesellschaft gewesen sein, die an diesen Mählern teilnahm: Männer und Frauen, Bettelarme und Reiche, (ehemals) Besessene und (permanent) Gesunde, berufsbedingte Outsider und von Jesus angesprochene und berufene Aussteiger. Es ist keineswegs selbstverständlich, dass beim gemeinsamen Essen und Trinken nicht auch unterschwellige Emotionen und gegenseitige Animositäten hochkamen und auch mancher handfeste Streit ausgefochten wurde. Denn die Sorgen, die die Einzelnen drückten, ließen sich nicht einfach vergessen – Sorgen um das Allernotwendigste für den nächsten Tag, Sorgen um das Auskommen für die Familie, für die Kinder, Sorgen um Arbeit und Beruf. Sie wurden von Jesus sicher auch angesprochen und diskutiert. Jesus wirbt um Vertrauen. Er verweist auf die väterliche Fürsorge Gottes für das Gras auf dem Feld, für die Vögel in den Bäumen.[218] Ob ihm die Zuhörerinnen und Zuhörer das immer alles so ohne Weiteres abgenommen haben, ist zu bezweifeln. Mancher mag die Mahlzeit mit Ärger im Bauch über diesen Traumtänzer aus Nazaret verlassen haben. Andere fassten Mut und Vertrauen, spürten wieder Hoffnung in ihrer Hoffnungslosigkeit. Sie begannen zu glauben: Hier ist der Anfang der erhofften Zukunft, die Jesus als „Gottesherrschaft" bezeichnet und die ganz Israel erwartet.

Das einfache Volk und die Bauern in den Dörfern Galiläas werden sich über die merkwürdige Mahlgemeinschaft und ihr Treiben ziemlich gewundert haben. Manches daran mag ihnen ungewohnt erschienen sein, obwohl bei diesem gemeinsamen Essen und Trinken nichts Geheimnisvolles oder besonders Auffälliges geschehen sein dürfte. Dennoch brachten diese Mähler und die dabei anwesenden Gäste Jesus den Vorwurf ein, er sei „ein Fresser und Weinsäufer, ein Freund der Zöllner."[219]

Es ist kaum vorstellbar, dass Jesus jemals betrunken war. Der Vorwurf wiegt trotzdem schwer, da zu damaliger Zeit ein derartiges Verhalten gravierende soziale Folgen haben konnte. „Er ist ein Verschwender und Trinker" ist ein Anklagepunkt, aufgrund dessen Eltern ihren Sohn vor den Ältestenrat ihres Ortes führen konnten, wenn er sich „störrisch und widerspenstig" anstellte und nicht auf sie hören wollte. Er konnte dann sogar zum Tod durch Steinigung verurteilt werden.[220] Die eigentliche Begründung für diese harte Strafe wird in der Rebellion des Sohnes gegen die überkommene Ordnung gesehen, die hier durch die Eltern repräsentiert wird, und in der Tatsache, dass ein Sohn, der über seine Verhältnisse lebt, gegen die im vierten Gebot geforderte Unterhaltspflicht gegenüber den (alten) Eltern verstößt.[221] Der Vorwurf besagt also letztlich: „Jesus ist kein guter Sohn: Er kommt weder seinen sozialen Verpflichtungen nach, denn er hat seine alten Eltern im Stich gelassen, noch sorgt er für sich selbst vor. Als Wanderprediger ist er aus dem Arbeitsprozess ausgestiegen. Mit seinem Verhalten bricht er aus den durch die Tradition geleiteten und durch die Erziehung vermittelten Bahnen aus."[222]

Ein Verschwender ist eine Schande für seinen Vater, denn er offenbart eine misslungene Erziehung.[223] Es ist daher nur zu gut verständlich, dass Jesu Angehörige sich darum bemühten, ihren auf etwas merkwürdige Wege geratenen Sohn zur Räson zu bringen. Sie machten sich auf den Weg, „um ihn mit Gewalt zurückzuholen; denn sie sagten: Er ist von Sinnen."[224] Als einziger Evangelist hat Markus diese Episode überliefert, den anderen war das offenbar peinlich. Sie wollten so etwas ihren Leserinnen und Lesern nicht zumuten.

Ein junger Mann, der unter die „Fresser und Säufer" geht, disqualifiziert sich auch für eine zukünftige Familiengründung. Wenn er schon nicht für seine alt gewordenen Eltern sorgen will, dann wird er später, wenn er verheiratet ist, auch für Frau und Kinder nicht hinreichend Sorge tragen.

> „Der Vorwurf, ein ‚Fresser und Säufer' zu sein, nimmt das unsoziale Verhalten Jesu direkt ins Visier und spitzt es auf einen markanten Punkt zu: Während die anderen arbeiten, für sich und die Gemeinschaft Vorsorge treffen, lässt er es sich gut gehen und denkt weder an seine sozialen Verpflichtungen noch an das Morgen. Mit dem Vorwurf: ‚Siehe, ein Fresser und Weinsäufer!' wird er als Störenfried gekennzeichnet und ausgegrenzt: Da ist einer, der gegen die überkommene Ordnung rebelliert."[225]

Für Jesus stellt sich freilich die Sache anders dar. Er folgt einer neuen Ordnung.

> „Nach seiner Überzeugung hat das große Fest der Gottesherrschaft, wie es für das Ende der Zeit versprochen ist, bereits begonnen. Prophetische Texte vergleichen es mit einer Hochzeit zwischen Jahwe und seinem Volk (vgl. Jes 62,5). Nach Jes 25,6–8 wird es feinste Speisen geben, ein ‚Gelage mit erlesenen Weinen'. Von diesem Fest kann er sich doch nicht ausschließen. […] Kann man den normalen Arbeitstrott weitermachen, den üblichen Geschäften nachgehen, wenn zum großen Fest gerufen wird?"[226]

Die offene Tischgemeinschaft gehört zum festen Programm der Verkündigung Jesu. Sie ist kein zufälliges, durch die Situation bedingtes Handeln. Sie ist auch kein aus karitativ-humanen Überlegungen und Impulsen gespeistes soziales Unternehmen. Sie ist demonstratives Zeichen für die Nähe der alle Menschen umfassenden und alle angehenden Gottesherrschaft.

Wie vielschichtig diese offene Tischgemeinschaft und der Umgang mit den Menschen in den Evangelien geschildert werden, soll am folgenden Beispiel von der wunderbaren Speisung veranschaulicht werden.

Mt 14,13–21	Joh 6,1–15
13 Als Jesus all das hörte, fuhr er mit dem Boot in eine einsame Gegend, um allein zu sein. Aber die Leute in den Städten hörten davon und gingen ihm zu Fuß nach. **14** Als er ausstieg und die vielen Menschen sah, hatte er Mitleid mit ihnen und heilte die Kranken, die bei ihnen waren. **15** Als es Abend geworden war, kamen die Jünger zu ihm und sagten: Der Ort ist abgelegen, und es ist schon spät geworden. Schick doch die Menschen weg, damit sie in die Dörfer gehen und sich etwas zu essen kaufen können. **16** Jesus antwortete: Sie brauchen nicht wegzugehen. Gebt ihr ihnen zu essen! **17** Sie sagten zu ihm: Wir haben nur fünf Brote und zwei Fische bei uns.	**1** Danach ging Jesus an das andere Ufer des Sees von Galiläa, der auch See von Tiberias heißt. **2** Eine große Menschenmenge folgte ihm, weil sie die Zeichen sahen, die er an den Kranken tat. **3** Jesus stieg auf den Berg und setzte sich dort mit seinen Jüngern nieder. **4** Das Pascha, das Fest der Juden, war nahe. **5** Als Jesus aufblickte und sah, dass so viele Menschen zu ihm kamen, fragte er Philippus: Wo sollen wir Brot kaufen, damit diese Leute zu essen haben? **6** Das sagte er aber nur, um ihn auf die Probe zu stellen; denn er selbst wusste, was er tun wollte. **7** Philippus antwortete ihm: Brot für zweihundert Denare reicht nicht aus, wenn jeder von ihnen auch nur ein kleines Stück bekommen soll. **8** Einer seiner Jünger, Andreas, der Bruder des Simon Petrus, sagte zu ihm: **9** Hier ist ein kleiner Junge, der hat fünf Gerstenbrote und zwei Fische; doch was ist das für so viele!
18 Darauf antwortete er: Bringt sie her! **19** Dann ordnete er an, die Leute sollten sich ins Gras setzen. Und er nahm die fünf Brote und die zwei Fische, blickte zum Himmel auf, sprach den Lobpreis, brach die Brote und gab sie den Jüngern; die Jünger aber gaben sie den Leuten, **20** und alle aßen und wurden satt. Als die Jünger die übrig gebliebenen Brotstücke einsammelten, wurden zwölf Körbe voll. **21** Es waren etwa fünftausend Männer, die an dem Mahl teilnahmen, dazu noch Frauen und Kinder.	**10** Jesus sagte: Lasst die Leute sich setzen! Es gab dort nämlich viel Gras. Da setzten sie sich; es waren etwa fünftausend Männer. **11** Dann nahm Jesus die Brote, sprach das Dankgebet und teilte an die Leute aus, soviel sie wollten; ebenso machte er es mit den Fischen. **12** Als die Menge satt war, sagte er zu seinen Jüngern: Sammelt die übrig gebliebenen Brotstücke, damit nichts verdirbt. **13** Sie sammelten und füllten zwölf Körbe mit den Stücken, die von den fünf Gerstenbroten nach dem Essen übrig waren. **14** Als die Menschen das Zeichen sahen, das er getan hatte, sagten sie: Das ist wirklich der Prophet, der in die Welt kommen soll. **15** Da erkannte Jesus, dass sie kommen würden, um ihn in ihre Gewalt zu bringen und zum König zu machen. Daher zog er sich wieder auf den Berg zurück, er allein.

Handelt es sich hier um ein und dasselbe Geschehen? In beiden Erzählungen ist die Rede von 5000 Männern, die mit fünf (Gersten-)Broten und zwei Fischen gesättigt werden; und es bleiben sogar noch zwölf Körbe voll übrig.

Das klingt reichlich unglaubwürdig. Wenn man dem Matthäusevangelium vertrauen wollte, das ausdrücklich zu den Männern noch „Frauen und Kinder" erwähnt, dann stellt sich schon die Frage, wer überhaupt eine solche Menschenmenge so rasch zählen konnte. Johannes spricht davon, dass Jesus selbst die Brote und Fische an „die Leute" ausgeteilt habe, während die Jünger offenbar untätig zuschauten – das dürfte einige Zeit in Anspruch genommen haben. Und woher kommen in der „einsamen Gegend" plötzlich zwölf Körbe für die übrig gebliebenen Brote?

Wenn man aber annimmt, dass der Erzählung von der wunderbaren Speisung keine reale Begebenheit zugrunde gelegen hat,[227] dann bleibt die Frage, welche Absicht Matthäus und Johannes gehabt haben könnten, als sie diese Geschichte in ihre Evangelien aufnahmen. Übrigens enthalten auch die beiden anderen Evangelien nach Markus und Lukas diese Erzählung.

- Tatsache ist, dass Jesus immer wieder mit Menschen unterschiedlicher Schichten und Gruppierungen Mahl gehalten hat. Gemeinsames Essen und Trinken verbindet. Es begründet Lebensgemeinschaft und ist Sache von Menschen, die als Familie zusammengehören oder als Freunde miteinander leben und füreinander einstehen wollen. Jesus hat diese Mähler als Zeichenhandlungen gesehen. Sie sollten hinweisen auf die mit ihm anbrechende neue Welt. Er selbst vergleicht sich im Johannesevangelium mit einem Brot, das Gott spendet und das der Welt das Leben gibt: „Ich sage euch: Nicht Mose hat euch das Brot vom Himmel gegeben, sondern mein Vater gibt euch das wahre Brot vom Himmel. Denn das Brot, das Gott gibt, kommt vom Himmel und gibt der Welt das Leben. [...] Ich bin das Brot des Lebens. Wer zu mir kommt, wird nie mehr hungern."[228] Die Mähler mögen einen frohen und freudigen Charakter gehabt haben. Denn sie sollten Ausdruck des Festes der Gemeinschaft Gottes mit den Menschen sein. Sie sollten zeigen: Jesus handelt wie Gott. Und von dem heißt es in einem Psalm: „Er ließ Manna auf sie regnen als Speise, er gab ihnen Brot vom Himmel."[229]
- In der Fassung des Matthäusevangeliums spielen die Jünger eine bemerkenswerte Rolle. Zunächst sind sie scheinbar nicht anwesend, als Jesus in einer „einsamen Gegend" den „vielen Menschen" predigt und die „Kranken heilt, die bei ihnen waren". Als die Jünger bei einbrechender Dunkelheit endlich auftauchen, machen sie Jesus darauf aufmerksam, dass die vielen Leute vermutlich Hunger haben dürften. Jesus sagt: „Gebt ihr ihnen zu essen!" Das ist zunächst einmal nicht seine Sache. Darum sollen sich die Jünger kümmern. Für ausreichend Brot zum Essen haben

die Menschen untereinander zu sorgen. Vermutlich nimmt Matthäus dieses Wort in sein Evangelium auf, weil er es nicht nur an die Jünger damals gerichtet sieht, sondern ebenso auch an die Jüngerinnen und Jünger, die jetzt seinen Text lesen oder hören: „Gebt ihr den Menschen zu essen und zu trinken! Gebt ihr ihnen Heimat und Herberge! Gebt ihr ihnen das zum Leben Notwendige! Kümmert ihr euch um die Kranken! Wenn ihr das *Brot des Lebens* nicht euch zum Gericht essen wollt, dann dürft ihr den Ärmsten der Armen das *Brot des Überlebens* nicht vorenthalten."

- Bei Johannes spielen die Jünger kaum eine Rolle. Der Evangelist stellt in seiner Erzählung die Gestalt Jesu in den Mittelpunkt. Alles dreht sich um ihn. Er allein erscheint als der souverän Handelnde. Er weiß von Anfang an genau, was zu tun ist. Er strebt zielbewusst, sicher und unbeirrbar das an, was er erreichen möchte. Er bleibt nicht in der Ebene, sondern steigt zu der wunderbaren Speisung auf einen Berg – zum Zeichen seiner Hoheit und Würde.[230] Jesus hält von Anfang an die Fäden allein in der Hand. Ihm braucht niemand zu helfen. Er hat es nicht nötig, jemand um Rat zu fragen. Er allein muss im Zentrum des Geschehens stehen – sonst niemand. Die Jünger werden nur beiläufig erwähnt. Sie wirken wie hilflose und eher unnütze Statisten.
- Darum wird auch verständlich, dass Jesus selbst es ist, der die Brote austeilt: Er allein ist das wahre Brot des Lebens.[231] Er spendet Leben in Fülle und Überfluss. Er schenkt den Menschen davon, „so viel sie wollen".[232] Jesus ist es auch, der den Auftrag zum Sammeln der Brotreste gibt. Von dieser kostbaren Speise darf nichts verloren gehen.
- Mit dieser Konzentration der Erzählung auf Jesus erreicht der Evangelist, dass die Erzählung von der wunderbaren Speisung zu einer Zeichenhandlung wird. Das Brot wird zum Symbol für Jesus, der sich von den Menschen verzehren lässt. Die Gabe weist auf den Geber. Johannes betont ausdrücklich, dass die Erzählung als „Zeichen" zu verstehen sei. Die Menschen können letztlich nicht nur vom Brot allein leben. Sie brauchen mehr. Sie brauchen *ihn*. Wie Jesus die riesige Menschenmenge[233] mit irdischer Speise wunderbar ernährt hat, so kann er auch alle mit himmlischer Speise ernähren. Er ist das Brot für das Leben der Welt; wer zu ihm kommt, wird nie mehr hungern, und wer an ihn glaubt, wird nie mehr Durst haben.[234]
- Es lohnt sich auch, einen Blick auf die Männer zu werfen, denen Jesus das Brot und die Fische austeilt. Sie begegnen uns im Evangelium als Menschen, die alles kommentarlos und scheinbar wie selbstverständlich hinnehmen. Die nur an der Gabe interessiert sind, nicht aber am Geber. Sie begnügen sich mit dem Materiellen, mit dem „es", und begreifen nicht,

dass „er" es ist, der vor ihnen steht – er, der Geber aller guten Gaben. Jesus interessiert sie nur, soweit er ihnen „etwas" zu bieten hat. Darum wollen sie ihn – in der Version des Johannesevangeliums – zum „König" machen, weil er es offenbar schafft, ihnen die Sorge um das tägliche Brot abzunehmen. „Brot und Spiele" – was brauchen sie noch mehr? Sie sehen nur die Oberfläche, das Brauchbare, das Nützliche.

- Dieses Missverständnis des christlichen Glaubens ist heute genau so aktuell wie damals. Wie oft wird er als ein „etwas" verstanden, das man von „oben" gedankenlos entgegennimmt, das einem aber selbst nichts abverlangt – christlicher Glaube als ein Konsumgegenstand, der zur Befriedigung eigener Bedürfnisse dient.
- Die Erzählung nach Matthäus enthält eine Reihe von Anspielungen auf das eucharistische Mahl. Es ist zur Abendzeit, als sich die Menschenmenge versammelt. Es war ebenfalls am Abend, als sich Jesus mit den Zwölf zu seinem letzten Mahl, zum „Abendmahl", begab.[235] Am Abend, nach Sonnenuntergang, traf sich in der frühen Christenheit auch die Gemeinde zum „Brotbrechen", zur eucharistischen Versammlung.
- Auffällig ist ebenso, dass die Texte über das Verteilen des Brotes hier und in der Erzählung vom letzten Abendmahl deutlich erkennbar in Parallele stehen. Das ist sicher kein Zufall. Das hat Matthäus bewusst so formuliert.

Mt 14,15.19–20	Mt 26,20.26
15 Als es Abend geworden war […]	20 Als es Abend geworden war […] 26 Während des Mahles,
19 Jesus nahm die fünf Brote und die zwei Fische blickte zum Himmel auf,	nahm Jesus das Brot
sprach den Lobpreis,	sprach den Lobpreis;
brach die Brote und gab sie den Jüngern; die Jünger aber gaben sie den Leuten,	dann brach er das Brot, reichte es den Jüngern und sagte: Nehmt und esst; das ist
20 und alle aßen und wurden satt.	mein Leib.

Was Matthäus damit sagen möchte, liegt auf der Hand: So wie damals viele Menschen mit dem irdischen Jesus zusammen gegessen und getrunken haben, so isst und trinkt auch die christliche Gemeinde bei der Eucharistie zusammen mit dem Auferweckten. „Abendmahl" bedeutet nicht, dass ein Einzelner für sich allein von Jesus heiliges Brot empfängt, sondern dass Christus die vielen, die ihm nachfolgen, versammelt und mit ihnen Mahl hält.

Die Jünger sollen das Brot nicht für sich behalten, sondern es weitergeben an die Menschen. „Gebt ihr ihnen zu essen – die Jünger gaben die Brote den Leuten." Die Gemeinschaft mit dem verherrlichten Leib Christi in der Eucharistie muss sich bewähren in der Gemeinschaft mit den Geringsten – mit den Hungernden und Dürstenden, mit den Fremden und Obdachlosen, mit den Armen und Kranken.[236] Nicht die Frage, was mit dem Brot geschieht, wenn es zum „Leib Christi" wird, hat im Vordergrund zu stehen, sondern die Frage: Was erwächst aus dieser eucharistischen Mahlgemeinschaft? Welche Früchte bringt sie? Wie bewährt sie sich in der Praxis alltäglichen Zusammenlebens?

Es lohnt nicht, sich den Kopf zu zerbrechen mit der Frage: Was geschah damals bei der wunderbaren Speisung wirklich? Das historische Ereignis ist Jesus selbst, seine Liebe zu den Menschen und seine Bereitschaft, alles mit ihnen zu teilen. Weil Jesus es gut mit ihnen meinte und ihre Not mit ihnen teilte, begannen sie selber, ihr Brot an ihre Mitmenschen zu verteilen.

Der engste Freundeskreis

Jesus führt als *charismatischer Wanderprediger* ein wohnsitzloses Leben. Das erregt Aufmerksamkeit. Und bei manchen auch stille Bewunderung. Einige seiner Zeitgenossen beginnen, sich für dieses Leben zu interessieren. Zu allen Zeiten gibt es Leute, die aus dem Alltag aussteigen möchten, die sich nach etwas anderem, nach einem neuen Lebensinhalt und -sinn sehnen. So erzählen alle drei Synoptiker, wenn auch etwas unterschiedlich akzentuiert, die folgende Episode:

> **17** Als Jesus sich wieder auf den Weg machte, lief ein Mann auf ihn zu ihm, fiel vor ihm auf die Knie und fragte ihn: Guter Meister, was muss ich tun, um das ewige Leben zu gewinnen? **18** Jesus antwortete: **19** Du kennst doch die Gebote: Du sollst nicht töten, du sollst nicht die Ehe brechen, du sollst nicht stehlen, du sollst nicht falsch aussagen, du sollst keinen Raub begehen; ehre deinen Vater und deine Mutter! **20** Er erwiderte ihm: Meister, alle diese Gebote habe ich von Jugend an befolgt. **21** Da sah ihn Jesus an, und weil er ihn liebte, sagte er: Eines fehlt dir noch: Geh, verkaufe, was du hast, gib das Geld den Armen, und du wirst einen bleibenden Schatz im Himmel haben; dann komm und folge mir nach! **22** Der Mann aber war betrübt, als er das hörte, und ging traurig weg; denn er hatte ein großes Vermögen. **23** Da sah Jesus seine Jünger an und sagte zu ihnen: Wie schwer ist es für Menschen, die viel besitzen, in das Reich Gottes zu kommen! **24** Die Jünger waren über seine Worte bestürzt. Jesus aber sagte noch einmal zu ihnen: Meine Kinder, wie schwer ist es, in das Reich Gottes zu kommen! **25** Eher geht ein Kamel durch ein Nadelöhr, als dass ein Reicher in das Reich Gottes gelangt. (Mk 10,17–25)

Jesus sieht offenbar die Bewährungsprobe für das Befolgen der Zehn Gebote in der unbedingten Nachfolge auf dem Weg, den er eingeschlagen hat. Er lädt die Menschen ein, die „Zeichen der Zeit" zu erkennen und sich dem jetzt mit Jesus anbrechenden Reich Gottes vorbehaltlos zu öffnen. Es geht ums Ganze. Der „Mann", der zu Jesus gekommen ist, scheint das zu spüren. Und er fühlt sich offensichtlich auch betroffen und in Anspruch genommen.[237] Jesus hat das erkannt und „liebt" ihn deswegen. Aber da macht der Ratsuchende nicht mehr mit. Diese Radikalität ist ihm zu viel. Und Jesus hält ihn nicht fest. Er lässt ihn gehen.

Eine größere Gruppe von Frauen und Männern aber ist bereit zu dieser Art von Nachfolge und schließt sich Jesus an. Diese Menschen begleiten ihn auf seinen Wanderungen „von Stadt zu Stadt und von Dorf zu Dorf".[238] Sie werden Zeugen seiner Predigt. Ihnen vertraut er das „Geheimnis des Reiches Gottes" an.

Auffällig ist, dass in den überlieferten Jesusworten häufig den Themen mit „männerspezifischen" Inhalten solche mit „frauenspezifischem" Inhalt gegenübergestellt werden. Gerd Theißen bezeichnet das als „geschlechtssymmetrische Paarbildungen".[239] Möglicherweise hängt diese Eigenart der Verkündigungsweise Jesu damit zusammen, dass nicht nur viele Frauen unter seinen Zuhörerinnen und Zuhörern gewesen sein dürften, sondern dass *Frauen auch zum Kreis der ständigen Begleitung Jesu* gehörten. Der Evangelist Lukas kennt sogar einige beim Namen: „Maria Magdalena, Johanna, die Frau des Chuzas, eines Beamten des Herodes, Susanna und viele andere Frauen, die Jesus und die Jünger mit ihrer Habe unterstützten."[240] Mit „Habe" (griech. „hyparchónta") muss nicht nur materieller Besitz gemeint sein. „Habe" kann auch in einem allgemeinen Sinn verstanden werden als Fähigkeiten und Möglichkeiten, die jemandem zur Verfügung stehen. Die Frauen „machen ihn zu dem, was er ist, indem sie seinen Weg begleiten."[241] Diese Frauen „haben von Anfang an entscheidend dazu beigetragen, dass das Christentum sich nicht als eine reine ‚Männerreligion' etablierte."[242] Sie waren nicht nur „geduldete Mitläuferinnen im Schlepptau der Jünger."[243]

Daneben gab es die ortsansässigen „Sympathisantinnen", bei denen Jesus gelegentlich zu Gast war. Auch unter den von Jesus Geheilten befanden sich zahlreiche Frauen.[244] Und schließlich mögen vielleicht auch einige Ehefrauen seiner männlichen Begleiter dazu gehört haben. „Dass Jesus Frauen gleichrangig behandelt, ist unstrittig, aber er tut dies offenbar so unspektakulär, dass sich dieses Verhalten seiner Bewegung nicht als unaufgebbares Essential eingeprägt hat, sondern von der Rücksichtnahme auf Opportunität und Schicklichkeit verdrängt werden konnte."[245] Für beide Geschlechter gilt der gleiche Maßstab.[246] Das einzig Entscheidende ist der Glaube.

In den Evangelien werden die Frauen und Männer, die Jesus – zunächst im ganz wörtlichen Sinn – nachfolgten, als „Jünger" bezeichnet. Richtiger müsste man von „Jüngern *und Jüngerinnen*" sprechen. Manche Exegeten haben auch schon die Frage aufgeworfen, ob es sich bei der Gruppe von

Jüngerinnen und Jüngern nicht vielleicht um eine kollektive Bewegung von Frauen und Männern gehandelt habe, die sich unter der gemeinsamen Vision des beginnenden Gottesreiches mit dem Mann aus Nazaret als ihrem markantesten Mitglied und ihrer Führerpersönlichkeit zusammengeschlossen hatten. In die Richtung einer grundsätzlichen Demokratisierung der Jesusbewegung deuten Konzepte der Charismateilhabe und des Gruppenmessianismus. Sie besagen, dass Jesus die Charismen und die Vollmacht, aus denen heraus er handelte, mit der Nachfolgegruppe teilte[247] und sogar an ihn herangetragene Messiasvorstellungen auf die gesamte Gruppe übertrug.[248] Werte wie Dienen, Statusverzicht und Positionswechsel spielen eine zentrale Rolle.[249] Ein Licht auf die innere Struktur der Gruppe werfen Texte, die die neue Gemeinschaft – die ja bewusst nicht auf den Bindungen der leiblichen Familien beruht – zwar in der Familienterminologie definieren, dabei jedoch die machtbesetzte Position des Vaters nicht neu besetzen und damit grundsätzlich eine neue, nicht patriarchal organisierte Art der Gemeinschaft ermöglichen.[250] Elisabeth Schüssler-Fiorenza nennt das eine „Nachfolgegemeinschaft von Gleichgestellten".[251]

Lukas weiß von 70 bzw. 72 solcher „Jüngerinnen" und „Jünger" zu berichten,[252] wobei die Zahl wohl eher symbolisch zu verstehen ist, und zwar im Hinblick auf die von Mose erwählten 70 Ältesten des Volkes Israel.[253]

Wer sich Jesus anschließen und ihm nachfolgen will, muss es sich gut überlegen. Nach Lukas stellt Jesus harte, geradezu unmenschlich klingende Forderungen. In dieser Form dürften sie allerdings kaum auf Jesus selbst zurückgehen, sondern spätere Gemeindebildungen sein (z. B. „Wenn jemand zu mir kommt und nicht Vater und Mutter, Frau und Kinder, Brüder und Schwestern, ja sogar sein Leben gering achtet, dann kann er nicht mein Jünger sein. Wer nicht sein Kreuz trägt und mir nachfolgt, der kann nicht mein Jünger sein"[254]). Gerd Theißen bezeichnet diese Lebensweise als „Wanderradikalismus". Glaubwürdig konnte dieses Ethos nur von Außenseitern der Gesellschaft gelebt und weitergegeben werden, darum schlossen sich auch viele Außenseiter der Jesusbewegung an.[255]

Aufgabe der Jüngerinnen und Jünger ist es, den Anbruch des Gottesreiches in Wort und Tat zu verkünden. Dazu werden sie von Jesus „in alle Städte und Ortschaften" gesandt, „in die er selbst gehen wollte".[256] Hierbei ist Jesus mit seinen Anforderungen nicht zimperlich. Die Ausgesandten sollen keinen Geldbeutel, keine Vorratstasche, nicht einmal Schuhe mitnehmen. Es geht so radikal um Gott und seine Heilsbotschaft, dass jede menschliche Ausrüstung eher hinderlich wäre und die Eindeutigkeit des Unternehmens nur gefährden könnte.[257] Jesus sendet sie in eine höchst gefährliche, schier aussichtslose Situation – „wie Schafe mitten unter die Wölfe".[258] Die Jüngerinnen und Jünger sollen nicht allein auftreten, sondern zu zweit – als Zeugen der Sache Gottes; denn: „Erst auf die Aussage von zwei oder drei Zeugen darf eine Sache Recht bekommen.“[259] Der Auftrag, den Jesus den Jüngerinnen und Jüngern gibt, ist eindeutig: „Heilt die Kranken und sagt den Leuten: Das Reich Gottes ist euch nahe.“[260] Zuerst geht es um das unmittelbare, existenzielle Wohl und Heil der Menschen. Nur physisch und psychisch Gesunde sind aufnahmefähig für eine Verkündigung, die auf ihr seelisch-geistiges Heil abzielt. In der Heilung geschieht der Anbruch des Gottesreiches. Jüngerin oder Jünger Jesu zu sein bedeutet: „Indienstnahme für seine Sache, die Verkündigung der nahen Gottesherrschaft, Mitarbeit an dem, was Jesus als seine Aufgabe ansieht, Proklamation des Kommens Gottes in Güte und Vergebung, Aufruf zur Umkehr, Demonstration der geschehenden Ankunft Gottes in Worten und Taten.“[261]

Unter den Jüngern und Jüngerinnen wählt Jesus zwölf Vertraute aus. Man muss sich das einmal konkret vorstellen: Da kommt ein unbekannter junger Wanderprediger aus dem unbedeutenden und in der Bibel sonst nirgends erwähnten Provinzflecken Nazaret und fordert gestandene, verheiratete Männer auf, ihm nachzufolgen – die Fischer Simon und Andreas, Jakobus und Johannes,[262] den Zöllner Levi, einen Mann, der wegen seines Berufs außerhalb der Kultgemeinschaft Israels steht,[263] die ehemaligen Terroristen Simon und Judas[264] und einige andere, über deren Beruf oder sonstige Tätigkeit wir nichts erfahren. Wir wissen auch nicht, wie diese Berufungen im Einzelnen verlaufen sind. Eines aber scheint sicher: Die Erzählungen der Evangelien spiegeln einen historischen Kern, der eine eigentümliche Voraussetzungslosigkeit und eine ganz überraschende Unmittelbarkeit der Art und Weise andeutet, wie die Berufenen in den engeren Freundeskreis Jesu kamen.

Jesus scheint von seiner Sache unbedingt überzeugt gewesen zu sein. Denn seine Forderung stellt eine ungeheure Zumutung dar. Was die Berufenen vorher getan haben, ist für ihn uninteressant. Und er hat sich wahrhaftig keine homogene Gruppe zusammengerufen. Im Gegenteil: In einem symbolischen Akt überbrückt er schon unter seinen engsten Vertrauten unüberwindlich scheinende Gegensätze. Ihm geht es um die Sache Gottes. Und nur um sie. Da kennt er keine Kompromisse. Da verlangt er bedingungslosen Gehorsam: „Folge mir nach; lass die Toten ihre Toten begraben!“[265]

Die Zwölf sollen die Repräsentanten des neuen Zwölf-Stämme-Volkes Israel sein: „Wenn die Welt neu geschaffen wird und der Menschensohn sich auf den Thron der Herrlichkeit setzt, werdet ihr, die ihr mir nachgefolgt seid, auf zwölf Thronen sitzen und die zwölf Stämme Israels richten.“[266] Martin Ebner vertritt die Ansicht, dass es sich hierbei nicht nur um Männer handelte, sondern auch um deren Ehefrauen: „Wenn die Symbolik greifen und der Fortbestand des Gottesvolkes gesichert sein soll, [müssen] Stammväter verheiratet sein – vor und nach ihrem Anschluss an Jesus. Wir müssen uns

[...] an der Seite der zwölf ‚Stammväter' auch zwölf ‚Stammmütter' vorstellen."[267] Die Zwölf sind zwar von Jesus erwählt, doch geht ihre Auswahl letztlich auf den Willen des Vaters zurück, von dem auch Jesus selbst sich gesandt weiß: „Wer euch aufnimmt, nimmt mich auf, und wer mich aufnimmt, nimmt den auf, der mich gesandt hat."[268] Ihre Aufgabe ist es, zu predigen und im Namen Jesu die Dämonen auszutreiben.[269] Ein Führungsprivileg kommt ihnen nicht zu. Im Gegenteil: Jesus lehnt alles Herrschen von Menschen über Menschen strikt ab. „Ihr wisst, dass die, die als Herrscher gelten, ihre Völker unterdrücken und die Mächtigen ihre Macht über die Menschen missbrauchen. Bei euch aber soll es nicht so sein, sondern wer bei euch groß sein will, der soll euer Diener sein, und wer bei euch der Erste sein will, soll der Sklave aller sein."[270] Von einer „Hierarchie", einer geistlichen Herrschaft als Stiftung Jesu kann keine Rede sein.[271]

Den Zwölfen werden keine speziellen kultischen Aufgaben übertragen. Jesus selbst nahm dem Kult gegenüber eine eher distanziert-kritische Haltung ein: Gehorsam gegenüber Gott und seinem Wort ist mehr wert als alle Opfer.[272] Versöhnung mit dem Nächsten hat Vorrang vor dem Dienst am Altar.[273] Einen bevorzugten Ort oder eine bestimmte Zeit für das Gebet kennt Jesus nicht.[274] Für ihn gibt es keinen Unterschied zwischen sakral und profan. Er wendet sich damit gegen das verbreitete Denken der Antike und auch des Judentums. Die neue Beziehung zu Gott, die Jesus begründet, bedeutet das Ende jedes kultischen Opfer- und Tempelpriestertums. „Deshalb hat Jesus keinen sakralen Raum mehr nötig; er bewegt sich frei zwischen den Menschen in ihrer eigenen Situation: die Schöpfung selbst ist der Ort des göttlichen Handelns."[275]

Die „Zwölf" als direkte Zeugen des Handelns Jesu konnten keine „Nachfolger" haben. Ihre Funktion war einmalig. Wohl aber gab es sehr bald in nachösterlicher Zeit Menschen – und zwar wiederum „Jünger" *und* „Jüngerinnen" –, die bereit waren, die Aufgaben missionarischer Verkündigungspraxis, wie sie Jesus den „Zwölf" gestellt hatte, zu übernehmen. Für die besonders Herausragenden unter ihnen kommt die Bezeichnung „Apostel" (Gesandte) auf. Unter diesen Aposteln finden sich Männer wie Paulus, Barnabas und der Herrenbruder Jakobus, aber auch (zumindest) eine Frau wie Junia.[276] Im Nachhinein wird die Bezeichnung „Apostel" auch auf die von Jesus ausgewählten „Zwölf" übertragen.

Heilungen, Exorzismen und Epiphaniegeschichten

Jesus hat nicht nur gepredigt. Die Evangelien erzählen, dass im Zusammenhang mit seinem Auftreten auch *Wunder geschehen* sind. Der Zugang zu diesen Erzählungen wurde und wird erschwert durch ein Verständnis, das in ihnen außergewöhnliche und unerklärliche, die Gesetze der Natur durchbrechende und darum nur von Gott allein zu bewirkende Geschehnisse sieht. Für die Menschen der Bibel stellen sich jedoch die Zusammenhänge anders dar. Kennzeichnend für ihren Zugang zum „Wunder" ist die persönliche, existenzielle Betroffenheit angesichts einer unerwarteten Errettung aus Not und Gefahr, aus Hunger und Krankheit. Ein solches Ereignis wird verstanden als Zeichen der Zuwendung und Offenbarung der Macht Gottes. Dabei kann es sich durchaus um ein alltägliches, „gewöhnliches" Geschehen handeln, das auch auf natürliche Weise zu erklären ist. Allein die Art und Weise des Zustandekommens hier und jetzt macht es zu einem „Zeichen" göttlicher Heilszuwendung, zu etwas Erstaunlichem und Ver-wunder-lichem. Um diese Heilszuwendung zu erkennen, bedarf es der Bereitschaft, sich auf Gott einzulassen und für sein Heilshandeln in der Welt zu öffnen. Wo diese Bereitschaft nicht gegeben ist, können keine „Wunder" geschehen.

Zunächst ist festzuhalten, dass in allen vier Evangelien davon die Rede ist. Die Evangelisten Markus, Matthäus und Lukas nennen diese Geschehnisse allerdings nicht „Wunder", sondern „dýnameis", Machttaten. Und das Johannesevangelium bezeichnet sie als „Zeichen". Damit ist aufgezeigt, in welche Richtung die Deutung dieser Erzählungen zu gehen hat: Sie sollen als Wegweiser verstanden werden, der auf etwas hinweist, was hinter dem vordergründig Erzählten und Wahrgenommenen liegt, was tiefgründiger und „eigentlich" ist.

Dass im Zusammenhang mit dem Auftreten Jesu solche „Machttaten" oder „Zeichen(-Handlungen)" geschehen sind, wird heute ernsthaft von niemand mehr bezweifelt. Zumal in den Evangelien nicht nur *von* ihnen erzählt, sondern auch von Dritten *über* sie gesprochen wird. Wenn Jesus vorgeworfen wird, in Teufels Namen die Dämonen auszutreiben,[277] werden ganz offensichtlich „Teufelsaustreibungen" (Exorzismen) vorausgesetzt. Es wird nicht darüber diskutiert, ob Jesus böse Geister verjagt hat oder nicht, sondern ob er im Auftrag Gottes oder Satans gehandelt hat. Jesu prophetisches Gerichtswort, das er an die Adresse der unbußfertigen Städte Chorazin und Bethsaida richtet („Weh dir, Chorazin! Weh dir, Bethsaida! Wenn in Tyros und Sidon die Wunder geschehen wären wie bei dir – die Menschen wären längst in Sack und Asche gegangen!"[278]), wäre wirkungslos verpufft, wenn es nicht Machttaten gegeben hätte, die Jesus dort gewirkt hatte. Jesu Wort „Wenn ich mit dem Finger Gottes die Dämonen austreibe, ist die Herrschaft Gottes zu euch vorgestoßen!"[279] wäre auf pures Unverständnis gestoßen, wenn man sich nicht an Exorzismen Jesu hätte erinnern können.[280]

Manche dieser Heilungen oder Exorzismen lassen sich wohl dem „Zauber der Persönlichkeit",[281] dem „natürlichen Ausstrahlungsvermögen der

Person Jesu zuschreiben, einer Erklärung, die im Lichte der modernen psychosomatischen Medizin immer mehr an Wahrscheinlichkeit gewinnt."[282] Das wird man aber im Prinzip auch dem Wirken anderer antiker Wundertäter wie Asklepios, Apollonius oder Rabbi Chanina ben Dosa zuerkennen müssen. Etwas Einmaliges stellen die Wunder Jesu nicht dar. „Das historisch Erweisbare führt nicht über den Bereich auch anderswo bezeugter psychisch-somatischer Heilwirkung hinaus."[283]

Die Psychopathologie kennt „traumatische Organneurosen", die sich im Anschluss an eine schwere körperliche oder seelische plötzliche Schockwirkung entwickelt haben und die durch eine starke psychische Erregung ebenso plötzlich wieder verschwinden können. „Der Erfolg (eines Heilungsvorgangs) ist um so größer, je stärker die suggestive Kraft des Heilers, je intensiver die durch ihn ausgelöste Hoffnung ist. [...] Die Realisierung der Erwartung (geheilt zu werden) ist um so wahrscheinlicher, je leichter der Prozess, der sich bessern soll, vom Nervensystem her zu beeinflussen ist."[284]

Schwierig gestaltet sich allerdings die Antwort auf die Frage nach dem genauen Hergang der in den Evangelien erzählten Heilungen und nach der Krankheitsdiagnose. Die neutestamentlichen Wundergeschichten liefern keine medizinischen Diagnosen im modernen Sinn. Die Krankheiten und die Heilungen stehen im Kontext einer anderen Kultur als der unsrigen. Bei manchen Krankheiten können allerdings auch heutige Ärzte von Fällen spontaner und charismatischer Heilung berichten, wenn nicht auf Dauer, so doch auf Zeit.[285] Totenerweckungen sind in den Evangelien als gesteigerte Heilungswunder erzählt; Spekulationen, ob ein heutiger Mediziner den Tod hätte feststellen können, sind müßig. Für Jairus war seine Tochter, für die Witwe von Nain ihr Sohn, für Maria und Marta ihr Bruder Lazarus tot[286] – und Jesus hat sie ins Leben zurückgerufen. Eine neutestamentliche Wundergeschichte kann durchaus „wirklich Passiertes" wiedergeben, sie kann aber auch „Erdachtes oder Unmögliches"[287] erzählen. Die Wundertaten erscheinen so, historisch gesehen, „ganz sicher, sicher, leicht zu sichern, wahrscheinlich, unwahrscheinlich oder auch völlig unwahrscheinlich."[288]

Wer sich die Mühe macht zu vergleichen, wie die einzelnen Evangelisten von ein und derselben Wundertat erzählen, der wird feststellen, wie unterschiedlich sie überliefert wird und welche erzählerische Freiheit die Evangelisten sich dabei herausnehmen. Diese nutzen sie aber weniger, um das Wunderbare zu steigern, sondern eher, um im Hinblick auf ihre jeweiligen Adressaten Lehren daraus zu ziehen.

Als Beispiel soll hier die kurze Erzählung von der Heilung der Schwiegermutter des Petrus betrachtet werden.

Mt 8,14–15	Mk 1,29–31	Lk 4,38–39
14 Jesus ging in das Haus des Petrus und sah, dass dessen Schwiegermutter im Bett lag und Fieber hatte.	29 Sie verließen die Synagoge und gingen zusammen mit Jakobus und Johannes gleich in das Haus des Simon und Andreas. 30 Die Schwiegermutter des Simon lag mit Fieber im Bett. Sie sprachen mit Jesus über sie,	38 Jesus stand auf, verließ die Synagoge und ging in das Haus des Simon. Die Schwiegermutter des Simon hatte hohes Fieber, und sie baten ihn, ihr zu helfen.
15 Da berührte er ihre Hand, und es verließ sie das Fieber. Und sie richtete sich auf und bediente ihn.	31 und er ging zu ihr und richtete sie auf, ihre Hand fassend; und es verließ sie das Fieber, und sie bediente sie.	39 Er trat zu ihren Häupten, drohte dem Fieber, und es verließ sie. Sofort aber stand sie auf und bediente sie.

- Markus schickt der Wunderheilung eine Erzählung über die Lehr- und Heiltätigkeit Jesu in der Synagoge von Kafarnaum voraus.[289] Mit der Einfügung „Sie verließen die Synagoge" verknüpft er beide Erzählungen. Ihm folgt Lukas,[290] nicht aber Matthäus. Er stellt die Bergpredigt vor die Erzählung, auf die er unmittelbar drei (!) Heilungen folgen lässt.[291]
- Bei Markus ist Ort der Handlung das „Haus des Simon und Andreas", und es gehen Jakobus und Johannes mit Jesus hinein (zum Zweck der Zeugenschaft?). Bei Lukas und Matthäus ist es das „Haus des Simon" bzw. das „Haus des Petrus", und nur Jesus geht hinein, ohne dass Begleiter erwähnt werden. Möglicherweise nennt Markus den Andreas deswegen, weil der Evangelist ihn schon kurz zuvor in der Berufungserzählung erwähnt hat und weil er offenbar den Tag in Kafarnaum[292] mit dieser Erzählung verknüpfen möchte.
- Bei Markus ist es ein einfaches „Fieber", das die Schwiegermutter befallen hat. Lukas macht daraus ein „hohes Fieber".
- Markus weist darauf hin, dass Jakobus und Johannes mit Jesus über die Schwiegermutter „sprechen". Lukas lässt sie „bitten, ihr zu helfen". Matthäus erwähnt weder ein „Sprechen" noch eine „Bitte" und steigert damit die Souveränität Jesu: Der weiß selbst, was er zu tun hat, und braucht sich nicht von anderen erst darauf aufmerksam machen oder darum bitten zu lassen.
- Die Heilung der Schwiegermutter wird bei allen drei Evangelisten unterschiedlich geschildert: Bei *Markus* „richtet er sie auf" (was unter Umständen mit einiger Mühe verbunden sein könnte). *Matthäus* lässt Jesus geradezu lässig, ohne den geringsten Aufwand, nur die Hand der Kranken „berühren" (nicht einmal anfassen!) – und das Fieber verlässt sie. *Lukas* lässt Jesus „zu ihren Häupten" treten, um damit die hoheitsvolle Macht Jesu

zu verdeutlichen. Dann „droht“ er dem „großen“ Fieber. Lukas deutet das Fieber als eine dämonische Macht, die von der Frau Besitz ergriffen hat.[293]

- Alle drei Evangelisten sprechen vom „bedienen“. Der Dienst der geheilten Frau ist ihre Antwort auf das ihr durch Jesus geschenkte Erbarmen. In diesem „Bedienen“ (griech. = „diakoneín“, davon abgeleitet: Diakon) ist die Form *ihrer* Nachfolge zu sehen. Allerdings findet sich doch ein kleiner, aber wichtiger und interessanter Unterschied: Bei Markus und Lukas heißt es: „bediente *sie*“, bei Matthäus konzentriert sich das Dienen allein auf Jesus: „[sie] bediente *ihn*“.
- Aus diesen Beobachtungen lässt sich die unterschiedliche Tendenz erkennen, welche die Evangelisten mit ihrer Darstellung verfolgen. *Markus* schildert Jesus als einen Wundertäter, der auf die Bitten der Menschen achtet und sich um die Kranken kümmert. *Matthäus* kürzt den ihm vorliegenden Markustext und konzentriert das Geschehen völlig auf Jesus („christologische Konzentration“). Er, der heilende Herr, begegnet dem heilungsbedürftigen Menschen. Jesus allein ist der mühelos Handelnde und Heilende. Ihm allein dient daher auch die Geheilte. *Lukas* hält an den Begleitern und an ihrer Bitte fest. Indem er aber das Fieber als eine dämonische Macht schildert, stellt er die ganze Geschichte (auch) als eine Auseinandersetzung Jesu mit der Macht der widergöttlichen Dämonen dar. Damit macht er die Erzählung transparent auf das Jesusgeschehen insgesamt, auf die Auseinandersetzung zwischen Gott und allen widergöttlichen Mächten.

Der Vergleich zeigt, dass unter Wahrung der gleichen Grundstruktur ein und dieselbe Heilung von drei Evangelisten unterschiedlich dargestellt wird. Angesichts der fortgeschrittenen und gesicherten Erkenntnisse der historisch-kritischen Exegese und einer daraus resultierenden differenzierten Beurteilung der Wundererzählungen in den Evangelien wird man sagen müssen, dass demjenigen die Beweislast zufällt, der heute noch in diesen Erzählungen reine „Tatsachenberichte“ über so und nicht anders Geschehenes sieht. Die entscheidende Frage ist nicht, ob die erzählten Wunder wirklich geschehen sind. Entscheidend ist die Intention ihrer Aussage. Sie sind Zeichen dafür, dass mit Jesus das Reich Gottes anbricht. Und dass damit den physisch oder psychisch Kranken Heil widerfährt, dass die Ausgestoßenen, die „Aussätzigen“, nicht mehr „draußen“ bleiben und „unrein, unrein“ rufen müssen, dass die Besessenen, die nicht mehr Herr über sich selbst sind, wieder ungeschmälert sie selbst sein dürfen, dass die Menschen das wenige Brot, das ihnen zur Verfügung steht, miteinander teilen, sodass alle satt werden, dass sie keine Angst zu haben brauchen vor Sturm und Wellen, vor Mächten und Gewalten, die ihr Leben bedrohen, weil Jesus mit ihnen in einem Boot sitzt, dass ihnen schließlich sogar der Tod nichts anhaben kann, weil Jesus von den Toten erweckt wurde. „Jesu Machttaten sind ‚Illustrationen‘ seiner Botschaft, die Wundergeschichten ‚Illustrationen‘ der urkirchlichen Christologie. Jesu Leben und Botschaft ist der unmittelbare Horizont zum Verständnis seiner Machttaten.“[294]

Auf Unverständnis stoßen bei vielen Leserinnen und Lesern der Bibel die sogenannten „Naturwunder“ – die Wandlung des Wassers zu Wein in Kana, die wunderbare Brotvermehrung, der reiche Fischfang, die Verfluchung eines Feigenbaumes, der Seewandel und die Sturmstillung. Die Bezeichnung „Naturwunder“ ist allerdings missverständlich und irreführend. Denn diese Erzählungen sind gar nicht daran interessiert, Ereignisse aufzuweisen, die die Gesetze der Naturwissenschaft (zu) durchbrechen (scheinen). Sie konzentrieren sich voll und ganz auf die Person Jesu. In der neueren Bibelwissenschaft werden sie darum lieber als „Epiphaniegeschichten“ bezeichnet. Epiphanie heißt „Erscheinung“. Es geht um ein Offenbarwerden Gottes oder ein Erscheinen der wunderbaren Macht eines Menschen, in dem und durch den sich Gott offenbart. Alle Texte sind geprägt von Bezügen auf das Alte Testament, in denen davon die Rede ist, dass Menschen etwas von der Macht und Größe Gottes erfahren. Und in allen Erzählungen ist das Bemühen erkennbar, den Glauben an den auferweckten Christus in symbolstarken Bildern und Reflexionen zu entfalten. Ob und wieweit sich die Erzählungen auf konkrete Ereignisse im Leben Jesu beziehen, lässt sich nicht mehr beantworten.

Als Beispiel für die Struktur und die Intention einer Epiphaniegeschichte soll die Erzählung vom Sturm auf dem See etwas näher beleuchtet werden.

Mt 8,18.23–27;	Mk 4,35–41
18 Als Jesus die vielen Menschen sah, die um ihn waren, befahl er, ans andere Ufer zu fahren. 23 Er stieg in das Boot, und seine Jünger folgten ihm.	35 Am Abend dieses Tages sagte er zu ihnen: Wir wollen ans andere Ufer hinüberfahren. 36 Sie schickten die Leute fort und fuhren mit ihm in dem Boot, in dem er saß, weg; einige andere Boote begleiteten ihn.
24 Plötzlich brach auf dem See ein gewaltiger Sturm los, sodass das Boot von den Wellen überflutet wurde. Jesus aber schlief. 25 Da traten die Jünger zu ihm und weckten ihn; sie riefen: Herr, rette uns, wir gehen zugrunde! 26 Er sagte zu ihnen: Warum habt ihr solche Angst, ihr Kleingläubigen? Dann stand er auf, drohte den Winden und dem See, und es trat vollige Stille ein.	37 Plötzlich erhob sich ein heftiger Wirbelsturm, und die Wellen schlugen in das Boot, sodass es sich mit Wasser zu füllen begann. 38 Er aber lag hinten im Boot auf einem Kissen und schlief. Sie weckten ihn und riefen: Meister, kümmert es dich nicht, dass wir zugrunde gehen? 39 Da stand er auf, drohte dem Wind und sagte zu dem See: Schweig, sei still! Und der Wind legte sich, und es trat völlige Stille ein. 40 Er sagte zu ihnen: Warum habt ihr

	solche Angst? Habt ihr noch keinen Glauben?
27 Die Leute aber staunten und sagten: Was ist das für ein Mensch, dass ihm sogar die Winde und der See gehorchen?	41 Da ergriff sie große Furcht, und sie sagten zueinander: Was ist das für ein Mensch, dass ihm sogar der Wind und der See gehorchen?

Die „Rettung aus Seenot" ist ein häufig aufgegriffenes Darstellungsobjekt im Alten Testament, im spätjüdischen Schrifttum und in der antiken hellenistischen Literatur.[295]

Markus hat seine Erzählung in enger Anlehnung an zwei Texte aus dem Buch Jona und dem Psalm 107 geformt.

- Jona hat von Gott den Auftrag erhalten, die Stadt Ninive vor dem großen Strafgericht zu warnen. Er bekommt Angst und versucht, auf einem Schiff „weit weg vom Herrn" zu fliehen. „Aber der Herr ließ *auf dem Meer einen heftigen Wind* losbrechen; es entstand *ein gewaltiger Seesturm*, und das Schiff drohte auseinanderzubrechen. Die Seeleute *bekamen Angst*, und jeder *schrie* zu seinem Gott um Hilfe. Jona *schlief fest.* Der Kapitän ging zu ihm und sagte: *Wie kannst du schlafen? Steh auf,* ruf deinen Gott an; vielleicht denkt dieser Gott an uns, *sodass wir nicht untergehen.*" Jona bietet sich als Opfer, um den Zorn der Götter zu besänftigen. Er wird ins Meer geworfen, „und *das Meer hörte auf zu toben.* Da ergriff die Männer *große Furcht* vor Jahwe."[296]
- Im Psalm 107 ruft ein unbekannter Beter die Menschen zum Dank für die Errettung aus vielfältiger Not auf: „Sie *schrien* zum Herrn in ihrer Bedrängnis, die er ihren Ängsten entriss, die er herausführte aus *Dunkel und Finsternis* […] Gott *gebot* und ließ den *Sturmwind* aufstehn, der *hoch die Wogen türmte,* […] die in Bedrängnis *schrien* zum Herr, die er ihren Ängsten entriss – er machte aus dem Sturm ein Säuseln, sodass *die Wogen des Meeres schwiegen.*"[297]

Die zum Teil wörtlichen Übereinstimungen fallen sofort ins Auge. Merkwürdig ist, dass Jesus dem Meer *droht.* Anherrschen und Drohen gehören zum exorzistischen Ritual. Jesus herrscht den „unreinen Geist" in der Synagoge von Kafarnaum an: „Schweig!"[298] Das Schelten des als dämonisch angesehenen Wassers ist allerdings Gott vorbehalten: „Da wurden sichtbar die Tiefen des Meeres, die Grundfesten der Erde wurden entblößt vor deinem Drohen, Herr, vor dem Schnauben deines zornigen Atems."[299] Oben wurde schon der Psalm 107 erwähnt: „Er [Gott] machte aus dem Sturm ein Säuseln, sodass die Wogen des Meeres schwiegen." Wenn Jesus das Meer zum Schweigen bringt, wird er damit auf eine Stufe mit Gott selbst gestellt.

Die Aussageabsicht der Erzählung ist klar:

- Jesus ist mehr als Jona (der wird zur Stillung des Sturms geopfert, Jesus bringt den Sturm durch sein Wort zum Schweigen).
- Vor allem aber: Er handelt wie Gott selbst.

Wegen ihrer allgemein bekannten Thematik eignet sich die Erzählung aber auch besonders gut als Gleichnis. Auch die jungen christlichen Gemeinden können in Not geraten. Dann macht sich vielleicht Angst breit vor den kommenden Herausforderungen, vor Verfolgungen und Verleumdungen, vor Glaubensabfall und Glaubensschwäche, vor Bedrängnis durch widergöttliche Mächte. Doch im Blick auf die Macht Jesu darf die Gemeinde Trost und Glaubensmut schöpfen. Der auferweckte Jesus bringt die Feinde zum Schweigen.

Matthäus formt die Wundererzählung um zu einer Nachfolgegeschichte. Zwischen die oben zitierten Verse 13 und 23 fügt er noch ein kurzes Gespräch ein: „Da kam ein Schriftgelehrter zu ihm und sagte. Meister, ich will dir folgen, wohin du auch gehst. Jesus antwortete ihm: Die Füchse haben ihre Höhlen und die Vögel ihre Nester; der Menschensohn aber hat keinen Ort, wo er sein Haupt hinlegen kann. Ein anderer aber, einer seiner Jünger, sagte zu ihm: Herr, lass mich zuerst heimgehen und meinen Vater begraben. Jesus erwiderte: Folge mir nach; lass die Toten ihre Toten begraben." Nun folgt die oben zitierte Erzählung – gleichsam als Illustration, zu welch schlimmen Konsequenzen die Nachfolge führen kann und wie Jesus alle Unbill besiegt: Jesus steigt als Erster ins Boot, die *Jünger folgen* ihm, die *Jünger* treten an Jesus heran und wecken ihn, *sie* machen Jesus keine Vorwürfe (wie bei Markus: „Kümmert es dich nicht […]?"), sondern rufen ihn respektvoll als „kyrios", als „Herr", an. Und der „Herr" tadelt sie als „Kleingläubige" (ein für das Matthäusevangelium typisches Wort).

Im Gegensatz zu Markus bietet Matthäus eine „christologisch konzentrierte Rettungswundergeschichte […] Bedenkt man, dass die Jünger im Matthäusevangelium stets Vorbild der Gemeinde sind, gewinnt die Erzählung den Charakter einer Mahnrede, wird zur Gemeindeunterweisung […] Die christliche Gemeinde, die Kirche, ist wie die Jünger im Boot Stürmen ausgesetzt: den Stürmen der Welt, Anfeindungen von außen. Auch sie ist in der Gefahr, kleingläubig zu werden, zu zweifeln […] Doch Jesus ist der machtvolle Kyrios seiner Gemeinde, und wenn sie gläubig auf ihn vertraut, wird er sie sicher durch die Stürme der Welt, durch das Wogen der Zeiten geleiten."[300]

Vielfältige Deutung der Wundererzählungen

Wundererzählungen als theologische Bildgeschichten

Wenn wir die Wundererzählungen als Bildgeschichten zu deuten versuchen, kommt den verwendeten „Bildern“ die Rolle von Metaphern zu, die auf einen ganz anderen theologisch-christologischen Hintergrund verweisen. Nehmen wir einmal die bekannte Erzählung über die Verwandlung von Wasser in Wein auf der Hochzeit von Kana.

> 1 Am dritten Tag fand in Kana in Galiläa eine Hochzeit statt, und die Mutter Jesu
> war dabei. 2 Auch Jesus und seine Jünger waren zur Hochzeit eingeladen. 3 Als der
> Wein ausging, sagte die Mutter Jesu zu ihm: Sie haben keinen Wein mehr. 4 Jesus
> erwiderte ihr: Was willst du von mir, Frau? Meine Stunde ist noch nicht gekom-
> men. 5 Seine Mutter sagte zu den Dienern: Was er euch sagt, das tut! 6 Es standen
> dort sechs steinerne Wasserkrüge, wie es der Reinigungsvorschrift der Juden ent-
> sprach; jeder fasste ungefähr hundert Liter. 7 Jesus sagte zu den Dienern: Füllt die
> Krüge mit Wasser! Und sie füllten sie bis zum Rand. 8 Er sagte zu ihnen: Schöpft
> jetzt, und bringt es dem, der für das Festmahl verantwortlich ist. Sie brachten es
> ihm. 9 Er kostete das Wasser, das zu Wein worden war. Er wusste nicht, woher der
> Wein kam; die Diener aber, die das Wasser geschöpft hatten, wussten es. Da ließ er
> den Bräutigam rufen 10 und sagte zu ihm: Jeder setzt zuerst den guten Wein vor
> und erst, wenn die Gäste zuviel getrunken haben, den weniger guten. Du jedoch
> hast den guten Wein bis jetzt zurückgehalten. 11 So tat Jesus sein erstes Zeichen, in
> Kana in Galiläa, und offenbarte seine Herrlichkeit, und seine Jünger glaubten an
> ihn. 12 Danach zog er mit seiner Mutter, seinen Brüdern und seinen Jüngern nach
> Kafarnaum hinab. Dort blieben sie einige Zeit. (Joh 2,1–12)

Das Ganze erscheint wie ein Märchen aus Tausendundeiner Nacht. Einer Realitätsprüfung hält die Geschichte jedenfalls nicht stand. So, wie der Evangelist es schildert, kann es nicht passiert sein. Alles Schwindel? Wenn man den Maßstab anlegt, es handle sich hier um einen Tatsachenbericht, dann ja. Wenn man aber die Erzählung als theologische Bildgeschichte versteht, dann sieht es ganz anders aus. Der Evangelist sagt ausdrücklich, dass Jesus hier sein „erstes *Zeichen*“ gewirkt habe. Ein Zeichen weist auf etwas anderes hin. Das gilt auch hier. Wenn die Erzählung als „Zeichen“ verstanden wird, dann heißt das: Auch sie weist auf etwas anderes hin. Sie hat eine tiefere, eigentliche Bedeutung.

- Da ist das Bild von der *Hochzeit*. Der Prophet Jesaja bezeichnet Gott selbst als Gemahl des Volkes Israel.[301] Auch Jesus hat in seinen Predigten wiederholt das Bild von der Hochzeit aufgegriffen, um damit die verheißene Gottesherrschaft und ihren Anspruch an die Hörer des Evangeliums darzustellen.[302]

- Dann die Rede vom *Wein:* Guter Wein in Hülle und Fülle gilt als Spende des Messias und als Zeichen der mit ihm angebrochenen Heilszeit.
- Die *Fülle des Wassers* darf ebenfalls als Zeichen gesehen werden. An Wasser, so sagen es die Propheten, wird im erhofften und erwarteten messianischen Reich kein Mangel sein. Überall wird es „Bäche voll Wasser geben“ – „Wasser aus den Quellen des Heils“.[303]

Hochzeit, Wein, Wasser – die Zeichen sollen darauf hinweisen, wer Jesus wirklich ist: Der erwartete Messias. Mit ihm bricht das an, was die Propheten geschaut haben. Die Krüge „für die Reinigungsriten der Juden“ sind leer. Auch das ist zeichenhaft zu verstehen: Die überkommenen Reinigungsrituale haben ihre Bedeutung verloren. Jetzt ist die Heilszeit angebrochen. Durch Jesus beginnt Gott, das Heil an den Menschen zu wirken.

- Auch die Tagesangabe „am dritten Tag“ ist im übertragenen Sinn, als Zeichen, zu verstehen: Der dritte Tag ist nach alter jüdischer Tradition der Tag der göttlichen Hilfe, der Wende zum Guten, der wiedergewonnenen Ganzheit.[304]
- Die „Stunde“, die für Jesus „noch nicht gekommen“ ist, weist darauf hin, dass er sich einer anderen Gesetzmäßigkeit unterstellt sieht: Seine „Stunde“ kommt erst, wenn es der Vater will – im Tod am Kreuz und in der Auferweckung von den Toten.[305]

Als theologische Bildgeschichte verstanden, klingt die Erzählung gar nicht mehr wie ein Märchen, sondern eher wie ein Gleichnis. Sie will sagen: Die Herrlichkeit Gottes ist mit Jesus offenbar geworden. Wir leben bereits in der messianischen Heils- und Hochzeit. Wir dürfen teilhaben an dem Fest der Vermählung Gottes mit der Gemeinde, an der Feier der Vereinigung Gottes mit den Menschen, seiner Menschwerdung.

Wundererzählungen als Aufruf zu sozialem Handeln

Wenn wir uns die Erzählung von der wunderbaren Speisung anschauen, wie sie die Evangelisten Markus, Matthäus und Lukas überliefert haben, dann entdecken wir dort die Aufforderung Jesu an die Jünger: „Gebt ihr ihnen zu essen!“ Das darf man durchaus auch als eine Aufforderung an die Leserinnen und Leser späterer Generationen verstehen: „Kümmert euch um die Menschen, die in Not geraten sind.“ In den ersten christlichen Gemeinden hat man diesen Aufruf verstanden. Schon die Apostelgeschichte berichtet davon, dass von Anfang an in der Fürsorge für Bedürftige, für Witwen und Waisen, im „Dienst an den Tischen“, eine zentrale Aufgabe der Menschen gesehen wurde, die sich bemühten, in der Nachfolge Jesu zu leben.[306]

Heilungen als Befreiungsgeschichten

Die Erzählungen von Krankenheilungen können auch als Befreiungsgeschichten gedeutet werden.

- *Blindenheilungen.* Zu allen Zeiten wird es Menschen verwehrt, sich mit eigenen Augen ein Bild zu machen von Zuständen, die man gerne verbergen möchte. Politiker und Manager, Kirchenobere und Parteigrößen verstehen es immer wieder, ihre wahren Motive, ihre dunklen Machenschaften, ihr Missmanagement zu verschleiern. Sie wollen sich nicht in die Karten schauen lassen. Wenn Jesus einige Menschen von ihrer Blindheit befreit – gleichsam stellvertretend für alle mit Blindheit Geschlagenen oder bewusst blind Gehaltenen und zur Blindheit Verurteilten –, dann kann das auch als Aufruf verstanden werden, sich nach Kräften darum zu bemühen, im Leben die Augen aufzumachen, um durchschauen zu können, was einem da manchmal vorgegaukelt wird, als Impuls, für umfassende „Aufklärung" zu kämpfen.
- *Heilungen von Gelähmten.* Ganz ähnlich lassen sich auch Gelähmtenheilungen als Aufruf verstehen, nicht auf der Stelle zu verharren, sondern die Krücken abzuwerfen, die man ihnen verordnet hat, mit denen man ihnen einzureden versucht, dass sie nicht allein und nicht selbstständig gehen können, dass sie einen Halt brauchen, der ihnen „von oben" genau vorgeschrieben wird. Augustinus, der Bischof von Hippo (354–430), hat einmal gesagt: „Indem der Herr geruhte, unser Weg zu sein, wollte er nicht, dass wir still stehen, sondern fortschreiten." Geistige Lähmung, intellektueller Stillstand, ängstliches Auf-der-Stelle-Treten, Unfähigkeit zu Fortschritt und Reform, Festkleben am gewohnten und vertrauten Alten – das passt nicht zu jenen, die die Botschaft Jesu und die Botschaft seiner Heilungen verstanden haben.
- *Aufrichten von Gekrümmten.* Der Evangelist Lukas erzählt von der Heilung einer Frau, die nicht mehr aufrecht gehen konnte. Durch Jesus lernt sie den aufrechten Gang.[307] Wie viele Frauen werden niedergedrückt – im öffentlichen Leben, in Politik und Wirtschaft, durch Machos aller Art, durch patriarchale Gesellschafts- und Familienstrukturen! Wie viele Frauen werden in der Männerkirche gezwungen, sich zu bücken, zu beugen und zu dienen! Der aufrechte Gang – Mitverantwortung, Mitgestaltung, Mitbestimmung – wird ihnen verweigert. Die Heilungsgeschichte ist ein Aufruf zur Emanzipation von aller Unterdrückung, ein Aufruf, sich nicht nur immer demütig zu unterwerfen und zu allem Ja und Amen zu sagen.
- *Heilung von Taubstummen.* Mehrmals ist in den Evangelien von Taubstummenheilungen die Rede. Menschen sollen sich nicht die Ohren zuhalten nach dem Motto „Was ich nicht weiß, macht mich nicht heiß". Sie sollen vielmehr aufmerksam sein und genau hinhören, was man ihnen

sagt. Menschen sollen den Mund aufmachen. Sie sollen sich zu Wort melden, statt sich den Mund verbieten zu lassen. Sie sollen das von ihnen eingeforderte Schweigen brechen. Sie sollen sich nicht abschütteln lassen: „Du hast hier nichts zu sagen."

- *Exorzismen, Dämonenaustreibungen.* Es gibt in Hülle und Fülle „Dämonen" auf der Welt. Damals wie heute sind Menschen besessen von allerlei fixen Ideen, von einem unbändigen Streben nach Macht und Ansehen, Besitz und Reichtum. Damals wie heute gibt es Menschen, die sich als Herrscher aufspielen und andere in der Entfaltung ihres Menschseins hindern, die ihnen geistige und körperliche Fesseln anlegen, die sie foltern und drangsalieren, um fragwürdige Geständnisse aus ihnen herauszupressen. Die Exorzismen Jesu können als Aufruf verstanden werden, sich von einem solchen Joch der Unterdrückung zu befreien.

Theologisch, diakonisch und emanzipatorisch verstanden und gedeutet, verlieren die Wundererzählungen ihren märchenhaften Charakter. Sie werden zu Symbolgeschichten, die anschaulich und lebendig in vielfachen Variationen immer wieder nur die eine Aussage machen: Eigentlich gehören Krankheit und Tod, Dunkelheit und Bedrohung, Hunger und Not, Angst und Verzweiflung, Unfreiheit und Unterdrückung nicht in diese Welt. Man darf sich nicht damit abfinden. Wo immer wir einer solchen Bedrohung des Lebens und der Entfaltung unseres Glücks und unserer Freiheit begegnen, sind wir aufgerufen, dagegen anzukämpfen, wie Jesus es getan hat und wie es die Wundergeschichten von ihm erzählen.

Wunder – höchst aktuell

Millionen von Menschen sind diesem Aufruf Jesu gefolgt und folgen ihm auch heute: „Heilt die Kranken, weckt Tote auf, macht Aussätzige rein, treibt Dämonen aus!"[308] Ärzte, Krankenschwestern, Pfleger, Arzneimittelforscher und -hersteller, Wissenschaftler in der medizinischen Grundlagenforschung – sie alle sind darum bemüht, den Menschen „Heil" zu bringen, sie zu heilen, wie es die Evangelien von Jesus erzählen. Ist der selbstlose Dienst zur Heilung der Kranken in den Ländern der Dritten und Vierten Welt, in den Kriegs- und Katastrophengebieten, oft unter Einsatz des Lebens und unter widrigsten Umständen, nicht vergleichbar mit dem Umherziehen Jesu zum Heil der Kranken? Dabei ist es unerheblich, ob bei diesem Heilungshandeln aufseiten mancher Heiler auch noch andere Motive als das uneigennützige Helfenwollen oder gar die bewusste Nachfolge Jesu eine Rolle spielen. Bei nicht wenigen sind es leider häufig Geld, Prestigegewinn, wirtschaftliche oder politische Interessen. Doch auch Jesus hat einen fremden Exorzisten, der in seinem Namen Dämonen austrieb, nicht nach seinen Beweggründen gefragt, er hat ihn großzügig gewähren lassen.[309] Entscheidend ist nur, dass den Menschen Hilfe zuteil wird.

Auch exorzistische „Wunder" geschehen. Sie werden vollbracht durch Politiker und Gewerkschafter, durch Journalisten und Juristen, durch Bürgerinitiativen und Selbsthilfegruppen, durch Lichter- und Menschenketten, durch Fastenaktionen und Schweigemärsche, die gegen Diskriminierung von Minderheiten und Missachtung der Menschenwürde, gegen Verteufelung politisch und religiös Andersdenkender, gegen Rassenwahn und Folter, gegen geistige Knebelung und Psychoterror mit Mut, Ausdauer und Erfolg kämpfen. Wer wollte behaupten, das Versöhnungswerk eines Martin Luther King oder eines Nelson Mandela sei weniger „wunderbar" als die Heilung eines Besessenen? Wer wollte verneinen, dass die Lichterketten der Ohnmächtigen in den letzten Tagen der DDR nicht ihre Wirkung auf die Machtbesessenen gehabt haben?

Rettungswunder wie die Stillung des Seesturms fehlen heute ebenfalls nicht. Und sie sind wahrhaftig nicht weniger spektakulär. Der damalige ungarische Außenminister Gyula Horn hat 1989 mit seiner Entscheidung, den Eisernen Vorhang öffnen zu lassen, Tausenden von Menschen aus der ehemaligen DDR die Rettung aus Gefahr für Leib und Leben ermöglicht. Und er hat damit nicht unwesentlich dazu beigetragen, dass wenige Monate später auch die Berliner Mauer fiel und die deutsche Vereinigung möglich wurde. Ein weiteres Beispiel ist Aung San Suu Kyi, die 66-jährige Politikerin aus Birma, heute Myanmar, die sich trotz wiederholter Folter, mehrjähriger Haft, jahrelangem Hausarrest unerschrocken und unermüdlich gewaltfrei für Demokratie und Einhaltung der Menschenrechte in ihrer Heimat einsetzt – und irgendwann das Unrechtssystem der Generäle überwinden wird.

Unzählige Wunder geschehen schließlich im Stillen, unbemerkt, unbeachtet, in der Begegnung von Mensch zu Mensch. Die Welt ist voller Wunder. Wir müssen sie nur bemerken.

Das Abschiedsmahl

Im Angesicht des Todes hat Jesus seine engsten Vertrauten zu einem letzten Abschiedsmahl versammelt. Alle drei synoptischen Evangelien erzählen davon. Und auch der erste Brief des Apostels Paulus an die Gemeinde von Korinth. Jesus sah darin offensichtlich ein Zeichen seiner über den (zu diesem Zeitpunkt offenbar schon befürchteten) Tod hinaus andauernden Gemeinschaft. Hier wird am dichtesten erkennbar, was auch die schon vorangegangenen Mähler und Mahlgemeinschaften aussagen wollten: Jesus „teilt sich selbst mit".

Wer die vier Texte miteinander vergleicht, kann feststellen, dass sie im Wortlaut nicht genau übereinstimmen. Es ist lohnend, sich einmal die Mühe zu machen und die vier überlieferten Fassungen nebeneinanderzustellen: Mk 14,22–25 / Mt 26,26–29 und 1 Kor 11,23–26 / Lk 22,15–20. Da jeweils zwei Textfassungen – Markus und Matthäus einerseits, Lukas und der Korintherbrief andererseits – einander ähneln, sollen der besseren Übersicht wegen hier nur die Texte des Markusevangeliums und des Korintherbriefs gegenübergestellt werden.

Markusevangelium	Erster Brief an die Gemeinde von Korinth
22 Während des Mahls nahm er das Brot und sprach den Lobpreis; dann brach er das Brot, reichte es ihnen und sagte: Nehmt, das ist mein Leib. 23 Dann nahm er den Kelch, sprach das Dankgebet, reichte ihn den Jüngern, und sie tranken alle daraus. 24 Und er sagte zu ihnen: Das ist mein Blut, das Blut des Bundes, das für viele vergossen wird.	23 Denn ich habe vom Herrn empfangen, was ich euch dann überliefert habe: Jesus, der Herr, nahm in der Nacht, in der er ausgeliefert wurde, Brot, 24 sprach das Dankgebet, brach das Brot und sagte: Das ist mein Leib für euch. Tut dies zu meinem Gedächtnis! 25 Ebenso nahm er nach dem Mahl den Kelch und sprach: Dieser Kelch ist der Neue Bund in meinem Blut. Tut dies, sooft ihr daraus trinkt, zu meinem Gedächtnis!

Der älteste Text über das Abendmahl findet sich im ersten Brief an die Gemeinde von Korinth. Paulus hat diesen Brief um 55 n. Chr. verfasst. Er betont, er habe „vom Herrn empfangen", was er „überliefert" habe. Offenbar war Paulus überzeugt davon, dass seine Fassung der Worte über Brot und Becher bzw. Kelch von Jesus selbst herrührte. Von Wein ist übrigens in den eucharistischen Texten nirgends die Rede. Denn „selbst Jesu Ankündigung, bestimmt nicht mehr *vom Gewächs des Weinstocks* bis zum Kommen der Gottesherrschaft zu trinken,[310] bedeutet nicht unter allen Umständen Wein. [...] Daraus ergibt sich, dass *das Gewächs des Weinstocks* innerhalb des christlichen Gottesdienstes auch in anderer Form, etwa als Traubensaft oder auch als ‚gelöschter' (also gekochter, alkoholfreier) Wein getrunken werden kann bzw. sogar muss, wo immer damit Sucht provoziert würde. Ebenso kann es dort, wo eine Beschaffung von Wein aus kulturellen und wirtschaftlichen Gründen nicht möglich ist, jede andere Form eines ‚gehobenen' Getränkes sein, das diese Funktion einer besonderen Danksagung innerhalb einer Gemeinschaft übernimmt."[311]

Auffällig ist, dass die Worte im ältesten Evangelium, das wir kennen, im Markusevangelium (um 70 n. Chr.), anders lauten. Hier sind sie genau parallel gefasst – „Das ist mein Leib" und „Das ist mein Blut". Ebenso ist es auch bei Matthäus. Bei Paulus (und Lukas) ist diese exakte Parallele nicht vorhanden. Dort heißt es: „Das ist mein Leib – Dieser Kelch ist der neue Bund in meinem Blut."

Weiterhin ist bemerkenswert, dass nach Paulus (und Lukas), Jesus einen Auftrag erteilt: „Tut dies zu meinem Gedächtnis!" Bei Markus (und Matthäus) ist davon nicht die Rede. Und schließlich werden bei Paulus (und Lukas) die Teilnehmer direkt angesprochen: „mein Leib für *euch.*" Bei Markus (und Matthäus) fehlt dieser Zusatz. Stattdessen bringen sie am Ende des Kelchwortes den Zusatz „das *für viele* vergossen wird". Hier wird deutlich, dass das „für euch" nicht exklusiv zu verstehen ist.

> „Diejenigen, die Eucharistie feiern, stehen im Horizont all der vielen, die nicht feiern – Starke und Schwache, Männer und Frauen, Vornehme und Verachtete, Arme und Reiche, Gesunde und Kranke. [...] Das kleine Wort ‚viele' überwindet alle nur denkbaren Grenzen, die der Ausstrahlung der Liebe Gottes entgegengesetzt werden könnten. Mit den ‚vielen' sind in der Sprache der Bibel ‚alle' gemeint (1 Tim 2,6). Wie es nur einen Gott und nur einen Heiland gibt, so ist Jesus für das Heil aller Menschen und der ganzen Welt gekommen (Joh 6,51)."[312]

Welche der beiden Fassungen – Mk / Mt oder 1 Kor / Lk – gibt nun die ursprünglichen Jesusworte getreuer wieder? Man macht es sich zu einfach, wenn man auf Paulus verweist, der ja eigens betont, er habe den Wortlaut „vom Herrn" empfangen. Denn Paulus hat nicht am letzten Abendmahl teilgenommen. Er hat den „Herrn" nicht einmal persönlich kennengelernt. Er ist erst dem Auferweckten begegnet.[313] Aber dabei hat er sicher nicht erfahren, was beim letzten Mahl Jesu gesprochen wurde. Paulus schöpft also aus zweiter Hand, von Gewährsleuten, vielleicht von Petrus, den er in Jerusalem und in Antiochien getroffen hatte.[314] Trotz dieser Einschränkung, dass die Textfassung des Korintherbriefes weder vom historischen Jesus stammt noch von einem Augenzeugen verfasst ist, vertreten nicht wenige Fachleute die Ansicht, dass diese Version am nächsten an das tatsächliche Geschehen beim Abendmahl herankommt und die Worte Jesu am getreuesten wiedergibt.

Andere Wissenschaftler räumen der Markusfassung die Priorität ein. Sie begründen dies mit dem Hinweis, dass bei Markus „mehr erzählt" werde, dass ausdrücklich „die Zwölf" als Adressaten des Handelns Jesu genannt werden[315] und dass die Erzählung deutlich in den historischen Rahmen der Passionsgeschichte eingefügt sei. Dagegen läge bei Paulus ein liturgischer Text vor, der die Stiftung des Herrenmahls für die am Abendmahl teilnehmende Gemeinde erzählen will.[316]

Eine absolut sichere Rekonstruktion der aramäischen Deuteworte Jesu über das Brot und über den Wein ist ohnehin nicht möglich, weil im Aramäischen die Kopula „ist" nicht vorkommt und darum die Diskussion über den Sinn des „ist" von vornherein in der Luft hängt. Auch in der griechischen Sprache, in der die Evangelien verfasst sind, ergibt sich von der Syntax her, dass es hier nicht um eine Deutung der Elemente Brot und Wein gehen kann. Denn das jesuanische Deutewort „*Das* ist mein Leib" weist gerade *nicht* auf das Brot hin, sondern genau genommen *vom Brot weg*. Das an dieser Stelle verwendete *neutrale* Demonstrativpronomen (griech. „touto" bzw. lat. „hoc") kann sich (analog zum Lateinischen) gar nicht auf das zuvor erwähnte (maskuline) Brot (griech. „ho ártos" bzw. lat. „panis") beziehen, sondern steht einigermaßen offen im Raum. Das „Wesen" der Deuteworte lässt sich also gar nicht eindeutig auf die eucharistischen Gestalten fixieren.

> „Die ursprüngliche jesuanische Deutung: *Das ist mein Leib* bezieht sich gar nicht auf das Brot, sondern auf die Anwesenden, oder noch genauer: auf deren *Tun*. Ihr gemeinsames Essen wird von Jesus als der symbolische Aufbau seines Leibes gedeutet. [...] Nicht Brot und Wein als solche, sondern das gemeinsam erinnernde *Essen und Trinken* sind das Wesentliche am Sakrament."[317]

Alle vier Abendmahlstexte erzählen davon, dass Jesus beim letzten Mahl *gebetet* hat: Er sprach einen Lobpreis über das Brot und ein Dankgebet über den Kelch (Markus und Matthäus) bzw. ein Dankgebet über das Brot (Lukas und Paulus). Der Segen heiligt eine Schöpfungsgabe, denn er spricht dem Ding eine gute und richtige Beziehung zu („segnen" lat. = „benedicere" = gut / richtig [von etwas] sprechen). Jesus erinnert mit seinem Gebet daran: Brot ist zum Essen, zur Nahrung da. Es schenkt Leben. Diese Gabe sollen wir dankbar annehmen. Im Zusammenhang mit den Worten, die Jesus (nach der synoptischen Überlieferung) zu Beginn des Mahles spricht und in denen er auf das kommenden Reich Gottes hinweist, könnte der Segen bedeuten: Dieses Brot ist nicht nur der Segen der Schöpfung, sondern – diesen umfassend und übersteigend – der Segen des Gottesreiches, das Jesus zeitlebens angesagt hat. Das Dankgebet über dem Brot bzw. dem Kelch weist auf die erhoffte Tatsache, „dass Gott zum Heil der Menschen, der Opfer und der Täter, seine Herrschaft definitiv trotz des Todes und mehr noch: gerade durch den Tod Jesu verwirklicht."[318]

Der reformierte Schweizer Theologe Ulrich Luz stellt sich die Frage, was Jesus beim letzten Abendmahl „wirklich" gesagt und getan haben könnte.

> „Mir sind folgende Überlegungen wichtig:
> 1. Der Ausblick auf das Gottesreich (Mk 14,25 par.[319]) geht aller Wahrscheinlichkeit nach auf Jesus zurück. [...] Er zeigt zweierlei: Erstens zeigt er, dass Jesus tatsächlich mit seinen Jüngern eine letzte Mahlzeit vor seinem Tod in besonderer Weise gefeiert hat, und zweitens, dass er nicht verzweifelt, sondern voll Zuversicht in das Kommen des Gottesreichs in den Tod gegangen ist.
> 2. Bei den Deutungsworten zum Brotbrechen ist wohl die unsymmetrische

paulinische Fassung älter als die symmetrische markinische. Wahrscheinlich hat man in manchen christlichen Gemeinden die Deuteworte symmetrisch formuliert, weil das liturgisch viel schöner war. Das heißt aber noch nicht, dass die unsymmetrischen Deuteworte tatsächlich auf Jesus zurückgehen.
3. Um auf diese Frage eine Antwort zu geben, helfen nur allgemeine und indirekte Überlegungen weiter: Mir scheint es erstens wahrscheinlich, dass der bei einer jüdischen Mahlzeit recht ungewöhnliche Ritus, dass alle aus einem einzigen Becher trinken – und nicht jeder aus seinem eigenen – deutungsbedürftig war. Jesus musste dazu etwas sagen!
Die zweite Überlegung ergibt sich daraus, dass Jesus aller Wahrscheinlichkeit nach ganz bewusst in seinen Tod gegangen ist. [...] Jesus muss m. E. mit seinem Tod irgendeinen Sinn verbunden haben. Dass er ihn seinen Jüngern beim letzten Zusammensein erklärte, ist deshalb nicht unwahrscheinlich. Ich denke also, dass Jesus durchaus seinen eigenen Tod als Sühnetod oder als stellvertretenden Tod verstanden haben *kann*."[320]

Die urkirchlichen Eucharistiegemeinden wollten nicht einfach wortgetreu wiederholen, was Jesus beim letzten Abendmahl genau gesagt hatte. Die Eucharistiefeier ist keine Reprise des letzten Mahles. Vielmehr ist das eucharistische Mahl, wie die Kirche es begeht, die Vergegenwärtigung des gesamten Jesusgeschehens. Es ist Verkündigung seines hingabebereiten Lebens, seines Todes *und* seiner Auferstehung. Es ist Rückbesinnung auf die vielfachen Formen vorösterlicher Mahlgemeinschaft mit Jesus *und* Ausblick auf das hochzeitliche Mahl in der Vollendung bei Gott. Es ist Kommunion mit dem Herrn *und* Kommunion der am Mahl teilnehmenden Gemeinde.

Die Mitglieder der Urgemeinde in Jerusalem kamen nach Ostern wie gewohnt im Tempel zusammen, um zu beten. Sie versammelten sich aber auch in ihren Häusern, um, dem Beispiel Jesu folgend, miteinander Mahl zu halten.[321] Die auffallende Ähnlichkeit in der Schilderung des Abendmahles, des Mahlhaltens in Emmaus und der Mähler des Auferweckten mit seinen Jüngern weisen deutlich auf den Zusammenhang von Eucharistie und Ostern hin.[322] Jesus hält auch jetzt Mahl mit seiner Gemeinde, wie er es vor seinem Tod mit seinen Freunden getan hat. Die Eucharistiefeier im Gedenken an Jesu Tod und seine Auferweckung wird zu einem wichtigen Kristallisationspunkt der Gemeinde.

Die Communio mit dem erhöhten Herrn und in der Gemeinde untereinander verpflichtet zu Rücksichtnahme und Nächstenliebe.[323] Dazu passt kein Verhalten, wie es Paulus beklagt: „Was ihr bei euren Zusammenkünften tut, ist keine Feier des Herrenmahles mehr, denn jeder verzehrt sogleich seine Speisen. Und dann hungert der eine, während der andere schon betrunken ist. Könnt ihr denn nicht zu Hause essen und trinken? Oder verachtet ihr die Kirche Gottes? Wollt ihr jene demütigen, die nichts haben?

Was soll ich dazu sagen? Soll ich euch etwa loben? In diesem Fall kann ich euch nicht loben?"[324] Die Lebenshingabe Jesu für die Menschen, die sich hier im Mahl symbolisch verdichtet, nimmt die Angesprochenen in die Pflicht. Ein unsoziales Verhalten, wie es sich (vermutlich nicht nur) in Korinth im Umfeld der Mahlfeier abspielt, passt überhaupt nicht zum Inhalt des Deutewortes.[325] Gefordert wird gegenseitige Rücksichtnahme im Geist der Liebe, die der Liebe Jesu und der Liebe Gottes zu ihm und uns entsprechen sollte.

Im gemeinsamen Essen und Trinken, in der Tischgemeinschaft von Sklaven und Freien, von Männern und Frauen findet die besondere Gruppenzusammengehörigkeit den stärksten und auch für Außenstehende auffälligsten Ausdruck. Die Gemeinde erinnert sich an das, was Jesus beim letzten Abendmahl getan hat. Die von dem einen Fladen abgerissenen und an die Jünger zum Zerkauen und Essen gereichte Brotteile, der Wein, zuvor gekeltert und nun von allen aus dem *einen* Becher getrunken, sind Zeichen seiner Lebenshingabe für alle, seiner Liebe „bis zur Vollendung".[326]

Schon die alte Kirche hat den Zusammenhang zwischen dem eucharistischen Brot und der Hinwendung zum Not leidenden Mitmenschen stark betont. So schreibt Johannes Chrysostomus (344–407): „Willst du den Leib Christi ehren? Dann übersieh nicht, dass dieser Leib nackt ist. Ehre den Herrn nicht im Haus der Kirchen mit seidenen Gewändern, während du ihn draußen übersiehst, wo er unter Kälte und Blöße leidet [...] Gott braucht nicht goldene Geräte, sondern goldene Herzen. Ich sage das nicht, als wollte ich verhindern, dass jemand solche Weihegaben stiftet. Aber ich verlange, dass er zugleich mit ihnen und vor ihnen Almosen gibt. [...] Was nützt es, wenn der Tisch Christi mit goldenen Kelchen überladen ist, er selbst aber vor Hunger zugrunde geht? Sättige zuerst ihn, der hungert, dann erst schmücke seinen Tisch von dem, was übrig ist."[327]

Dieser Zusammenhang ging später leider verloren. Bis in die Mitte dieses Jahrhunderts (und gegenwärtig teilweise wieder neu und in verstärktem Maß) betonte man in der römisch-katholischen Kirche allzu einseitig die „anbetungswürdige Gegenwart Jesu Christi, der die Seele des einzelnen mit Gnade erfüllen will."[328] Bei alledem vergaß man häufig die andere Weise der Gegenwart Christi: die Gegenwart in den Geringsten, in den Unterernährten und Katastrophengeschädigten, in den Ausländern und den Gastarbeitern, in den psychisch und physisch Kranken, in den Strafgefangenen und den Asylanten. Man dachte nicht mehr an das Wort Christi, in dem er von seiner Gegenwart in den Hungernden, Durstenden und Fremden, in den Nackten, Kranken und Gefangenen spricht. Und in dem er hinzufügt: „Was ihr für einen meiner geringsten Brüder getan habt, das habt ihr für mich getan, und was ihr an einem von meinen geringsten Brüdern versäumt habt, das habt ihr an mir versäumt."[329]

Im Zusammenhang mit der südamerikanischen Befreiungstheologie hat sich dort der Gedanke einer „Eucharistie der Armen“ verbreitet. Christus ist sowohl in der Gestalt der Eucharistie des Brotes als auch in den Armen gegenwärtig. Erst wer beide Weisen zusammensieht und entsprechend handelt, erfasst den eigentlichen Sinn des Abendmahles. Wer die Gemeinschaft mit dem im eucharistischen Brot gegenwärtigen Herrn sucht, der kann nicht die Gemeinschaft mit dem Herrn fliehen, der in den Geringsten unter den Brüdern und Schwestern gegenwärtig ist. Gemeinschaft mit dem erhöhten Herrn ist unter beiden Gestalten möglich: unter der Gestalt des Brotes und unter der Gestalt der Armen. Die eine Weise ist nicht weniger „real“ als die andere.

Jesus war nicht gescheitert. Sein Tod wurde zum Anfang eines neuen Lebens. So konnte in den Gemeinden der Christen das Erinnerungsmahl an den Tod Jesu zu einem Freudenmahl des Lebens und der Auferstehung werden. Es stärkte die Christen in der Hoffnung, dass die Auferweckung Jesu die Auferweckung aller ankündigt: „Wenn wir ihm (Jesus) gleich geworden sind in seinem Tod, dann werden wir mit ihm auch in seiner Auferstehung vereinigt sein.“[330]

5 Passion

Vorgeschichte

Das öffentliche Wirken Jesu endete nach menschlichem Ermessen in einer Katastrophe. Es lassen sich nur Vermutungen anstellen, warum Jesus die Provinz Galiläa verließ und sich in das Zentrum, in die Hauptstadt Jerusalem, begab, um dort seine Tätigkeit fortzusetzen. Für ihn drängte die Zeit. Er war davon überzeugt: Das Reich Gottes ist nahe.

Es ist nicht auszuschließen, dass ein wesentliches Motiv für den Ortswechsel der relative Misserfolg seiner Mission in Galiläa war.

> „Die Zeit der galiläischen Wirksamkeit Jesu ist nicht nur eine Zeit des Erfolges, sondern auch des Misserfolges. [...] Der Argwohn der Gegner verstärkte sich; das Volk enttäuschte ihn durch seine Unbußfertigkeit, und der Landesherr Herodes Antipas, der ‚Vierfürst' von Roms Gnaden, wurde auf ihn aufmerksam und beschloss, den ‚wiedererstandenen' Täufer zu beseitigen."[331]

Angesichts dieser Situation entschloss sich Jesus offenbar, die Flucht nach vorn anzutreten und die Entscheidung in Jerusalem zu suchen. Dabei dürfte ihm das Risiko bewusst gewesen sein, das er mit diesem Schritt einging. Wenn er schon in Galiläa das Misstrauen seiner Gegner geweckt hatte, so musste er in Jerusalem erst recht damit rechnen. Bei der Kompromisslosigkeit seiner Reden würden vor allem die Sadduzäer rasch auf ihn aufmerksam werden. Es war nicht zu erwarten, dass sie ihn einfach gewähren ließen. Vor allem aber war es die römische Besatzungsmacht, die Jesus zu fürchten hatte. Sie erstickte sofort im Keim jeden Aufruhr und jede (vermutete) Vorbereitung dazu. Und sein Auftreten könnte über kurz oder lang durchaus zu Unruhen unter der Bevölkerung führen. Römische wie jüdische Kreise, denen an Ruhe und Ordnung im Land gelegen war, hatten also Gründe genug, ihn bei passender Gelegenheit möglichst rasch und unauffällig zu liquidieren.

Die Evangelien erzählen, dass er im Gefolge seiner Jüngerinnen und Jünger zum Pessachfest auf einem jungen Esel in der heiligen Stadt einzog, während eine Pilgermenge ihm zujubelte. Jesus hatte die Art und Weise des Einzugs selbst inszeniert – „a carefully choreographed street theater":[332] Er gab den Auftrag, als Reittier einen jungen Esel zu besorgen, „auf dem noch nie ein Mensch gesessen hat."[333] Das Reiten auf einem Esel erinnert schriftkundige Pilger an eine Szene beim Propheten Sacharja. Dort wird ein machtloser Messias angekündigt, der die Waffen in Israel abschaffen und allen Völkern Frieden gebieten werde.[334] Damit weckt Jesus bei vielen die Erwartung, dass er vielleicht der lange erwartete und erbetete Messias sei. Sie breiten vor Jesus ihre Gewänder aus und vollziehen damit geradezu ein Thronbesteigungsritual, wie es etwa für König Jehu überliefert wird: „So spricht der Herr: Ich salbe dich zum König über Israel. Sogleich nahmen alle ihre Kleider, legten sie ihm zu Füßen auf die bloßen Stufen, stießen in das Horn und riefen: Jehu ist König!“[335]

> „Jesus kommt ohne Waffen, ohne Streitmacht, ohne Eroberungsabsichten – einfach als Festpilger. Und doch ist er ausgestattet wie der ideale Friedenskönig, den die Schriften Israels erwarten. Dieser Kontrast zwischen all denen, die in Jerusalem König sein wollen, indem sie es mit Waffengewalt erobern bzw. ihre Souveränität durch Waffengewalt demonstrieren, und Jesus als idealem Friedenskönig entsteht in der Erzählung vom Einzug Jesu nach Jerusalem durch die massiven direkten und indirekten Schriftanspielungen.“[336]

Am Tag nach diesem Einzug legte sich Jesus im Tempelvorhof mit Händlern und Geldwechslern an. Diese verkauften dort Opfermaterial an Wallfahrer – Tauben, Öl und Mehl – und sie kassierten die von allen Juden jährlich zu entrichtende Tempelsteuer. Jesus, so steht es in den Evangelien, habe ihre Stände umgestoßen und die Kaufleute davongejagt. Damit störte er die öffentliche Ordnung und griff zugleich demonstrativ den Tempelkult an.[337] Aufschlussreich ist die Begründung, die Jesus – jedenfalls gemäß dem Markusevangelium – für diese Aktion liefert. Er weist auf ein Wort beim Propheten Jesaja hin: „Heißt es nicht in der Schrift: Mein Haus soll ein Haus des Gebetes für alle Völker sein?“[338] Damit macht er deutlich, dass er den Tempel für alle Völker öffnen will, alle sollen an der Zuwendung Gottes Anteil erhalten. Diese „eschatologische Tempelreinigung“ griff das prophetische Motiv der künftigen „Völkerwallfahrt zum Zion“ auf und kann als Aufruf zu einer entsprechenden Kultreform gedeutet werden.[339] Einen größeren Aufruhr scheint es allerdings nicht gegeben zu haben. Sonst wären wohl die jüdische Tempelpolizei oder gar römische Soldaten aus der unmittelbar an den Tempel angrenzenden Burg Antonia eingeschritten.

Jedenfalls konnte Jesus ungehindert im Tempelbezirk mit Jerusalemer Gesetzeslehrern diskutieren. Hierbei oder schon zuvor bei der Aktion gegen die Händler könnte Jesus ein rätselhaftes Wort gesprochen haben. Er habe, so wird später in seinem Verhör von Zeugen behauptet, vom Abreißen des Tempels und vom Aufbauen eines neuen geredet.[340] Die Gegner Jesu könnten darin einen indirekten Messiasanspruch gesehen haben. Denn in zeitgenössischen jüdischen Texten wurde vom kommenden Messias die Neuerrichtung des Tempels erwartet.[341] Ein Wort gegen den Tempel war in der Tradition des Judentums ein todeswürdiges Verbrechen, weil das ideelle Zentrum des Judentums, die symbolische Darstellung seiner Identität, dadurch infrage gestellt wird.[342] Dieser mit einer Drohung verbundene Anspruch könnte einige Mitglieder des Hohen Rates dazu veranlasst haben, der römischen Besatzungsmacht einen Hinweis zu geben, dass dieser Mann aus Nazaret eine Gefahr für die öffentliche Ordnung darstelle und dass man ihn schleunigst zum Schweigen bringen müsste. Angesichts der Sympathien, die viele Festbesucher für Jesus hegten, könnte eine heimliche Festnahme verabredet worden sein. Diese erfolgte in der darauf folgenden Nacht durch die jüdische Tempelwache oder durch ein römisches Kommando. An der Verhaftung war Judas beteiligt. Seine Tat bestand darin, dass er die Polizeitruppe zu dem Ort führte, wo sich Jesus aufhielt. Die Vorgeschichte seines Schrittes bleibt im Dunkeln. Es ist nicht unwahrscheinlich, dass er tatsächlich durch einen Kuss der Truppe zeigte, wen sie festzunehmen hatte.

Was nun geschah, wird sich nie genau aufklären lassen. Als historisch sicher gilt, dass Jesus vom Repräsentanten der römischen Besatzungsmacht in Judäa, dem Präfekten Pontius Pilatus, zum Tod am Kreuz verurteilt und (wahrscheinlich am 24. Nisan [= 7. April] des Jahres 30 unserer Zeitrechnung) hingerichtet wurde. Der Kreuzigung könnten die Vernehmung durch jüdische Autoritäten (Hoher Rat [= Synedrium]?, Hoherpriester?) vorausgegangen sein. Allerdings wird von manchen Exegeten die Frage aufgeworfen, ob eine Beteiligung des Jerusalemer Synedriums und des Hohenpriesters überhaupt denkbar ist, weil Pilatus möglicherweise gar kein halbwegs reguläres Gerichtsverfahren gegen Jesus durchführte, sondern „kurzen Prozess" mit ihm machte.[343] An die Vernehmung anschließend erfolgten die Übergabe an Pilatus mit der Anklage wegen messianischen Aufruhrs, Verurteilung, Auspeitschung, Abführung zur Richtstätte Golgota (vielleicht wird von Simon von Kyrene der Kreuzesquerbalken für den durch die Auspeitschung geschwächten Jesus getragen), Kreuzigung zusammen mit anderen Aufrührern (naheliegend), Verspottung durch Vorübergehende, relativ schnell eintretender Tod.[344]

Das Kreuz hat eine lange Geschichte. Dazu hat Georg Baudler vor einigen Jahren interessante Erkenntnisse vorgelegt.[345] Wenn man den Archäologen glauben darf, ist seine Form entstanden aus der stilisierten Darstellung einer Frau, die die Arme ausbreitet, um einen anderen Menschen – Kind, Freundin oder den Geliebten – liebevoll zu umarmen oder auch zu segnen. Gleichzeitig liegt in diesen weit ausgebreiteten Armen auch eine Geste der Öffnung und Zuwendung für die ganze Welt. Kreuzsymbole fanden sich in großer Zahl in eiszeitlichen Felshöhlen. Es sind stumme Zeugen einer Zeit, in der die Frau eine bedeutende, ja dominierende Rolle in den Gesellschaftsstrukturen spielte. Als diese Strukturen, meist unter Einsatz brutaler Gewalt, zugunsten einer Männerdominanz verändert wurden, pervertierte das Kreuz vom Symbol fraulicher Liebe und welterschließender mütterlicher

Zuwendung zum qualvollen und schändlichen Hinrichtungswerkzeug. Es ist keineswegs auszuschließen, dass – bewusst oder unbewusst – bei der „Erfindung“ dieses Tötungsinstruments auch der Gedanke mitspielte, mit jeder Hinrichtung eines Aufrührers am Kreuz erneut den Sieg männlich-staatlicher Tötungsgewalt über die vorangegangene Kultur zu demonstrieren.

Vor diesem Hintergrund gewinnt der Kreuzestod Jesu einen hohen Symbolwert. Die weit ausgebreiteten, mit roher Gewalt an das Holz festgenagelten Arme erinnern daran,

- dass bis in die Gegenwart hinein durch skrupellosen Machtmissbrauch und nackte Gewaltanwendung nur allzu oft das ernsthafte Bemühen und der selbstlose Einsatz für Frieden und Versöhnung, für Freiheit und Gerechtigkeit und für die Gleichberechtigung der Frau zunichte gemacht werden,
- dass auch heute durch hemmungslosen Machismus und unverblümten Männlichkeitswahn vielen Frauen physische oder psychische Gewalt angetan wird,
- dass wehrlose Kinder durch männlichen Machtmissbrauch oft lebenslang psychisch geschädigt werden,
- dass trotz vieler schöner Worte und der auf geduldigem Papier beteuerten Gleichstellung von Mann und Frau auch in den christlichen Kirchen, vornehmlich in der römisch-katholischen, den Frauen der Zugang zum kirchlichen Amt und zu wirklicher Mitbestimmung verwehrt bleibt.

Das Kruzifix in Klassenräumen und an Feldwegen, in Privatwohnungen und auf Kirchtürmen könnte und sollte nicht nur verstanden werden als ein spezifisch christliches Symbol, sondern als Sinnbild und Mahnmal der Gewaltausübung von Männern über Frauen – und darüber hinaus der Gewalt von Menschen über Menschen überhaupt.

Vermutlich waren es einige wenige einflussreiche und kooperationsbereite Sadduzäer, die Jesus an die Römer auslieferten – wohl nicht aus „Gehässigkeit“ oder „Neid“, sondern aus der nicht unbegründeten Furcht vor einer durch das Auftreten Jesu möglicherweise provozierten messianischen Erhebung, die zu einem sicher nicht zimperlichen Eingreifen der Römer geführt hätte.[346]

In der Zeit Jesu besaß allein der römische Präfekt die Vollmacht, Menschen zum Tod zu verurteilen. Todesurteile durch jüdische Instanzen sind nur für Zeiten bezeugt, in denen die direkte Verwaltung des Landes durch die Römer unterbrochen war. Das war zur Zeit Agrippas I. der Fall, der von 41–44 n. Chr. vorübergehend ganz Palästina regierte (Tötung des Zebedaiden Jakobus). „Das Synedrium hatte also in der uns interessierenden Zeit (ca. 30 n. Chr.) keine Kompetenz zu Todesurteilen. Es gab ja anders als im Jahr 62 keinen jüdischen König, der in Jerusalem begrenzte Vollmachten hatte.“[347] Dass politische Gründe für die Hinrichtung Jesu den Ausschlag gegeben haben, bezeugt der am Kreuz angebrachte Hinweis auf die Art seines Verbrechens: „König der Juden“.[348] Dieser Titel steckt nicht nur voller Ironie. Er klingt auch nach Aufstand und Rebellion, da es sich bei Jesus um einen in keiner Weise von Rom anerkannten „König“ handelte.

Kreuzigung

Alle vier Evangelisten erzählen von der Passion Jesu. Aber sie setzen unterschiedliche Schwerpunkte und Akzente. Die Texte sollen zur Verdeutlichung hier synoptisch gegenübergestellt werden.

Mt 27,45–56	Mk 15,33–41	Lk 23,44–49	Joh 19,28–37.25–27
			28 Danach, als Jesus wusste, dass nun alles vollbracht war, sagte er, damit sich die Schrift erfülle: Mich dürstet. 29 Ein Gefäß mit Essig stand da.
45 Von der sechsten bis zur neunten Stunde herrschte eine Finsternis im ganzen Land.	33 Als die sechste Stunde kam, brach über das Land eine Finsternis herein. Sie dauerte bis zur neunten Stunde.	44 Es war etwa um die sechste Stunde, als eine Finsternis über das ganze Land hereinbrach. Sie dauerte bis zur neunten Stunde. 45 Die Sonne verdunkelte sich.	Sie steckten einen Schwamm mit Essig auf einen Ysopzweig und hielten ihn an seinen Mund. 30 Als Jesus von dem Essig genommen hatte, sprach er:
vgl. V. 51	vgl. V. 38	Der Vorhang im Tempel riss mitten entzwei.	Es ist vollbracht! Und er neigte sein Haupt und gab seinen Geist
46 Um die neunte Stunde rief Jesus laut: ELI, ELI, LEMA SABACHTANI? das heißt: Mein Gott, mein Gott, warum hast du mich verlassen? 47 Einige von denen, die dabeistanden und es hörten, sagten: Er ruft nach Elija.	34 Und in der neunten Stunde rief Jesus mit lauter Stimme: ELOI, ELOI, LEMA SABACHTANI? das heißt übersetzt: Mein Gott, mein Gott, warum hast du mich verlassen? 35 Einige von denen, die dabeistanden und es hörten, sagten: Er ruft nach Elija!		auf. 31 Weil Rüsttag war und die Körper während des Sabbats nicht am Kreuz bleiben sollten, baten die Juden Pilatus, man möge den Gekreuzigten die Beine zerschlagen und ihre Leichen dann abnehmen; denn dieser Sabbat war ein großer Feiertag.
48 Sogleich lief einer von ihnen hin, tauchte	36 Einer lief hin, tauch-	Vgl. V. 36	32 Also kamen die Soldaten

einen Schwamm in Essig, steckte ihn auf einen Stock und gab Jesus zu trinken. 49 Die anderen aber sagten: Lass doch, wir wollen sehen, ob Elija kommt und ihm hilft. 50 Jesus aber schrie noch einmal laut auf. Dann hauchte er den Geist aus.	te einen Schwamm in Essig, steckte ihn auf einen Stock und gab Jesus zu trinken. Dabei sagte er: Lasst uns doch sehen, ob Elija kommt und ihn herabnimmt. 37 Jesus aber schrie laut auf. Dann hauchte er den Geist aus.	46 Und Jesus rief laut: Vater, in deine Hände lege ich meinen Geist. Nach diesen Worten hauchte er den Geist aus.	und zerschlugen dem ersten die Beine, dann dem andern, der mit ihm gekreuzigt worden war. 33 Als sie aber zu Jesus kamen und sahen, dass er schon tot war, zerschlugen sie ihm die Beine nicht, 34 sondern einer der Soldaten stieß mit der Lanze in seine Seite, und sogleich floss Blut und Wasser heraus.
51 Da riss der Vorhang im Tempel von oben bis unten entzwei. Die Erde bebte, und die Felsen spalteten sich. 52 Die Gräber öffneten sich, und die Leiber vieler Heiliger, die entschlafen waren, wurden auferweckt. 53 Nach der Auferstehung Jesu verließen sie ihre Gräber, kamen in die Heilige Stadt und erschienen vielen.	38 Da riss der Vorhang im Tempel von oben bis unten entzwei.	Vgl. V. 45.	35 Und der, der es gesehen hat, hat es bezeugt und sein Zeugnis ist wahr. Und er weiß, dass er Wahres berichtet, damit auch ihr glaubt. Denn das ist geschehen, damit sich das Schriftwort erfülle: „Man soll an ihm kein Gebein zerbrechen." 37 Und ein anderes Schriftwort sagt: „Sie werden auf den blicken, den sie durchbohrt haben."
54 Als der Hauptmann und die Männer, die mit ihm zusammen Jesus bewachten, das Erdbeben bemerkten und sahen, was geschah, erschraken sie sehr und sagten: Wahrhaftig, das war Gottes Sohn!	39 Als der Hauptmann, der Jesus gegenüberstand, ihn auf diese Weise sterben sah, sagte er: Wahrhaftig, dieser Mensch war Gottes Sohn!	47 Als der Hauptmann sah, was geschehen war, pries er Gott und sagte: Das war wirklich ein gerechter Mensch. 48 Und alle, die zu diesem Schauspiel geströmt waren und sahen, was sich ereignet hatte, schlu-	

55 Auch viele Frauen waren dort und sahen von weitem zu; sie waren Jesus seit der Zeit in Galiläa nachgefolgt und hatten ihm gedient. 56 Zu ihnen gehörten Maria aus Magdala, Maria, die Mutter des Jakobus und Josef, und die Mutter der Söhne des Zebedäus.	40 Auch einige Frauen sahen von weitem zu, darunter Maria aus Magdala, Maria, die Mutter von Jakobus dem Kleinen und Joses, sowie Salome; 41 sie waren Jesus schon in Galiläa nachgefolgt und hatten ihm gedient. Noch viele andere Frauen waren dabei, die mit ihm nach Jerusalem hinaufgegangen waren.	gen an die Brust und gingen betroffen weg. 49 Alle seine Bekannten aber standen in einiger Entfernung (vom Kreuz), auch die Frauen, die ihm seit der Zeit in Galiläa nachgefolgt waren und die alles mit ansahen.	25 Bei dem Kreuz Jesu standen seine Mutter und die Schwester seiner Mutter, Maria, die Frau des Klopas, und Maria von Magdala. 26 Als Jesus seine Mutter sah und bei ihr den Jünger, den er liebte, sagte er zu seiner Mutter: Frau, siehe, dein Sohn! 27 Dann sagte er zu dem Jünger: Siehe, deine Mutter! Und von jener Stunde an nahm sie der Jünger zu sich.

Schon bei oberflächlicher Lektüre der Evangelientexte wird erkennbar, dass die einzelnen Evangelisten bei ihrer Darstellung nicht in allen Punkten übereinstimmen und dass sie jeweils unterschiedliche Deutungen vorlegen. Alle vier Evangelisten berichten keine näheren Einzelheiten über den genauen Vollzug der Kreuzigung. Lapidar heißt es bei Markus: „und sie kreuzigten ihn“, bei Matthäus „als sie ihn gekreuzigt hatten“, bei Lukas und Johannes „dort kreuzigten sie ihn“[349] – es gibt keine Informationen, auf welche Art und Weise das genau geschah, ob Jesus angenagelt oder mit Seilen angebunden wurde, wie hoch das Kreuz war, ob man ihm die Dornenkrone vorher abnahm, ob er starke Schmerzen litt. Offensichtlich war den Evangelisten nicht daran gelegen, dieses für die gesamte Verkündigung überaus wichtige und zentrale *Geschehen* möglichst genau so wiederzugeben, wie es sich tatsächlich ereignet hatte. Was im Einzelnen geschehen ist, lässt sich kaum noch genau ausmachen. Es gab weder Augen- noch Ohrenzeugen, die den Evangelisten hätten davon berichten können.[350]

Die Evangelisten verfolgen mit ihrer Darstellung kein vornehmlich historisches, sondern vor allem ein theologisches und christologisches Interesse. Der für alle seine Jünger und Jüngerinnen und erst recht für die Adressaten der apostolischen Predigt unbegreifliche, weil schmähliche Tod Jesu verlangte nach Interpretation und Deutung.

Markusevangelium

33 Als die sechste Stunde kam, brach über das ganze Land eine Finsternis herein.
Sie dauerte bis zur neunten Stunde. 34 Und in der neunten Stunde rief Jesus mit
lauter Stimme: ELOI; ELOI; LEMA SABACHTANI?, das heißt übersetzt: Mein
Gott, mein Gott, warum hast du mich verlassen? 35 Einige von denen, die dabei-
standen und es hörten, sagten: Hört, er ruft nach Elija! 36 Einer lief hin, tauchte
einen Schwamm in Essig, steckte ihn auf einen Stock und gab Jesus zu trinken.
Dabei sagte er: Lasst uns doch sehen, ob Elija kommt und ihn herabnimmt. 37 Je-
sus aber schrie laut auf. Dann hauchte er den Geist aus. 38 Da riss der Vorhang im
Tempel von oben bis unten entzwei. 39 Als der Hauptmann, der Jesus gegenüber-
stand, ihn auf diese Weise sterben sah, sagte er: Wahrhaftig, dieser Mensch war
Gottes Sohn. 40 Auch einige Frauen sahen von weitem zu, darunter Maria aus
Magdala, Maria, die Mutter von Jakobus dem Kleinen und Joses, sowie Salome;
41 sie waren Jesus schon in Galiläa nachgefolgt und hatten ihm gedient. Noch viele
andere Frauen waren dabei, die mit ihm nach Jerusalem hinaufgezogen waren.
(Mk 15, 33–41)

Markus bringt theologische Motive in das Passionsgeschehen ein. Am leichtesten ist dies festzustellen im verzweifelten Schrei des Gekreuzigten: „Mein Gott, mein Gott, warum hast du mich verlassen?“[351] Keine stumme Gottergebenheit, kein sich williges Fügen in das Unabänderliche. Vielmehr ein dramatisches Aufbegehren im letzten Augenblick seines kurzen Lebens – so hat es den Anschein. Wer allerdings die Psalmen des Alten Testaments kennt, weiß, dass Jesus hier anklagend-betend den ersten Vers aus dem Psalm 22 zitiert. Doch wer soll diesen Schrei gehört haben? Die der Kreuzigung „von weitem“ beiwohnenden Frauen? Hat vielleicht erst die spätere Meditation über den Tod Jesu ihm diese Worte in den Mund gelegt? Der Psalm ist durchzogen von einem großen Gottvertrauen. Der Psalm erscheint überhaupt wie eine Art Textbuch der Passion und ihrer Auslegung – so die Verlosung der Kleider, die Verspottung des Gekreuzigten, das Motiv des Durstes. Auch der Psalm 69 (Essig für den Durst als Trank) und der Prophet Jesaja 53 (Hinrichtung mit anderen Übeltätern) fließen in die Passionsdarstellung ein.[352] Dabei ist es nicht entscheidend, „ob hier mit Worten der religiösen Überlieferung historische Fakten nur gedeutet oder aber mit den Bildern dieser Leidenstradition solche auch ‚erfunden‘ werden. […] Entscheidend für das Verständnis ist jedoch, dass Jesus so in die lange Reihe leidender, verfolgter Menschen gestellt wird. Ihr Elend und ihre Gottverlassenheit, aber auch ihr Vertrauen und ihre Hoffnung kommen in der Klage dieser Texte zur Sprache. Indem Jesu Leiden mit dieser Sprache beschrieben wird, stellt die Gemeinde seine Leidensgeschichte in die Elendsgeschichte der Menschheit hinein.“[353]

Besondere Beachtung verdienen die Frauen, die das Passionsgeschehen begleiten. „Während die bisher bekannten engsten Vertrauten Jesu schon bei der Verhaftung geflohen sind, leistet ihm eine Gruppe hier erstmals erwähnter Frauen Bei-Stand. [...] Frauen sind nach dem ältesten Evangelium die einzigen durchgängigen Augenzeugen für Kreuzigung, Grablegung und Auferweckung Jesu."[354] Wenn Markus diese Frauen auf dem Höhepunkt seines Evangeliums scheinbar wie selbstverständlich erwähnt, dann will er damit wohl deutlich machen, „dass sie von Anfang an zum Freundeskreis Jesu gehören, und zwar in zumindest gleicher Qualifikation wie ihre männlichen Kollegen."[355]

Ein weiteres Motiv bei Markus ist die Tempelkritik: Der Vorhang zerreißt, das Allerheiligste wird profaniert.[356] Der Tod Jesu bedeutet den Bruch mit jeglicher Form kultischer Religiosität. Der Opferdienst von Kultpriestern gehört endgültig der Vergangenheit an. Der „Ort" Gottes ist von jetzt an „draußen", außerhalb des heiligen Bezirks.[357] Es ist die geschwisterliche Gemeinschaft der Glaubenden, die in der Nachfolge Jesu in einer von Liebe bestimmten Existenz den wahren Gottesdienst „draußen", in ihren Häusern und in der Diakonie, nicht im Tempel, vollzieht.[358]

Schließlich bringt Markus noch die lange zurückgehaltene Antwort auf die Messiasfrage. Sein Evangelium ist nämlich durchzogen von einem eigenartigen Schweigegebot über das Messiasgeheimnis Jesu: „Er verbot ihnen, mit jemand über ihn zu sprechen."[359] Erst am Kreuz darf es durch einen Heiden (!), den Befehlshaber des Exekutionskommandos, gelüftet werden.[360] Hier endlich, im leidenden Menschensohn, der den Verbrecher- und Sklaventod am Kreuz stirbt, erschließt sich das Wesen von Jesu Messias- und Gottessohn-Würde – nicht in großartigen Wundertaten oder weltweitem Herrschertum, sondern in der todesbereiten Hingabe an Gott. Und ausgerechnet ein Nichtjude ist es, der das erkennt und ausspricht!

Matthäusevangelium

45 Von der sechsten bis zur neunten Stunde herrschte eine Finsternis im ganzen Land. **46** Um die neunte Stunde rief Jesus laut: ELI, ELI, LEMA SABACHTANI?, das heißt: Mein Gott, mein Gott, warum hast du mich verlassen? **47** Einige von denen, die dabeistanden und es hörten, sagten: Er ruft nach Elija. **48** Sogleich lief einer von ihnen hin, tauchte einen Schwamm in Essig, steckte ihn auf einen Stock und gab Jesus zu trinken. **49** Die anderen aber sagten: Lass doch, wir wollen sehen, ob Elija kommt und ihm hilft. **50** Jesus aber schrie noch einmal laut auf. Dann hauchte er den Geist aus. **51** Da riss der Vorhang im Tempel von oben bis unten entzwei. Die Erde bebte, und die Felsen spalteten sich. **52** Die Gräber öffneten sich, und die Leiber vieler Heiligen, die entschlafen waren, wurden auferweckt. **53** Nach der Auferstehung Jesu verließen sie ihre Gräber, kamen in die Heilige Stadt und

> erschienen vielen. 54 Als der Hauptmann und die Männer, die mit ihm zusammen
> Jesus bewachten, das Erdbeben bemerkten und sahen, was geschah, erschraken sie
> sehr und sagten: Wahrhaftig, das war Gottes Sohn! 55 Auch viele Frauen waren
> dort und sahen von weitem zu; sie waren Jesus seit der Zeit in Galiläa nachgefolgt
> und hatten ihm gedient. 56 Zu ihnen gehörten Maria aus Magdala, Maria, die
> Mutter des Jakobus und des Josef, und die Mutter der Söhne des Zebedäus. (Mt 27,45–56)

Matthäus verstärkt die schon im Markusevangelium erkennbare antijüdische Tendenz.[361] Bei Markus erscheint die Schuld am Tod Jesu noch etwa gleichgewichtig auf Pilatus und den Hohen Rat verteilt. Bei Matthäus erklären der Heide Pilatus und seine Frau Jesus für unschuldig bzw. gerecht, das „ganze (!) Volk" Israel nimmt hingegen die Verantwortung für seinen Tod auf sich: „Sein Blut komme über uns und unsere Kinder!"[362] Matthäus denkt hier vermutlich an die im Jahre 70 erfolgte Zerstörung Jerusalems und sieht darin einen unheilsgeschichtlichen Zusammenhang. Jerusalem ist für ihn die Stadt der Mörder.[363] Das Wort hatte verheerende Folgen. Letztlich hat die Shoa darin eine ihrer irrationalen Wurzeln. Darum gibt es heute „schlechterdings nur noch Scham und Erschrecken über die furchtbare Wirkungsgeschichte dieses Satzes. […] Diese Szene hat nie so stattgefunden; niemals in seiner Geschichte hat ‚das' jüdische Volk sich so verhalten."[364]

Auffällig ist die Wortwahl bei Matthäus. In Vers 25 verwendet er das griechische Wort „laós" für „Volk". Das Wort meint vor allem eine geordnete und gegliederte Menschenmenge, eine Nation, ein Bundesvolk. Dieses (Bundes-)„Volk" besteht aus Priestern und Aristokratie, aus Pharisäern und Sadduzäern, aus einfachen Leuten und vermögenden Reichen. Unmittelbar vorher (Vers 24) verwendet Matthäus aber im Zusammenhang mit der Forderung nach Freilassung des Barrabas das griechische Wort „óchlos" (= Menge, Leute, auch: Pöbel, aufgehetzte Masse). Mit dieser differenzierenden Wortwahl will der Evangelist offenbar erreichen, dass seine mit der griechischen Sprache vertrauten Leserinnen und Leser die Mitschuld der jüdischen Aristokratie am Tod Jesu erkennen und sie nicht nur dem „einfachen Volk" anlasten. Der „Pöbel", der „óchlos", der die Freilassung des Barrabas verlangt, ist aufgehetzt durch die „Hohenpriester und die Ältesten".[365] Und vor diesem „óchlos" wäscht sich Pilatus „in Unschuld" die Hände, nachdem er beschlossen hat, Jesus kreuzigen zu lassen. Den Beifall dafür erhält er nun aber vom „laós", vom ganzen Volk – den Priestern und der Aristokratie, den Pharisäern und den Sadduzäern, den vermögenden Reichen und den einflusslosen „einfachen Leuten". „Der Leser und Hörer des griechischen Textes soll merken: Nicht nur das einfache Volk, sondern auch die Aristokratie sprach diese Worte. Matthäus will damit sagen: Die bei dem Urteil anwesenden Juden haben unter Einfluss ihrer Aristokratie den Tod Jesu verlangt und die Folgen auf sich genommen.“[366]

Trotzdem hat Matthäus nicht als Antijudaist zu gelten. Denn an anderer Stelle seines Evangeliums betont er, dass die Juden nicht ausgenommen sind von „allen Völkern“, denen das Evangelium gilt, sie werden nicht ausgeschlossen vom Heilsangebot.[367] Und im Endgericht wird der Menschensohn ohnehin alle Menschen – unabhängig davon, ob sie Juden, Christen oder Heiden sind – ausschließlich danach richten, was sie den Geringsten getan haben.[368]

Lukasevangelium

> **44** Es war etwa um die sechste Stunde, als eine Finsternis über das ganze Land hereinbrach. Sie dauerte bis zur neunten Stunde. **45** Die Sonne verdunkelte sich. Der Vorhang im Tempel riss mitten entzwei, **46** und Jesus rief laut: Vater, in deine Hände lege ich meinen Geist. Nach diesen Worten hauchte er den Geist aus. **47** Als der Hauptmann sah, was geschehen war, pries er Gott und sagte: Das war wirklich ein gerechter Mensch. **48** Und alle, die zu diesem Schauspiel herbeigeströmt waren und sahen, was sich ereignet hatte, schlugen sich an die Brust und gingen betroffen weg. **49** Alle seine Bekannten aber standen in einiger Entfernung (vom Kreuz), auch die Frauen, die ihm seit der Zeit in Galiläa nachgefolgt waren und die alles mit ansahen. (Lk 23,44–49)

Auch Lukas weicht von der markinischen Vorlage ab. Er erwähnt (als Einziger der Evangelisten!) die Trauer des Volkes: „Es folgte ihm (auf seinem Weg zum Kreuz) eine große Volksmenge und Frauen, die klagten und weinten“ und „Die Volksscharen, die zu diesem Schauspiel (der Kreuzigung Jesu) gekommen waren und zugeschaut hatten, schlugen an die Brust und kehrten zurück.“[369] „Dreimal wird die Sympathie der jüdischen Menge mit dem Gekreuzigten bei Lukas ausgedrückt, nirgendwo wird bei ihm von irgendeinem Spott der umstehenden Juden berichtet“, so urteilt dazu der jüdische Religionswissenschaftler David Flusser.[370]

Der Evangelist bringt nicht – wie Markus und Matthäus – den (An-)Klageruf Jesu: „Mein Gott, mein Gott, warum hast du mich verlassen?“ Möglicherweise erschien dem Evangelisten dieses Wort zu missverständlich, wenn man den weiteren Wortlaut des Psalms 22 nicht kannte. Stattdessen legt er dem betend sterbenden Jesus die Worte aus dem Psalm 31 in den Mund: „Vater, in deine Hände übergebe ich meinen Geist.“ Vielleicht möchte Lukas mit dieser Darstellung christlichen Blutzeugen ein Beispiel geben, wie sie den Märtyrertod bestehen können. Denn er erwähnt in seiner zweiten Schrift, der Apostelgeschichte, dass der Diakon Stephanus mit den Worten gestorben sei: „Herr Jesus, nimm meinen Geist auf!“[371]

Anders als Markus und Matthäus lässt Lukas den römischen Hauptmann zuerst ausdrücklich Gott preisen und dann von Jesus sagen: „Das war wirklich ein gerechter *Mensch*“ – nicht der „Sohn Gottes“. Denn diesen jüdischen Begriff samt dem damit verbundenen Verständnis konnte der Hauptmann kaum kennen.

Johannesevangelium

28 Danach, als Jesus wusste, dass nun alles vollbracht war, sagte er, damit sich die
Schrift erfüllte: Mich dürstet. **29** Ein Gefäß mit Essig stand da. Sie steckten einen
Schwamm mit Essig auf einen Ysopzweig und hielten ihn an seinen Mund. **30** Als
Jesus von dem Essig genommen hatte, sprach er: Es ist vollbracht! Und er neigte
das Haupt und gab seinen Geist auf. **31** Weil Rüsttag war und die Körper während
des Sabbats nicht am Kreuz bleiben sollten, baten die Juden Pilatus, man möge
den Gekreuzigten die Beine zerschlagen und ihre Leichen dann abnehmen; denn
dieser Sabbat war ein großer Feiertag. **32** Also kamen die Soldaten und zerschlugen
dem ersten die Beine, dann dem andern, der mit ihm gekreuzigt worden war.
33 Als sie aber zu Jesus kamen und sahen, dass er schon tot war, zerschlugen sie
ihm die Beine nicht, **34** sondern einer der Soldaten stieß mit der Lanze in seine
Seite, und sogleich floss Blut und Wasser heraus. **35** Und der, der es gesehen hat,
hat es bezeugt, und sein Zeugnis ist wahr. Und er weiß, dass er Wahres berichtet,
damit auch ihr glaubt. **36** Denn das ist geschehen, damit sich das Schriftwort er-
füllte: Man soll an ihm kein Gebein zerbrechen. **37** Und ein anderes Schriftwort
sagt: Sie werden auf den blicken, den sie durchbohrt haben. **25** Bei dem Kreuz Jesu
standen seine Mutter und die Schwester seiner Mutter, Maria, die Frau des Klo-
pas, und Maria von Magdala. **26** Als Jesus seine Mutter sah und bei ihr den Jünger,
den er liebte, sagte er zu seiner Mutter: Frau, siehe, dein Sohn! **27** Dann sagte er zu
dem Jünger: Siehe, deine Mutter! Und von jener Stunde an nahm sie der Jünger
zu sich. (Joh 19,28–37.25–27)

Für theologisch und exegetisch uninformierte Leserinnen und Leser erscheint das Passionsgeschehen nach Johannes geradezu unwirklich: Jesus weiß schon vor seinem Tod, „dass alles vollbracht war“. Er spricht „Mich dürstet“ (nur deshalb), „damit sich die Schrift erfülle“ – in Wirklichkeit, so wird der Leserin und dem Leser nahegelegt, hat er selbstverständlich gar keinen Durst.[372] Auffällig ist auch, dass bei Markus und Matthäus die Initiative, dem Gekreuzigten Essig zu reichen (als Betäubungstrank gegen die rasenden Schmerzen), von einem der Umstehenden ausgeht. Bei Johannes ist es Jesus selbst, der dazu den Anlass gibt. Denkbar wäre auch, dass der Evangelist mit diesem Wort eine versteckte Anspielung auf den unstillbaren „Durst“ machen will, von dem Jesus in seinem Verlangen nach Gott beseelt ist.[373] Jesus „*spricht:* Es ist vollbracht!“ Ein dem Ersticken Naher kann kaum einen lauten Schrei – wie bei Markus – von sich geben, er kann nur röcheln.

Und wie soll man sich vorstellen, dass Jesus unter rasenden Schmerzen noch die Fähigkeit besaß, sein Haupt zu *neigen* und seinen Geist *aufzugeben?*[374] Beim Eintritt des Todes sackt bei einem Gekreuzigten der Kopf herunter und der Atem setzt aus. Das Johannesevangelium will deutlich machen: Jesus, der Gottessohn, ist bis zum Ende Herr der Lage und bestimmt souverän den Ablauf des Geschehens.[375]

Auch die Übergabe seiner Mutter an den Lieblingsjünger ist eine „ideale Szene", die den Leserinnen und Lesern des Evangeliums deutlich machen soll, dass Jesus selbst den Johannes zu seinem „Stellvertreter" ernannte.[376] Nicht minder ist die Durchbohrung der Seite Jesu als symbolischer Akt zu sehen: Das Blut verweist auf das Blut des Herrenmahles, das Wasser auf den durch Jesus vermittelten Geist.[377]

Mit seiner idealisierten und theologisch überfrachteten Darstellung läuft der Evangelist freilich Gefahr, der Kreuzigung ihre Brutalität und letztendlich auch ihre Realität zu nehmen.

Die hier vorgelegten Aspekte präsentieren nur einen schmalen Ausschnitt der komplexen Vielzahl neutestamentlicher Deutungen des Todes Jesu. Diese Mannigfaltigkeit macht deutlich, „dass sich die christliche Glaubensgeschichte nicht in die starren Schemata dogmatischer Fixierungen pressen lässt. Die *eine* Wahrheit haben wir nur in den vielen Wahrheiten *unserer* Glaubensgeschichten, die *Kontinuität* des Evangeliums nur in der *Diskontinuität* der Zeiten und Kulturen, die die je neue Aneignung der Tradition unter den sich ständig ändernden Bedingungen unserer Existenz verlangen."[378]

Leider fordert die herrschende Theologie oder – richtiger – die Theologie der Herrschenden nur allzu häufig eine lähmende Uniformität und eine Gleichförmigkeit mit der „Begründung", dass es im Wesentlichen nur *eine* richtige Deutung geben könne. Dies aber widerspricht zum einen der vorgefundenen Fülle alter und neuer Auslegungen. Zum anderen verlangt die existenzielle Dimension der Frohen Botschaft geradezu, eine Vielzahl an Deutungen zuzulassen.

> „Jeder Generation in der langen Geschichte der Christenheit bleibt die Aufgabe, sich mit *ihrer* Existenz auf die *Geschichte des Jesus von Nazareth* einzulassen und sich *ihren* Reim auf sie zu machen. Nur dann kann es ihr vielleicht gelingen, erneut jenen Funken aus dem Gestein des Überkommenen zu schlagen, der das erloschene Feuer erneut zündet."[379]

Sterben am Kreuz als Sühnetod?

Historie

Historisch gesehen war der gewaltsame Tod Jesu die Folge einer Verkettung ungünstiger Umstände. So könnte man es heute sagen. Nach jüdischem Recht gab es für seinen Tod keinen zureichenden Grund und keine Rechtsbasis. Die Kreuzigung Jesu war eine politisch motivierte Überreaktion der sadduzäisch dominierten Tempelpriesterschaft und der römischen Besatzungsmacht – möglicherweise aufgrund von Denunziation und falscher Anklage. Es wurde mit Jesus im Interesse der Aufrechterhaltung der öffentlichen Ordnung „kurzer Prozess" gemacht.

Hätte nicht Jesus mit dieser verhängnisvollen Entwicklung rechnen und sie vermeiden können? War er wirklich so realitätsblind, um nicht zu ahnen, dass seine Anwesenheit und sein öffentliches Auftreten in Jerusalem ein lebensgefährliches Unternehmen war? Hat er vielleicht den Tod am Kreuz gesucht?

Über die Motive, die Jesus zu seinem riskanten Schritt geführt haben, lässt sich nur spekulieren. Er fühlte sich gesandt, die verirrten Schafe des Hauses Israel zu retten[380] und wusste sich für diese Aufgabe bedingungslos in die Pflicht genommen. Er hatte bei Johannes dem Täufer erlebt, wie dieser aufrechte Mann unbeirrt seinen Umkehrruf verkündete. Jesus hatte ihn seinen Jüngerinnen und Jüngern als leuchtendes Vorbild hingestellt: „Ich sage euch: Unter allen Menschen gibt es keinen größeren als Johannes; doch der Kleinste im Reich Gottes ist größer als er."[381] Und er musste miterleben, wie Johannes schließlich durch ein korruptes Herrschaftssystem hingerichtet wurde.[382] Hat ihn das Vorbild des Täufers dazu animiert, den letzten, alles entscheidenden Einsatz zu wagen?

In Galiläa war Jesus der große, durchschlagende Erfolg seiner Bemühungen um die Reform Israels versagt geblieben. Doch die Zeit drängte. Jesus wollte nicht mehr am Rande tätig sein, sondern seine Botschaft ins religiöse Zentrum bringen. Jesus war bereit, sein Leben für die Rettung Israels aufs Spiel zu setzen.

Deutung

Jesus hatte die bedingungslose Vergebungsbereitschaft Gottes in das Zentrum seiner Botschaft gerückt. Aber er musste erleben, wie die meisten Menschen, zu denen er davon gesprochen hatte, dieses Entgegenkommen nicht annehmen wollten. Wie sie sich gegenüber seinem Angebot nicht öffneten, sondern verschlossen blieben. Wie sie in Uneinsichtigkeit und Halsstarrigkeit verharrten.

So wollte er das Letzte wagen: die Botschaft ins Zentrum zu bringen, dort noch einen letzten, entscheidenden Versuch wagen. Auch wenn ihm dieser Einsatz das Leben kosten sollte. Jesus hat den Tod nicht gesucht. Aber er hat ihn auf sich genommen in Treue zu seiner Sendung und zur Erfüllung dessen, was er als Auftrag Gottes erkannt hatte.

Es ist nicht auszuschließen und sogar gut möglich, dass er seinen Tod schlussendlich als heilswirksam verstanden hat. Nachdem Jesus in Galiläa mit seiner Botschaft kaum auf größere Resonanz, sondern eher auf Gleichgültigkeit und Ablehnung gestoßen war, schien ihm vielleicht der Weg der stellvertretenden Sühne auf der Linie des leidenden Gottesknechts[383] als letzter Ausweg, um das drohende Unheil von Israel abzuwenden und den Zugang zum Heil doch noch zu ermöglichen. Die eigentliche Problematik liegt nicht in der Möglichkeit, sondern im überzeugenden Nachweis, dass es auch wirklich so war. Wenn überhaupt, dann hat Jesus nur unklare Andeutungen gemacht, welchen Sinn er in seinem möglichen gewaltsamen Tod sehen würde. Und diese waren von seinen Jüngerinnen und Jüngern wahrscheinlich nicht registriert oder zumindest nicht richtig verstanden worden, weil sie in keiner Weise mit einem gewaltsamen Ende rechneten.

So befanden sich die jungen christlichen Gemeinden in Erklärungsnot. Wie sollten sie den grausamen Kreuzestod deuten, der alles andere war als der krönende Abschluss einer aufopferungsvollen, aber letztlich erfolgreichen Tätigkeit? Der Hinweis auf die unbedingte Treue Jesu zu seiner Sendung reichte nicht aus. Also griffen sie auf den in *ihrer* heiligen Schrift, dem Alten Testament, überlieferten Sühnegedanken zurück. Wir dürfen schließlich nicht vergessen, dass die ersten Mitglieder der Jesusbewegung Juden waren – wie Jesus auch.

Das jüdische Volk hatte einen eigenen Versöhnungstag, den Yom Kippur. An diesem Tag wurden im Tempel besondere Opfer dargebracht zur Sühne für die Sünden des Volkes. Es war der einzige Tag, an dem der Hohepriester – allein und streng abgeschirmt – das Allerheiligste im Tempel betreten durfte, um stellvertretend für das Volk die Vergebung der Sünden zu empfangen. Dort besprengte er die Bundeslade mit dem Blut von zwei Opfertieren. Ebenso wurde über zwei Böcke das Los geworfen. Der eine wurde geopfert zur „Reinigung" des Tempels, der andere lebend als „Sündenbock" in die Wüste gejagt, nachdem ihm der Hohepriester symbolisch die Sünden des Volkes auferlegt hatte.

Vor allem der Apostel Paulus dürfte, soweit uns heute bekannt ist, diesen Gedanken aufgegriffen und für seine Deutung des gewaltsamen Todes Jesu herangezogen haben. Er bekennt von sich: „Ich bin ein Hebräer von den Hebräern, lebte als Pharisäer nach dem Gesetz, verfolgte voll Eifer die Kirche."[384] Paulus „übertraf im Judentum viele Altersgenossen in meinem Volk, übermäßig als Eiferer für meine väterlichen Überlieferungen."[385] Eifer für das Gesetz und Verfolgung der Jesusgemeinde gehörten für Paulus zusammen. Vielleicht war er sogar an der Steinigung des Stephanus beteiligt.[386] So mag er sich vielleicht mitschuldig am Tod Jesu gefühlt haben. Und da er mit der jüdischen Theologie gut vertraut war, könnte sich ihm der Gedanke aufgedrängt haben, dass Jesus nicht nur wegen der Verhärtung und Ablehnung einiger seiner jüdischen Landsleute sterben musste, sondern auch wegen seiner (des Paulus) eigenen Uneinsichtigkeit, die ihn zum Verfolger der Kirche werden ließ. Paulus ist davon überzeugt, dass er und alle, die Jesus letztlich ans Kreuz getrieben haben, vor Gott schuldig geworden sind durch die Ablehnung seines Umkehrrufs. Jesus hat diese Schuld auf sich geladen und gesühnt: „Christus ist für unsere Sünden gestorben."[387] Und so glaubt und hofft Paulus, dass „wir mit Gott *versöhnt* wurden *durch den Tod seines Sohnes*, als wir noch (Gottes) Feinde waren".[388]

Dieser Sühnegedanke wurde 1000 Jahre später von Anselm von Canterbury (1033–1109) weiter zugespitzt und fand breiten Eingang in die christliche Theologie. Sehr vereinfacht ausgedrückt besagt die Lehre Anselms: Der Mensch habe durch seine Sünde Gott die schuldige Ehre weggenommen, indem er Gott den Gehorsam verweigerte und ihn, den Unendlichen, damit „unendlich" beleidigte. Eine „unendliche" Beleidigung müsse jedoch „unendlich" gesühnt werden. Dazu sei der Mensch als endliches Wesen nicht in der Lage. Also müsse Gott seinen Sohn „opfern", um diese Beleidigung wiedergutzumachen. Der „Sohn Gottes" müsse durch seinen Tod am Kreuz stellvertretend für alle Menschen die geforderte Sühne „als Lösegeld" bezahlen und so die verletzte Ehre Gottes und das zerbrochene Verhältnis zwischen Gott und Mensch wieder herstellen.

Der Gedanke, dass Gott den Sühnetod seines Sohnes so gewollt und „um seiner Gerechtigkeit willen" verlangt habe, führte zu einer verhängnisvollen Glorifizierung des Leidens in den christlichen Kirchen. Wenn die Erneuerung der Beziehung zu Gott durch Leiden und Tod des Gottessohnes geschieht, dann führt das zu dem fatalen Schluss: Jedes Leiden, ob von Menschen angetan oder durch Naturgewalt verursacht, bedeutet, dem leidenden Erlöser gleich zu werden. Leiden ist also der sicherste Weg, um der Gemeinschaft mit Gott und mit Christus teilhaftig zu werden. (Nur) wer leidet ist ein wahrer Christ. Freude und Glück zu erfahren führt vom gottgezeichneten Weg ab.

Hier erheben sich nun gravierende Fragen, die heute vehement gestellt werden: Warum verlangt Gott überhaupt eine Sühne? Ist Gott angewiesen auf ein blutiges Opfer, um barmherzig sein zu können? Muss Gott erst Blut sehen, bevor er sich uns wieder zuwendet? Entspricht eine solche Gottesvorstellung dem Evangelium, der Frohen Botschaft, die der Mann aus Nazaret verkündet hat? „Ist es nicht ein schrecklicher Gedanke, dass Gott das grässliche Vorrecht vor den Menschen habe, nicht aus Liebe vergeben zu können, sondern stets Bezahlung (zu brauchen)?“[389] So fragte vor 120 Jahren der „liberale“ Theologe Adolf von Harnack. Etwas weniger anklagend, aber nicht minder deutlich formuliert es Joseph Ratzinger, der heutige Papst Benedikt XVI.: „Von manchen Andachtstexten her drängt sich dem Bewusstsein geradezu die Vorstellung auf, der christliche Glaube an das Kreuz stelle sich einen Gott vor, dessen unnachsichtige Gerechtigkeit ein Menschenopfer, das Opfer seines eigenen Sohnes, verlangt habe. Und man wendet sich mit Schrecken von einer Gerechtigkeit ab, deren finsterer Zorn die Botschaft von der Liebe unglaubwürdig macht.“[390] Es ist darum in keiner Weise verwunderlich, dass für viele nachdenkliche Christen die Rede und der Gedanke vom Kreuzestod Jesu als „Sühneopfer für unsere Sünden“ unverständlich geworden sind und auf Ablehnung stoßen.

Neuere Deutungsversuche versuchen nicht mehr, die unbeantwortbare Frage zu beantworten, wie Jesus seinen Tod verstanden hat. Sie fragen nach der Bedeutung des Todes für die Christen, für die Menschen von heute. Dafür ist ihnen der Aufruf des Apostels Paulus maßgebend: „Seid untereinander so gesinnt wie es dem Leben in Christus Jesus entspricht!“[391]

Leiden und der Tod Jesu lassen es nicht zu, „dass wir über seiner Leidensgeschichte die anonyme Leidensgeschichte der Welt vergessen, [...] dass wir über seinem Kreuz die vielen Kreuze in der Welt übersehen, neben seiner Passion die vielen Qualen verschweigen, die ungezählten namenlosen Untergänge, das sprachlos erstickte Leiden. [...] Die Glaubensüberzeugung, erlöst zu sein, hat Konsequenzen. Sie macht sensibel für vorherrschende Unempfindlichkeit gegenüber Leiden, gegen jede Verdrängung und Tabuisierung des Leidens und des Bösen. Sie führt zu Solidarität unter den Menschen und zum tatkräftigen Einsatz für Lebensbedingungen, die helfen, das Leid zu mindern. Erlösung ist ein Beziehungsgeschehen. [...] Gerechte und heilende Beziehungen, die Verbundenheit untereinander und Gemeinschaft in der Nachfolge machen das Erlösungsgeschehen in unserem Alltag erfahrbar. Gerade dort wird Reich Gottes lebendig.“[392]

6 Auferweckung

Das gesamte Neue Testament bezeugt einmütig, dass Jesus vom Tode erweckt wurde. Dieses Zeugnis begegnet in zweierlei Form: in Osterbekenntnissen und in Ostererzählungen.

Osterbekenntnisse

Der älteste Beleg des Auferstehungsglaubens findet sich in der bis in die Anfänge der Urgemeinde zurück reichenden Wendung: „Gott hat Jesus von den Toten auferweckt.“[393]

Ein schon etwas ausgestaltetes Zeugnis enthält der erste Brief des Apostels Paulus an die Christengemeinde von Korinth (etwa 54 n. Chr.): „Vor allem habe ich euch überliefert, was auch ich empfangen habe: Christus ist für unsere Sünden gestorben, gemäß der Schrift, und ist begraben worden. Er ist am dritten Tag auferweckt worden, gemäß der Schrift, und erschien dem Kephas, dann den Zwölf. Danach erschien er mehr als fünfhundert Brüdern zugleich; die meisten sind entschlafen. Danach erschien er dem Jakobus, dann allen Aposteln. Als letztem von allen erschien er auch mir, dem Unerwarteten, der ‚Missgeburt‘.“[394]

Ostererzählungen

Die wenig anschaulichen Osterbekenntnisse erhalten in den Ostererzählungen eine narrative Veranschaulichung. Diese geschieht aus der Perspektive der urchristlichen Gemeinde. Darum ist ein deutlicher Bezug auf die jeweilige Situation in diesen Erzählungen zu erkennen: Sie spiegeln die Taufpraxis, die Wichtigkeit des Glaubens, die Eucharistiegemeinschaft oder die Stellung des Petrus und die Bedeutung der Jüngerschaft.

Gerade wegen ihrer scheinbaren Anschaulichkeit dürfen die Ostererzählungen nicht missverstanden werden. Es handelt sich bei ihnen nicht um *Tatsachenberichte*, um nüchtern-sachliche und realistische Schilderungen der Auferweckung Jesu. Es sind vielmehr spätere Versuche einer sprachlichen Illustrierung, einer theologischen Vertiefung und einer christologischen Entfaltung des Osterbekenntnisses. Sie entspringen einem Bedürfnis in den jungen Gemeinden nach Konkretisierung des reichlich unkonkreten und unfassbaren Zeugnisses von den Erscheinungen des Auferweckten.

Die wesentlichen Aussageintentionen der vier Evangelisten seien hier kurz nebeneinander gestellt.

Markus	Matthäus	Lukas	Johannes
– Vorgang der Auferweckung wird nicht beschrieben – Konzentration auf die (göttliche) Botschaft von der Auferweckung Jesu – Heilsbedeutung des Todes Jesu wird nicht explizit herausgestellt	– Jesus ist auferstanden, zum himmlischen Menschensohn, dem Gott die kosmische Weltherrschaft übertragen hat (Jesus als Pantokrator) – bleibende Gegenwart bei den Menschen – Auftrag an die Jünger, Zeugnis für den Auferstandenen abzulegen	– In der neuen Schriftauslegung bei der Feier des Herrenmahles (im Gottesdienst) begegnet die Gemeinde dem Auferweckten – Hervorhebung der Realität des Auferstandenen durch Betonung des Materiellen	– Der Auferstandene bleibt durch den Geist, den er den Jüngern mitteilt, gegenwärtig – der Geist stellt die innere Verbindung aller Glaubenden an den geschichtlichen Jesus her und ermächtigt die Jünger zum selbstständigen Handeln aus der Vollmacht Jesu heraus – Hervorhebung der Realität des Auferstandenen

Trotz aller Unterschiede in der Überlieferung der Evangelien stimmen sie in einem Punkt überein: Sie vertreten einhellig die feste Überzeugung, dass Jesus nicht im Tod verblieben ist. Er ist durch Gottes rettende Tat aus dem Tod erweckt worden und in seiner Gemeinde verborgen gegenwärtig.

Paulus begründet den Glauben an die Auferweckung Jesu mit dem Glauben an die allgemeine Auferstehung der Toten: „Wenn es keine Auferstehung der Toten gibt, dann ist auch Christus nicht auferweckt worden."[395] Das wird leider immer wieder übersehen oder verdreht: Der Glaube an die Auferstehung der Toten begründet den Glauben an die Auferstehung Jesu – nicht umgekehrt!

Die Frage nach der Historizität des Geschehens

Historisch einzig fassbar ist die mehrfach belegte Tatsache, dass sich unter den resignierten und in ihrem Glauben an Jesus zutiefst erschütterten Jüngerinnen und Jüngern ziemlich plötzlich und unerwartet die Gewissheit ausbreitete: Jesus lebt, er ist nicht tot, Gott hat ihn auferweckt. Mit einem

Mal war alles anders. Niedergeschlagenheit und Mutlosigkeit schlugen um in Begeisterung und kraftvolles Auftreten. Einziger erkennbarer und aus den Schriften des Neuen Testaments ablesbarer Grund für diese völlig veränderte Situation waren die „Erscheinungen" des auferweckten Jesus.

Doch wie kann man sich diese *Erscheinungen* vorstellen? Das hier verwendete griechische Wort „óphtä" ist ein Passivum und müsste eigentlich übersetzt werden mit „er wurde gesehen", „er wurde gezeigt", „er ließ sich sehen". In der griechischen Übersetzung des Alten Testaments taucht dieses Wort immer dann auf, wenn von einer *Gottes*erscheinung die Rede ist – zum Beispiel bei Abraham, Isaak, Mose.[396] Für die mit den Schriften des Alten Bundes vertraute (judenchristliche) Leser- oder Hörerschaft der neutestamentlichen Verkündigung wird damit sofort klar: Hier ist offensichtlich Gott am Werk. Und zwar derselbe Gott wie bei den Vätern des Volkes Israel. *Er* ist es, der den scheinbar gescheiterten Wanderprediger Jesus von Nazaret als den wahren Gottesboten ausgewiesen hat. *Er* hat ihn „gezeigt". Jesus gehört nun zu Gott. Er „sitzt zur Rechten Gottes".

Das Wort „óphtä" ist seinem Inhalt nach nicht näher zu bestimmen. Es kann damit gemeint sein ein geistliches Sehen oder ein visionäres Wahrnehmen, eine blitzartig aufleuchtende Erkenntnis, ein existenzielles Gewisswerden, vielleicht auch ein (damit verbundener oder auch isoliert erfahrener) ekstatischer Vorgang. Der Sache nach ist das „Gesehenwerden" des Auferstandenen wohl angemessen zu beschreiben als eine theologische und existenzielle Interpretation des getöteten und nun bei Gott als fortlebend geglaubten Jesus. Es ist die von Gott gewirkte „Ein-*sicht*": Dieser Jesus war kein kläglich gescheiterter Demagoge, sondern trotz seines scheinbaren Scheiterns der authentische und autorisierte Bote und Gesandte Gottes. Gott selbst hat sich zu ihm bekannt. Indem er ihn von den Toten auferweckte, beglaubigte er sein Wirken. Jesus ist nun auf neue und andere Weise lebendig und unter uns gegenwärtig.

Der Auferweckte ist „keine wiederbelebte Leiche, sondern ein von Gott her neu und für immer Lebender".[397] Diese neue Weise der Gegenwart Jesu führt die vorösterliche Jüngerschaft strukturell fort, siedelt sie nun aber wegen der gerade geschehenen Kreuzigung Jesu auf einer neuen, höheren, „göttlichen" Qualitätsstufe an. Diese Stufe wird auch durch die Formel „auferweckt am dritten Tag"[398] unterstrichen. Die Dreizahl hat auch ins christliche Glaubensbekenntnis Einzug gehalten. Bei dieser (scheinbaren) Zeitangabe handelt es sich „keineswegs um eine eindeutige chronologische Angabe. [...] Der dritte Tag bringt eine gute Wende. Es ist schwer zu sagen, ob hier jeweils eine ‚Minderzahl', eine ‚Runde Zahl' oder ein ‚Symbolwert' verwendet ist. Die Bedeutungen gehen wohl ineinander über."[399] Legt man ein symbolisches Verständnis der Dreizahl zugrunde, so könnte „auferweckt am dritten Tag" etwa so umschrieben werden: Schon *nach kurzer Zeit* hat Gott die Katastrophe des Kreuzestodes Jesu zum Guten gewendet. Eine derartige Formulierung erscheint theologisch erheblich aussagekräftiger als eine chronologische Festlegung – am dritten Tag, nicht früher und nicht später.

Jesus ist nicht auferstanden, um ins irdische Leben zurückzukehren. Er ist nicht mit seinem „alten" irdischen Leib auf wunderbare Weise durch verschlossene Türen hindurchgekommen.[400] Warum hätte der „sehr große Stein" weggewälzt werden müssen, wenn er das gekonnt hätte?[401] Jesus wurde nicht auf physikalisch unerklärliche Weise „zum Himmel emporgehoben".[402] Man hätte seine Erscheinungen nicht fotografieren und seine Worte nicht auf Tonband aufnehmen können. Die Auferweckung Jesu und seine Erscheinungen sind keine Ereignisse, die von einem neutralen und distanzierten Beobachter hätten wahrgenommen werden können. Dass „er" es ist, erschließt sich nur dem Glaubenden.[403]

Gottes Offenbarung geschieht nicht derart, dass man ihn mit den Augen sehen und mit den Händen greifen kann. „Niemand hat Gott je gesehen."[404] Das gilt auch für die „Erscheinungen" des vom Tode auferweckten und an die Seite Gottes erhobenen Jesus. Paulus, dem Jesus „als letztem von allen erschien",[405] beschreibt im Brief an die Gemeinden in Galatien diese Erscheinung: „(Gott) offenbarte seinen Sohn *in mir*."[406] So steht es jedenfalls im griechischen Urtext („en emoí"). Philologisch gesehen ist damit der Dativ umschrieben: *mir* (offenbarte Gott seinen Sohn). Die lateinische Bibelübersetzung, die Vulgata, gibt „en emoí" aber mit „in me" (= *in* mir) wieder.[407] Vielleicht sieht sie das Geschehen eher als einen inneren, für Außenstehende nicht wahrnehmbaren Vorgang?

Manche Exegeten sind geneigt, die Erscheinungen des Auferweckten psychologisch als Halluzinationen zu deuten.

Bis in die Gegenwart hinein wurde der Begriff „Halluzination" meist pathologisch verstanden. Für die neuere Psychologie sind Halluzinationen Erlebnisse, die nicht von einem äußeren Sinnesreiz hervorgerufen werden und dennoch den Realitätscharakter und die Intensität von Sinneswahrnehmungen haben. Das geschieht durch einen veränderten Bewusstseinszustand oder genauer durch eine „Veränderung der Ich-Aktivität" (Chr. Scharfetter): Das Gefühl, man sei selber der Initiator seiner Vorstellungen, Gedanken und Gefühle, ist so eingeschränkt, dass man mehr oder weniger unabweisbar den Eindruck hat, das, was man erlebt, komme von selbst und von außen oder von einem anderen Wesen. Nach E. Hilgard handelt es sich dabei um eine „parallele Informationsverarbeitung": Das zentrale Gesamtbewusstsein schränkt seine gewöhnliche Ich-Aktivität und Realitätsprüfung ein und lässt ein Subsystem der Psyche eigenständig und dissoziiert Informationen verarbeiten, nachdenken oder Ziele verfolgen. So lassen sich Visionen, Auditionen oder Halluzinationen als dissoziative Weisen einer Bewusstwerdung und Verarbeitung von Gefühlen und Gedanken auffassen. Sie variieren sowohl nach der emotionalen Situation als auch nach dem weltanschaulichen Bezugsrahmen des Betreffenden.[408]

> „Charakteristisch für die Halluzinationen ist, dass sich hier alles auf der irdischen Ebene bewegt, dass das Geschaute stark realistisch und konkret bzw. anthropomorphistisch aufgefasst wird, dass die psychischen Voraussetzungen nicht mit Verzückung im eigentlichen Sinne zu tun haben und dass der Halluzinierende selbst meint, er sehe das von ihm Geschaute mit dem normalen Sehvermögen. Eben diese Züge sind auch für die Christusepiphanien, wie sie in den Evangelien geschildert werden, typisch."[409]

Ein erhöhtes Auftreten von Halluzinationen ist nach den empirisch gesicherten Ergebnissen der Psychologie vor allem bei krisenhaften Lebensereignissen („life events") zu beobachten – etwa beim Verlust einer nahestehenden Person, bei schwerer Krankheit oder bei Kriegserlebnissen. „Halluzinationen können so als eine intrapsychische Bewältigungsform stressreicher Ereignisse verstanden werden" – im Fall der Ostererscheinungen als „intrapsychischer Bewältigungsmechanismus eines durch den Tod Jesu als kritisches Lebensereignis [...] ausgelösten Bewältigungsprozesses".[410]

Es wäre durchaus vorstellbar, dass auch die Erscheinungen vor den Jüngern und Jüngerinnen, insbesondere vor Kephas,[411] sich psychologisch so erklären ließen. Bei Prozessen tief aufwühlender und den ganzen Menschen erschütternder Trauer sind häufig Wahrnehmungsveränderungen im Zusammenhang mit dem Verlust des Liebesobjektes zu beobachten.

> „Die Welt, in der der Trauernde mit dem Verstorbenen lebt, scheint noch nicht tot zu sein, aber sie hat an Realität verloren. [...] Die Bedürfnisbefriedigung im weiteren Sinn und die Interaktion, die von dem Verstorbenen ausging, sind abgebrochen, aber das Unbewusste hat sich nicht damit abgefunden, sondern benutzt gerade die Organe, die wesentlich an der Bildung des Realitätsprinzips beteiligt sind, um sich eine Scheinbefriedigung zu verschaffen."[412]

Die Möglichkeit einer solchen psychologischen Erklärung der Erscheinungen kann nur den erschrecken oder verunsichern, der sich nicht zu der biblischen Grundüberzeugung bekennt, dass Gott in der menschlichen Geschichte wirkt und (allein) durch sie erfahrbar wird. Wer das Neue Testament richtig auslegen und verstehen will, „muss bereit sein, sich nach allen Dimensionen auf die Geschichtlichkeit und Menschlichkeit der in der Geschichte Jesu erfolgten Offenbarung Gottes einzulassen. Das an die Person Jesu geknüpfte Offenbarungsgeschehen war ein echt geschichtlicher Vorgang, in den die ‚Zweitursachen' (= causae secundae), also die Menschen mit ihrem Denken und ihren Reaktionen voll integriert waren."[413]

Wie dem auch sei: „Aus heutiger Sicht mögen diese Erfahrungen als subjektive Erlebnisse, vielleicht nach Art von Visionen oder Erleuchtungen, mitbedingt durch psychologisch erhebbare Faktoren (Erinnerung an Jesus, apokalyptische Hoffnung auf Auferstehung, Erwartung des Menschensohns), beurteilt werden. Dies spricht jedoch nicht gegen ihre Echtheit.“[414] Die Echtheit des Zeugnisses ist zu sehen in der Tatsache, dass dieses Widerfahrnis das Leben der Betroffenen, ihren Erfahrungshorizont und ihre Existenz grundlegend verändert hat. Dass aus dem Fischer Kephas ein „Menschenfischer“ Petrus, aus dem Christenverfolger Saulus/Paulus ein Bote des Evangeliums wurde. Für sie alle, die die Auferweckung Jesu bekundeten, muss das, was sie erlebt und erfahren haben, überzeugend gewesen sein. Es muss freilich auch irgendwie auf der Linie ihres bisherigen Glaubens gelegen haben. Sonst hätten sie wohl nicht übereinstimmend sagen können: Gott hat Jesus von den Toten auferweckt. Und ein gewisses Vorverständnis über Tod und Auferweckung mussten sie auch bei ihren Hörerinnen und Hörern voraussetzen können. Man kann einen Menschen nicht überzeugen, wenn man nicht an etwas bereits Vorhandenes anknüpfen kann. Glaube fällt nicht vom Himmel. Er setzt Erfahrungen voraus, die er vertieft und erweitert und für die er neue Perspektiven eröffnet.

Freilich: Die Glaubwürdigkeit der Zeugen allein genügt noch nicht. Sie ist noch kein hinreichender Grund für den Glauben an Jesus, den Christus. Denn selbst wenn es sich bei den Erscheinungserzählungen um eindeutige und über jeden Zweifel erhabene Zeugenaussagen handeln würde, die sie zu Begebenheiten machten, die den Betroffenen als „Ereignis“ oder als „Widerfahrnis des Sehens gegenüber seinen Jüngern“[415] zugestoßen sind, würden sie für unsere Zeit heute nicht mehr bedeuten als ein „zeitgebundenes Interpretament“, als die historische Gewissheit, dass Menschen in ferner Vergangenheit eine derartige Erfahrung gemacht haben. Wir kämen dann über die Glaubwürdigkeit geschichtlicher Zeugnisse und Zeugen nicht hinaus. Es wäre fatal, wenn wir eingestehen müssten, dass die eminente Bedeutung Jesu für uns sich allein ableiten und bezeugen ließe aufgrund formaler und dem Wirken des historischen Jesus gegenüber letztlich sachfremder Kriterien, nämlich der Glaubwürdigkeit von Zeugen. Nur weil Maria aus Magdala, weil Petrus, weil Jakobus, weil Paulus glaubwürdige Menschen waren, denen ich abnehme, dass sie weder gelogen noch fantasiert haben, glaube ich an Jesus – nicht aber: weil Jesus selbst, sein Leben und Handeln, seine Botschaft und sein Sterben, für mich hinreichender Grund des Glaubens sind.

7 Die Erwähnung eines leeren (?) Grabes

Die Erwähnung eines leeren Grabes findet sich nicht in der ältesten Tradition des Neuen Testaments, in den Paulusbriefen. Paulus erwähnt jedoch die Auferweckung Jesu und er zweifelt auch nicht daran: „Denn vor allem habe ich euch überliefert, was auch ich empfangen habe: Christus ist für unsere Sünden gestorben, gemäß der Schrift, und ist begraben worden. Er ist am dritten Tag auferweckt worden, gemäß der Schrift.“[416] Auch in der ersten Verkündigung der Osterbotschaft, wie sie uns in der Apostelgeschichte überliefert wird, findet ein leeres Grab keine Erwähnung.[417]

Erst die vier Evangelisten sprechen von einem leeren Grab.[418] Jedenfalls sieht es auf den ersten Blick so aus. Immerhin betont der Evangelist Matthäus ausdrücklich, dass ein leeres Grab keinerlei Beweiskraft für die Tatsächlichkeit der Auferstehung Jesu besitzt.[419] Es lohnt sich, genauer zu betrachten, was der Evangelist Markus über den Besuch dreier Frauen am Grab erzählt.

1 Als der Sabbat vorüber war, kauften Maria aus Magdala, Maria, die Mutter des Jakobus, und Salome wohlriechende Öle, um damit zum Grab zu gehen und Jesus zu salben.
2 Am ersten Tag der Woche kamen sie in aller Frühe zum Grab, als eben die Sonne aufging.
3 Sie sagten zueinander: Wer könnte uns den Stein vom Eingang des Grabes wegwälzen?
4 Doch als sie hinblickten, sahen sie, dass der Stein schon weggewälzt war; er war sehr groß.
5 Sie gingen in das Grab hinein und sahen auf der rechten Seite einen jungen Mann sitzen, der mit einem weißen Gewand bekleidet war; da erschraken sie sehr.
6 Er aber sagte zu ihnen: Erschreckt nicht! Ihr sucht Jesus von Nazaret, den Gekreuzigten. Er ist auferstanden; er ist nicht hier. Seht, da ist die Stelle, wo man ihn hingelegt hatte.
7 Nun aber geht und sagt seinen Jüngern, vor allem Petrus: Er geht euch voraus nach Galiläa; dort werdet ihr ihn sehen, wie er es euch gesagt hat.
8 Da verließen sie das Grab und flohen; denn Schrecken und Entsetzen hatte sie gepackt. Und sie sagten niemand etwas davon; denn sie fürchteten sich. (Mk 16, 1–8)

Die Frauen kommen, um den Leichnam Jesu zu salben. Das ist nach jüdischer Gepflogenheit keineswegs selbstverständlich, wie hier der Anschein erweckt wird. Es gibt nur eine einzige Stelle im gesamten Alten Testament, die von einer Salbung im Zusammenhang mit einer Bestattung berichtet: „Man setzte ihn (den König Asa) bei in seiner Grabstätte [...] Man legte ihn auf ein Lager, das mit Balsam und allerlei kunstvoll zubereiteten Salben ausgestattet war."[420] Doch auch hier ist nicht ganz klar, ob es sich um eine Salbung des Grabes oder um eine Salbung des Toten handelt. Wenn überhaupt die Salbung eines Leichnams geschehen soll, dann ist die Zeit dazu *vor* dem Begräbnis.

Die Frauen stellen sich auf dem Weg zum Grab die Frage, wer den schweren Stein wohl wegwälzen könnte. Warum haben das die Frauen nicht früher bedacht und entsprechend vorgesorgt? Sie sehen, dass der Stein, der das Grab verschließt, weggewälzt ist, und gehen in das Grab hinein. Dort erblicken sie einen „jungen Mann in weißen Kleidern". Bei Lukas sind es zwei Männer, bei Johannes sind es „zwei Engel" und bei Matthäus „ein Engel des Herrn", der unter höchst dramatischen Umständen auftritt: „Plötzlich entstand ein gewaltiges Erdbeben; denn ein Engel des Herrn kam vom Himmel herab, trat an das Grab, wälzte den Stein weg und setzte sich darauf. Seine Gestalt leuchtete wie ein Blitz, und sein Gewand war weiß wie Schnee."[421]

Bei Markus sagt der junge Mann zu den Frauen: „Ihr sucht Jesus von Nazaret, den Gekreuzigten. Da ist die Stelle, wo man ihn hingelegt hat. Aber er ist nicht hier. Er wurde auferweckt. Er geht euch voran nach Galiläa. Dort werdet ihr ihn sehen." Ähnlich lautet auch die Auskunft, die die zwei Männer im Lukasevangelium den Frauen erteilen: „Was sucht ihr den Lebenden bei den Toten? Er ist nicht hier, sondern er ist auferstanden."[422] Die Suche der Frauen gilt einem Toten, dem Leichnam des gekreuzigten Nazareners. Durch den Fingerzeig des „jungen Mannes" finden sie den Ort, wo man den *Toten* hingelegt hat. Da liegt die sterbliche Hülle des Nazareners. Lukas lässt diesen Hinweis weg und lässt durchblicken, dass das ganze Unternehmen der Frauen unsinnig ist: Man sucht keinen Lebenden bei den Toten.

Wenn die Frauen wirklich *den* Jesus suchen, auf den sie ihre Hoffnung gesetzt hatten und dem sie nachgefolgt waren, der für sie *das* Leben bedeutete, dann suchen sie *hier* am falschen Ort. *Dieser* Jesus ist nicht hier. Gott hat den Getöteten zu den Lebenden geführt. Er hat den Gekreuzigten vom Tode erweckt. Sucht den Lebenden nicht bei den Toten! Jesus lebt bei Gott. Wendet euch dem zu, der nun in ganz anderer, neuer, göttlicher Weise lebendig ist! Er ist euch vorausgegangen. Folgt ihm nach – so wie ihr ihm vor seiner Kreuzigung nachgefolgt seid! Seine Geschichte mit euch und den Menschen, die in Galiläa begann, ist nicht zu Ende. Sie beginnt jetzt erst richtig. Sie wird von Galiläa hinaus in die ganze Welt gehen.

> „Gerade weil der Ort der Bestattung Jesu offensichtlich bekannt war, ist es umso erstaunlicher, dass weder die frühe Briefliteratur noch die Evangelien am Ende des ersten Jahrhunderts zur Wallfahrt oder Verehrung des Grabes aufrufen, sondern dort die Botschaft von der Auferweckung aussprechen lassen und die Jüngerinnen im gleichen Atemzug vom Grab wegschicken: zur

Weiterverkündigung der Botschaft. Das Ende des historischen Jesus ist das Grab. Fluchtpunkt des Christentums ist es nicht.“[423]

Wie kam es zur Tradition vom leeren Grab?

Man kann sich fragen, warum der Evangelist Markus eine offenbar im frühen Christentum vorhandene, für Paulus aber unwichtig erscheinende oder ihm nicht bekannte Tradition von einem leeren Grab in seine Ostertexte aufgenommen hat. Auffällig ist, dass der „junge Mann in weißen Kleidern“ gar nicht darauf hinweist, dass das Grab *leer* sei, sondern dass er sagt: „Hier *ist* der Ort, wo man ihn hingelegt hat.“ Diese Worte „decken sich fast mit einer „stehenden Redewendung der christlichen Pilgerliteratur. Die Formel ‚Dies ist der Ort, wo …‘ oder Variationen dieser Formel sind besonders häufig und scheinen in den Mund von Mönchen, Priestern und Bischöfen zu gehören, die an den heiligen Plätzen den Besuchern die Erklärungen geben.“[424]

So ist es denkbar, dass in späterer Zeit beim Grab den Pilgern die Geschichte erzählt wurde, die Markus in 16,1–8 verarbeitet hatte. „Die Erzählung unterscheidet sich allerdings bedeutend von vergleichbaren Orts-Traditionen, weil sie die Bedeutung des betreffenden Ortes ganz und gar relativiert. Es ist zwar der Platz, wo Jesus beigesetzt wurde, aber ‚Er ist nicht hier‘. Er ist nicht gegenwärtig, wie andere Tote in ihren Gräbern gegenwärtig sind, weil er auferstanden ist. So werden die Pilger vom Grab weg gewiesen und müssen sich mit der Osterbotschaft ‚begnügen‘: ‚Er ist auferstanden; er ist nicht hier‘.“[425] Die Grabestradition diente damit nicht der Apologetik, sondern der liturgischen Feier, des Gedenkens an Tod und Auferweckung Jesu. Das Grab, der „Ort an den sie ihn gelegt hatten“, diente ätiologisch der Rechtfertigung der Feier, „auch wenn es keine Sicherheit (aber auch keine Befürchtung) gab, dass Jesus wirklich dort begraben war – ohne damit die Möglichkeit auszuschließen, dass Jesus in einem Gemeinschaftsgrab begraben wurde.“[426]

Sollte diese Deutung zutreffen, erklärt sich damit auch die merkwürdige Schilderung der Erscheinung eines „jungen Mannes in einem weißen Gewand“ bei Markus. Lukas spricht hier von „zwei Männern in leuchtenden Gewändern“ – vielleicht, weil zwei Zeugen erforderlich sind, um eine Sache rechtskräftig zu bezeugen. Matthäus verwendet die alttestamentliche Rede vom „Engel des Herrn“. „Nach gut begründeter Auslegung verstand also die Überlieferung selbst die Engelserscheinung nicht als ein von den Frauen wahrgenommenes Phänomen, sondern als biblisches Stilelement, das im Dienst der urkirchlichen Osterpredigt steht.“[427] Somit erklären sich auch

Unterschiede in den Überlieferungen. Auch wird verstehbar, „dass sich die uns fassbare älteste apostolische, überhaupt die außerevangelische Osterverkündigung nicht auf die Entdeckung des leeren Grabes beruft: eben weil die Überlieferung wunderbare Begleitumstände seiner Entdeckung (Aufzeigen und Erklären des leeren Grabes durch einen Boten Gottes; Wegwälzen des Steines durch denselben) nicht als historische Details kennt und versteht."[428]

Der Leichnam Jesu ist nicht reanimiert worden und ins irdische Leben zurückgekehrt. Jesus ist nicht wieder der „alte", sterbliche Mensch geworden, der er vor seiner Kreuzigung war, sondern er ist als „Erster der Entschlafenen" zu einem „zweiten Menschen" geworden: „Der Erste Mensch stammt von der Erde und ist Erde; der Zweite Mensch stammt vom Himmel."[429] Die Leiblichkeit des Auferweckten ist anders als die Leiblichkeit des historischen Jesus von Nazaret: „Gesät wird ein irdischer Leib, auferweckt ein überirdischer Leib."[430] Ein „volles" Grab spricht demnach nicht *gegen* und ein „leeres" Grab nicht *für* die Auferweckung Jesu. Dass Jesus auferweckt wurde, erschloss sich nur den Glaubenden – und nicht einmal denen sofort und unmissverständlich.[431]

Häufig wird bis in die Gegenwart hinein das Vorhandensein eines leeren Grabes mit dogmatischen Argumenten postuliert.[432] Demgegenüber könnte man sich (rein hypothetisch) einmal fragen, was geschehen wäre, wenn die Römer den Leichnam Jesu, wie damals üblich, hätten am Kreuz hängen lassen als Fraß für die Vögel oder für wilde Tiere.[433] Was, wenn sie ihn nach der Abnahme vom Kreuz in einem Massengrab an unbekanntem Ort verscharrt oder verbrannt hätten? Hätte die Nichtauffindbarkeit oder gar die völlige Zerstörung der Leiche die Auferweckung Jesu unmöglich gemacht? Gäbe es dann kein Christentum, weil unser Glaube damit „sinnlos" wäre? Ist dann nicht aber auch grundsätzlich jeglicher Glaube an eine Auferweckung der Toten sinnlos, wenn die Leichname erst einmal verwest und aufgelöst sind?

In einer vor kurzem vorgelegten Publikation kommt Jürgen Becker aufgrund der Untersuchung einer Fülle von frühjüdischen Texten zu dem Ergebnis, dass die weitverbreitete Ansicht, „das Frühjudentum habe sich die Auferstehungswirklichkeit nur leiblich vorstellen können und zum Auferstehungsvorgang eigentlich ganz selbstverständlich immer an die Öffnung der Gräber gedacht", „durch die Quellen eindeutig widerlegt" sei.[434] Nur eine schmale Tradition in der Auslegungsgeschichte von Ez 37,1–14 kennt eine leibliche Auferstehung („Wenn ich eure Gräber öffne und euch, mein Volk, aus euren Gräbern heraufhole, dann werdet ihr erkennen, dass ich der Herr bin"; V. 13).

> „In jedem Fall spielen die Gräber dabei keine Rolle, weil die Auffassung herrscht, dass der irdische Leib endgültig vergeht, und Gott an seiner Stelle

Neues schafft. Das ständig ungeprüft wiederholte Argument, Christen konnten in Jerusalem Jesu Auferstehung nicht verkündigt haben, ohne Jesu leeres Grab vorzuzeigen, besitzt am frühjüdischen Textbefund keinen Anhalt."

Becker räumt durchaus ein, dass damit „nicht die historische Frage entschieden (ist), wie es möglicherweise um das Jesu Grab bestellt war. Doch ist die Argumentation zugunsten eines leer gefundenen Grabes Jesu erheblich erschwert. Denn nichts weniger als die bisherige Basis für solche Argumentation ist zerbrochen."

Martin Ebner rät deshalb: „Für den Versuch einer Erklärung der Entstehung des Osterglaubens dürfte es sich jedenfalls empfehlen, das Wissen, und zwar das frühe Wissen um das Leersein des Grabes Jesu als eher unwahrscheinliche denn wahrscheinliche Möglichkeit in Rechnung zu stellen."[435]

8 Vom galiläischen Wanderprediger zum „eingeborenen Sohn Gottes“

Wie konnte aus dem von römischen Soldaten wegen Aufruhr gekreuzigten jungen Mann eine Gestalt der Weltgeschichte werden? Wie wurde aus dem verkündigenden Jesus von Nazaret der verkündigte Christus Jesus? Wie stieg der galiläische Wanderprediger innerhalb von 300 Jahren zum „eingeborenen Sohn Gottes“ auf? Eine Antwort auf diese Fragen sollte am Ende eines Buches über Jesus von Nazaret wenigstens kurz versucht werden.

Ein vielschichtiges Jesusbild – die Evangelien

Schon zu Lebzeiten und erst recht nach dem Tod Jesu sowie den denkwürdigen Ostererfahrungen trieb die Anhängerschaft des Nazareners die Frage um: „Wer war eigentlich dieser Jesus?“

Man sollte meinen, dass in den ersten Jahren oder Jahrzehnten das Bild, das sich Christen von Jesus machten, einigermaßen gleich aussah. So nahe am Ursprung könnte es doch keine gravierenden Unterschiede geben. Die Wirklichkeit sieht anders aus. Da braucht man nur einmal in die Evangelien zu schauen und sie miteinander zu vergleichen.

- Markus (geschrieben ca. 70 n. Chr.): Es ist nicht die Absicht des Evangelisten, eine Biografie Jesu zu verfassen. Er gibt vielmehr eine vom Glauben bestimmte Darstellung. Der Jesus, den er schildert, wirkt noch ziemlich menschlich. Von großen Wunderzeichen in seiner Kindheit wird nichts erzählt. Jesus vollbringt staunenswerte Machttaten, er redet wie einer, der eine besondere Vollmacht besitzt, er legt sich mit den einflussreichen Pharisäern an und führt mit ihnen Streitgespräche, er verbindet die bald erwartete Ankunft des Gottesreiches mit seiner Person. Vor allem aber sind Passion und Auferweckung wichtig für Markus. Manche Exegeten sehen deshalb im Markusevangelium eine „Passionsgeschichte mit ausführlicher Einleitung“.
- Matthäus (geschrieben ca. 85 n. Chr.): Matthäus schickt seinem Evangelium eine Geburtsgeschichte voraus, in der es vor allem darum geht, Jesus als den vom Alten Testament vielfach angekündigten Messias aufzuzeigen

(„damit sich erfülle […]“). Jesus erscheint als der große Gesetzeslehrer, der sogar über Mose und den Propheten steht.
- Lukas (geschrieben ca. 90 n. Chr.): Die lukanische Kindheitserzählung enthält eine Fülle von spektakulären Erscheinungen, die allesamt Jesus als eine ganz außerordentliche Gestalt vor Augen zu führen suchen. Darüber hinaus ist es Lukas ein besonderes Anliegen, die Liebe Jesu zu Sündern, zu Armen und Verachteten (Frauen!) und zu Kranken herauszustellen. Auffällig ist eine rigorose Ablehnung des Reichtums.
- Johannes (geschrieben ca. 100 n. Chr.): Der johanneische Christus spricht eine gänzlich andere Sprache als der Mann aus Nazaret in den synoptischen Evangelien. Die Jesusreden sind in der hier vorliegenden, hellenisierenden Gestalt weitestgehend Bildung des Verfassers beziehungsweise seiner Gemeinde. Darüber hinaus wirkt Jesus in der Darstellung dieses Evangelisten ziemlich abgehoben, fast unwirklich und überirdisch. „Die Herrlichkeit des Erhöhten schimmert überall durch das Wirken des Irdischen hindurch. Jesus erscheint als ein über die Erde wandelnder Gott.“[436]

Nicht zuletzt aufgrund der Ostererfahrungen gelangten die ersten Christen mehr und mehr zu der Überzeugung, dass der Mann aus Nazaret nicht ein gewöhnlicher Mensch war, sondern dass Gott selbst in ihm in besonderer Weise gegenwärtig geworden ist. Und sie folgerten daraus: Weil Gott das Leid der Menschen und der gesamten Kreatur nicht abschaffen kann (sonst müsste er die ganze Schöpfung vernichten), hat er sich mit Leid und Tod so radikal und so nachhaltig solidarisiert, dass er sich in Jesus Christus selbst dem Leiden und dem Tod unterwarf. In ihm hat Gott Anteil genommen am Schicksal der Menschen, ja der gesamten Schöpfung. In ihm ist Gott „Fleisch“ (= Materie, nicht „nur“ Mensch!) geworden. In ihm leidet er mit seiner Schöpfung. Ein solches Denken führt, durchaus konsequent, zu einer „Aufwertung“ des Menschen Jesus zu einer Gottheit.[437]

Jesus wird immer weiter von der Welt und vom Menschsein hinweg und immer näher an die Seite Gottes heran gerückt. Aus dem Dienenden wird der Herrschende, aus dem Erniedrigten wird der Erhöhte, aus dem Menschensohn wird der Sohn Gottes.

Doch auch innerhalb dieser Entwicklung lassen sich noch Unterschiede erkennen, die vor allem auf die Besonderheiten des geografischen und politischen Raumes zurückzuführen sind. Vor allem drei Typen von Christologie bilden sich aus:[438]

- Im Raum vom Mittelmeer bis nach Mesopotamien dominiert eine Christologie, die im jüdischen Denken ihre Wurzeln hat: Jesus ist für sie der vom Propheten Jesaja geschaute Gottesknecht, der sich im Gehorsam gegenüber Gott bewährt hat.[439] Bis zum Tod am Kreuz. Darum hat Gott ihn als „Sohn“ adoptiert. Jesus bleibt aber Mensch, wenn auch ein ganz besonderer Mensch.

- Der zum Römischen Reich gehörige Westteil Syriens mit dem Kulturzentrum Antiochien war hauptsächlich von hellenistischem Denken bestimmt. Hier wurde Jesus vor allem als der Mensch gewordene „Logos“ gesehen, das „Wort“ Gottes, das selbst göttlich ist. Weil Jesus sowohl göttlicher Logos als auch wahrer Mensch war, konnte er den Zugang zur göttlichen Seinsweise erschließen. „Gott wurde Mensch, damit wir vergöttlicht werden.“[440]
- Nach vielen Auseinandersetzungen wurde auf dem von Kaiser Konstantin aus politischen Gründen (Einheit des Reiches) einberufenen und von ihm präsidierten Konzil von Nikaia (325) das umfassende Gottsein des Sohnes und sein „wahres“ Menschsein („wesensgleich mit dem Vater“, „wahrhaft Mensch“) bestimmt. Das Konzil von Chalkedon (451) präzisierte diese Lehre noch genauer („Zwei-Naturen-Lehre“).
- Diese Auffassung wird zur dominierenden Lehre des lateinischen Abendlandes. Das Bekenntnis zu Jesus als dem (eingeborenen) „Sohn Gottes“ erscheint geradezu als Markenzeichen des Christentums.

„Sohn Gottes“

Jesus als „der Sohn“

Nach dem Zeugnis der synoptischen Evangelien (Markus, Matthäus, Lukas) hat Jesus sich nicht als „Sohn *Gottes*“ bezeichnet. Nur an zwei Stellen im Neuen Testament spricht er von sich in exklusiver Weise als „dem Sohn“.

- Die eine Stelle findet sich nur bei Markus. Dort sagt Jesus: „Jenen Tag und jene Stunde (der Wiederkunft) kennt niemand, auch nicht die Engel im Himmel, nicht einmal der Sohn, sondern nur der Vater.“[441] Das Wort könnte deswegen von Jesus selbst stammen, weil die Bezeichnung „der Sohn“ zwar eine Sonderstellung im Vergleich zu allen anderen Menschen andeutet, sich „der Sohn“ gleichzeitig aber auch deutlich von Gott abhebt. Denn auch er (der Sohn) kennt nicht „jenen Tag und jene Stunde“. Die Begrenzung des Wissens Jesu, die sich in dem Wort ausdrückt, hat die Christengemeinde später in einige Verlegenheit gebracht.
- Die andere Stelle steht bei Matthäus und Lukas: „Ich preise dich, Vater, Herr des Himmels und der Erde, weil du all das den Weisen und Klugen verborgen, den Unmündigen aber offenbart hast. Ja, Vater, so hat es dir gefallen. Mir ist von meinem Vater alles übergeben worden; niemand kennt den Sohn, nur der Vater, und niemand kennt den Vater, nur der Sohn und der, dem es der Sohn offenbaren will.“[442] Da sich hier eine für

die synoptischen Evangelien ungewöhnlich hohe und entwickelte Christologie widerspiegelt, könnte es sich bei diesem Wort allerdings auch um eine Formulierung handeln, die erst in der christlichen Urgemeinde entstanden ist und die Jesus von den Evangelisten in den Mund gelegt wurde in der selbstverständlichen Annahme, dass er heute, zu ihrer Zeit, so sprechen würde.

Jesus als „Sohn Gottes"

Die Bezeichnung „Sohn Gottes" in Bezug auf Jesus taucht erst außerhalb der Evangelien auf. Bei Paulus und in der Apostelgeschichte umschreibt sie die herausragende Stellung Jesu. Paulus sieht in seinem Brief an die Gemeinde von Rom Jesus als Nachkommen Davids und überträgt die Inthronisationsformel auf ihn, „der dem Geist der Heiligkeit nach *eingesetzt* ist als Sohn Gottes in Macht seit der Auferstehung von den Toten". Ähnlich lässt Lukas, der Verfasser der Apostelgeschichte, auch den Petrus in seiner Pfingstpredigt reden: „Gott hat ihn (Jesus) zum Herrn und Messias *gemacht*." Dabei konnten die Verfasser anknüpfen an die alttestamentlichen Vorstellungen vom König, der bei seiner Inthronisation als „Sohn Gottes" eingesetzt wird. So lässt der Psalmist den König David sprechen: „Den Beschluss des Herrn will ich kundtun. Er sprach zu mir: ‚Mein Sohn bist du. Heute habe ich dich gezeugt. Fordere von mir, und ich gebe dir die Völker zum Erbe, die Enden der Erde zum Eigentum. Du wirst sie zerschlagen mit eiserner Keule, wie Krüge aus Ton wirst du sie zertrümmern.'"[443]

Jüdisches Verständnis von „Sohn Gottes"

Solange das Evangelium innerhalb der jüdischen Denkvorstellungen propagiert wurde, verwies der Titel „Sohn Gottes" lediglich auf die überragende Bedeutung, die man dem Wanderprediger aus Galiläa zuschrieb. Er wurde an die Seite des israelitischen Königs gestellt. Er ist Gottes „erstgeborener Sohn" und darum der „höchste unter den Herrschern der Erde".[444] Schon in der Königszeit wurde allerdings der Titel „Gottes erstgeborener Sohn" auf das ganze Volk Israel übertragen: „Der Herr sprach zu Mose: Sag zum Pharao: So spricht Jahwe: Israel ist mein erstgeborener Sohn."[445] Damit nicht genug. Wenig später spricht das Buch Ijob im Zusammenhang mit der Schöpfung der Welt und der Erschaffung des Menschen vom „Jubel aller Gottessöhne", zu denen übrigens sogar der „Satan" gehört.[446] Im Buch der Weisheit schließlich wird jeder Gerechte als „Sohn Gottes" tituliert.[447] Der Begriff wurde immer stärker ausgeweitet. „Sohn Gottes" zu sein ist eigentlich gar nichts Außergewöhnliches mehr.

Wenn Jesus im Neuen Testament als „Sohn Gottes" bezeichnet wird, so soll damit nicht mehr und nicht weniger gesagt werden als Folgendes: Er ist

„der von Gott Gesandte, der letzte Bote, der aber auf eine andere Weise gesandt ist und einer anderen Ordnung angehört, als diejenigen, die ihm vorangingen. Er gleicht Gott mehr und ist auch mehr mit ihm verbunden als jeder andere, obwohl er dennoch oder vielleicht gerade deswegen nicht verschont wird und man ihm das Leben nimmt.“[448]

Die kirchengeschichtliche Forschung hat darüber hinaus aufgezeigt, dass diese jüdisch orientierten Deutungen der Gestalt Jesu bis „weit über die Zeit des Urchristentums hinausreichen und nicht oder nur wenig hellenistisch beeinflusst waren. [...] Das Christentum stand in etlichen geographischen Gegenden und Traditionen langfristiger, nachhaltiger und unterscheidend anders unter dem Einfluss seiner Herkunft aus dem Judentum, als es für die übrige Kirche der Spätantike zutrifft. Man kann von einer alternativen Dogmengeschichte des Christentums sprechen.“[449] Den historischen Gegebenheiten wird man nicht gerecht, wenn man bei diesem „Judenchristentum“ nur von einer „archaischen“ Form von Theologie spricht.

Die jüdisch orientierte Vorstellung arbeitet mit bildhaften Aussagen und Metaphern. So heißt es in einer Predigt des syrischen Theologen Aphrahat († nach 345): „Das steht für uns fest, dass Jesus, unser Herr, Gott ist, der Sohn Gottes, König, der Sohn des Königs, Licht vom Licht, Schöpfer, Ratgeber und Führer und Weg und Erlöser und Hirte und Sammler und Tür und Perle und Leuchte, und mit vielen Namen genannt wird.“[450]

Übertragung des „Sohn-Gottes“-Titels auf hellenistische Denkvorstellungen

Eine völlig neue Situation tritt ein, als die christliche Verkündigung in den hellenistischen Kulturraum vorstößt. Ging es im Vorderen Orient darum, bekennend zu erzählen und anschaulich-bildhaft zu deuten, *was* dieser Jesus von Nazaret getan und gelehrt hat, so steht jetzt im Mittelpunkt die Frage, *wer* dieser Mensch eigentlich war, *wer* er wirklich „ist“. Was man vorher in Metaphern und Bildern zu veranschaulichen und zu illustrieren suchte, soll jetzt in Begriffe gefasst werden. Das Interesse an Jesus wird nicht mehr durch Erzählungen über sein Auftreten, seine Machttaten und seine Botschaft geweckt, sondern durch definitive Aussagen über sein Wesen, seine Natur, seine Verhältnis zu Gott. Die Fragestellung verlagert sich vom Tun auf das Sein.

Da das Christentum nun einmal in die hellenistische Welt eingetreten war, mussten die gehobenen Ansprüche jener Gebildeten befriedigt werden, die mit der Philosophie vertraut und die in der Ideen- und Begriffswelt Platons aufgewachsen waren. Ihnen konnte man Wort und Werk des Mannes aus Nazaret nicht mit Erzählungen, Bildern und einem einfachen, volkstümlichen Vokabular nahebringen, wie es der Vordere Orient und die jüdische Tradition bevorzugten. Hinzu kam, dass den meisten Griechen und Römern die hebräische Bibel weitgehend unbekannt war und ihnen damit der Verständnishintergrund für die in den Evangelien häufig auftauchenden Anspielungen auf die Schrift fehlte.

Wenn Jesus wirklich als ein oder gar *der* von Gott gesandte Heilsbringer verstanden und akzeptiert werden sollte, *musste* dieser Mann mit Gott in einer besonders engen Beziehung stehen, *musste* er mehr sein als nur ein normaler Sterblicher. Er musste zumindest gottähnlich sein. Wirkliches Heil kann nur von Gott kommen. Wer solches Heil wirkt und verkündet, muss Gott besonders nahestehen, muss etwas Göttliches an sich haben. Götter in Menschengestalt kamen in der griechischen Mythologie häufig vor. Das waren vertraute Gestalten für jeden Griechen. Für die Glaubensverkündigung im griechisch-römischen Raum wird paradoxerweise eher der historische Jesus von Nazaret, der „wahre" Mensch aus Fleisch und Blut, zum Problem als ein göttliches Wesen namens Jesus, das in Menschengestalt erschienen ist bzw. diese Menschengestalt „angenommen" hat.

Es blieb den christlichen Glaubenspredigern gar keine andere Wahl, als einen Transformationsprozess von der funktional-heilsmittlerisch verstandenen zur metaphysisch gedeuteten Bezeichnung „Sohn Gottes" in die Wege zu leiten. Sie mussten den „Sohn Gottes"-Begriff der jüdischen Denk- und Vorstellungswelt mit einem Inhalt versehen, der dem griechischen Denkhorizont entsprach. Sie mussten von Aussagen über die Funktion Jesu zu Aussagen über das Wesen Jesu übergehen oder diese zumindest den anderen hinzufügen. Das physische Ereignis „Jesus von Nazaret" wurde hochstilisiert zur *meta*physischen Ikone „Jesus Christus Gottessohn".[451] Die schon im Johannesevangelium sich abzeichnende „christologische Karriere des Jesus von Nazaret"[452] setzte sich in den folgenden drei Jahrhunderten fort und erreichte ihren Höhepunkt mit den Konzilien von Nizäa (325 n. Chr.) und Chalkedon (451 n. Chr.). Während man im ersten Jahrhundert noch davon ausging, dass der Mensch Jesus als „Sohn Gottes" von Gott selbst erwählt und angenommen, „adoptiert", wurde, einigte man sich nun darauf, dass Jesus „wahrer Gott und wahrer Mensch" sei. Er ist „eine Person in zwei Naturen – unvermischt, unverwandelt, ungetrennt und ungesondert". Der Wanderprediger aus Nazaret wurde zum „eingeborenen Sohn Gottes".

Das Nizänisch-Konstantinopolitanische Credo[453] erinnert kaum noch an den irdischen Jesus. Dafür ist umso ausführlicher vom präexistenten himmlischen Jesus die Rede:

> „(Wir glauben) an den einen Herrn Jesus Christus, Gottes eingeborenen Sohn, aus dem Vater geboren vor aller Zeit: Gott von Gott, Licht vom Licht, wahrer Gott vom wahren Gott, gezeugt, nicht geschaffen, eines Wesens mit dem Vater; durch ihn ist alles geschaffen. Für uns Menschen und zu unserem Heil ist er

vom Himmel gekommen, hat Fleisch angenommen durch den Heiligen Geist von der Jungfrau Maria, und ist Mensch geworden. Er wurde für uns gekreuzigt unter Pontius Pilatus, hat gelitten und ist begraben worden.“

Obwohl von ihm, dem „eingebornen Sohn“ Gottes, gesagt wird, er sei „für uns Menschen und zu unserem Heil [...] vom Himmel gekommen“, wird nicht erwähnt, dass und wie die Menschen in der Umgebung Jesu einen ersten „Vorgeschmack“ dieses Heils erfahren haben. An Jesu Frohe Botschaft („Selig ihr Armen“), seine Krankenheilungen und Dämonenbannungen, seine Sündermähler wird nicht erinnert. Von ihm wird nur gesagt, dass er „empfangen ist vom Heiligen Geist“, dass er „Mensch geworden“ ist, dass er „gekreuzigt“ wurde, „gelitten“ hat, „begraben“ wurde und „am dritten Tage auferstanden“ ist. Wohl aber ergeht sich das Nizänisch-Konstantinopolitanische Glaubensbekenntnis in langen Ausführungen über die Gottgleichheit des „einen Herrn Jesus Christus“. Nach dem irdischen Intermezzo, das offenbar nur darin bestand, zu leiden, gekreuzigt und begraben zu werden, „fährt“ der Sohn als der am dritten Tage Auferstandene wieder in den Himmel auf, von dem er zuvor „gekommen“ war. Der „Bruder der Geringsten“[454] nimmt seinen „Sitz zur Rechten des Vaters“ ein. Der arme Mann aus Nazaret, der keinen Ort hatte, wo er sein Haupt hinlegen konnte,[455] wird umkleidet mit „Herrlichkeit“. Der „Diener aller“[456] steigt auf zum „Richter der Lebenden und der Toten“. Das alles wirkt befremdend unwirklich und fernab vom Alltag der Menschen – und vom Leben und Wirken, vom Leiden und Sterben des wohnsitzlosen, armen Wanderpredigers aus Nazaret.

9 Jesus „von unten" neu entdecken

Es ist nicht zu verkennen: Das christologische Dogma hat durch die verwendete, zeitbedingte Begrifflichkeit notwendigerweise gefährliche Einseitigkeiten und eine beträchtliche Blickverengung im Gefolge. Die Vergöttlichung Jesu ist eine theologisch vornehme, scheinbar von tiefer Religiosität getragene Möglichkeit, „einen historisch lästigen Menschen und Spielverderber und eine gefährliche Erinnerung an eine provozierende, lebendige Prophetie aus unserer Geschichte zu beseitigen – eine Art, Jesus als Propheten Schweigen aufzuerlegen".[457] Ganz scharf könnte man es auch so formulieren: „Jesus ist nicht nur am Kreuz, er ist auch – zum zweiten Mal – im christologischen Dogma gestorben."[458]

Gottried Bachl plädiert in seinem lesenwerten kleinen Jesusbuch dafür, Jesus zu befreien aus den Zwängen, in die ihn nicht zuletzt die spekulative Theologie genötigt hat.

> „Jesus freilassen hieße
> froh sein, dass es einen gibt von seiner Radikalität, dem der ganze Kulturbetrieb gleichgültig ist;
> mit ihm leben statt auf ihn aufzupassen, sich freuen, wenn er immer noch Geschichten auslöst, auch die wilden, ärgerlichen und dummen, er ist nicht erledigt, immer wieder müssen alle möglichen Leute sich ihn vom Leib schreiben, um ihn los zu sein, und schräge Sätze über ihn sind leichter erträglich als gewisse Methoden, mit denen er verteidigt wird;
> Jesus zumuten, dass er heute seine Sprache findet, jenseits der ängstlichen Geschmacksgebote des kleinbürgerlichen Gemütes und der Diözesankunsträte;
> die Konstruktionen der Theologie beiseite setzen oder Löcher in sie schneiden, denn sie hat höchstens die Rolle Johannes des Täufers, nicht die des himmlischen Vaters zu spielen, der seinen Sohn aus der Intimität kennt und gedanklich umfassen kann;
> der Gelassenheit Jesu zustimmen, der den glimmenden Docht nicht löscht, sich aus den niedrigsten Motiven berühren lässt;
> die Umklammerung des Schönheitstriebes lockern, der ihm die ausgesuchtesten Messgewänder verpasst, die ihn von den Plätzen des Unordentlichen, der Cholera und der Krätze vertreiben;
> mit ihm die Bilder Gottes auf den Markt- und Arbeitsplätzen suchen, nicht in den Nischen der kirchlichen Kunstkammern;

ihm ausbrechen helfen aus der Demutshöhle der Leute, die dauernd ihre wehleidige Stimmung mit dem christlichen Glauben verwechseln;
Jesus aus der Hand derer erlösen, die ihn als Waffe gebrauchen;
Ihn fortgehen sehen aus der Bevormundung durch die Mutter Maria und die Mutter Kirche, die in Bild und Leben so tun, als wäre er immer noch das Baby oder die Leiche.
Denn Jesus ist das Abenteuerlichste, Aufrechteste, Brennendste und Liebenswürdigste, das im Christentum zu finden ist."[459]

Die Frage: „Wer ist dieser Jesus eigentlich?" ist noch längst nicht beantwortet. In der neueren Theologie ist eine stärkere Rückbesinnung auf die judenchristliche Christologie zu beobachten. „Denn damit wird nicht nur der jüdische Grundzug des Christentums deutlicher hervorgehoben, sondern zugleich auch die Legitimität unterschiedlicher Auslegungsweisen. Die ‚Völker' müssen nicht Griechen werden, um Christen sein zu können."[460] Jesus, der Mann aus Nazaret, soll wieder „geerdet" werden.

„In neuer Weise ist heute unter vielen Menschen das Interesse am Leben und Verhalten Jesu erwacht: das Interesse an seiner Menschenfreundlichkeit, an seiner selbstlosen Teilnahme an fremden, geächteten Schicksalen, an der Art, wie er seinen Zuhörern ein neues zukunftsreiches Verständnis ihres Daseins erschließt, wie er sie aus Angst und Verblendung befreit und ihnen zugleich die Augen öffnet für ihre menschenverachtenden Vorurteile, für ihre Selbstgerechtigkeit und Hartherzigkeit angesichts fremden Leids, und wie er sie in all dem immer wieder aus Hörern zu Tätern seiner Worte zu machen sucht."[461]

Der Mann aus Nazaret ist

ein Mann voller Lauterkeit, unbestechlicher Wahrhaftigkeit und absoluter Klarheit, von gewinnender Güte und einladender Freundlichkeit,

ein Befreier, der schonungslos ungerechte Strukturen aufzeigte und der den Gefangenen (im umfassenden Sinn!) Befreiung verhieß und bewirkte, der bereit war zu Versöhnung, zu Frieden, zu Gewaltlosigkeit,

ein Jude, der das Gesetz, die Tora, radikal ernst nahm und der sich darum nicht oberflächlich an Paragraphen und Buchstaben hielt, sondern an deren Geist,

ein Freund der Kleinen und Schwachen, der Ohnmächtigen und Benachteiligten, der Armen und Verachteten,

ein Bruder der Kranken und Aussätzigen, der Besessenen und Geschundenen, der Leidenden und Sterbenden,

ein Menschenkenner, der hinter die Fassade der Wohlanständigkeit und Frömmelei schaute, der Heuchelei und Heimtücke unnachsichtig entlarvte,

ein Mensch, der voll Freude und Dankbarkeit die Wunder der Natur bestaunen konnte,

ein Dienender voller Selbstlosigkeit und Zurückhaltung, Ehrlichkeit und Anstand, Demut und Bescheidenheit,
ein Lehrer, dem das Wort Gottes über alles ging und bei dem Leben und Lehre nicht auseinanderklafften,
ein Meister, der bereit war, seinen Schülern auch den niedrigsten Dienst zu erweisen und ihnen die Füße zu waschen,
ein „Spinner“, der kompromisslos seinem Gewissen folgte und um seiner Sendung willen Leiden und Tod auf sich nahm,
ein Besessener von der Liebe zu Gott und den Menschen,
ein „Sohn Gottes“, der sein ganzes Leben uneingeschränkt in den Dienst des Gottes stellte, den er als „abba“, als lieben Vater, erkannt hatte.[462]

Jesus ist eine herausfordernde Gestalt, die Zustimmung und Widerspruch auslöst. Er ist ein Zeichen, dem man folgen, dem man sich aber auch widersetzen kann. Von ihm gehen Unruhe aus, Verweigerung der Anpassung, Widerstand; alte Gewohnheiten und anspruchslose Bequemlichkeiten werden durch ihn infrage gestellt. Er ist aber auch die Ruhe in drängender Rastlosigkeit, die Zuversicht in einengender Bedrängnis, die Hoffnung in aussichtslos erscheinender Lage.

Paulus nennt Jesus einen „Stein des Anstoßes“.[463] Über einen Stein kann man stolpern und dabei zu Fall kommen. Auf einem Stein kann man aber auch ein solides Haus bauen, in dem es sich dauerhaft leben lässt. Jesus ist noch immer eine aufregende und faszinierende Gestalt – fremd und vertraut.

Anmerkungen

Die Bibeltexte sind, soweit nicht anders vermerkt, der Einheitsübersetzung der Heiligen Schrift, Stuttgart 1980 u. ö., entnommen.

[1] Herodes (73–4 v. Chr.) spielte auch eine besondere Rolle in der Geschichte Galiläas. Als der damals 25-Jährige zum Gouverneur über Galiläa ernannt wurde, kam es zu Unruhen. Von Beginn seiner Regierungszeit an ließ Herodes alle Menschen verfolgen, die sich seiner Herrschaft widersetzten. Ohne gerichtliche Untersuchung verfügte er sogar Todesurteile, obwohl er das gar nicht durfte. Denn nur das Synedrium in Jerusalem oder der römische Prokurator hatten das Recht dazu. Rücksichtslos ließ Herodes den Hiskia aus Gamala (einem Ort am Südabhang der Golanhöhen, östlich des Jordan) und einige seiner Gefolgsleute aufspüren und hinrichten. Angeblich habe es sich bei ihnen um eine Räuberbande gehandelt. In Wirklichkeit waren es Freiheitskämpfer, die versuchten, die vielfache Not der Bevölkerung durch Waffengewalt zu wenden. Immerhin wurde Herodes wegen Überschreitung seiner Machtbefugnisse vom Synedrium in Jerusalem zur Rechenschaft gezogen. Weil er des Mordes angeklagt war, hätte er dort in schwarzem Trauergewand erscheinen müssen. Stattdessen kam er in einem Purpurgewand, mit geschniegeltem Haar und von einer Leibwache umgeben. Als einer der Versammelten, der furchtlose Schammai, ihn anzuklagen wagte, floh Herodes nach Damaskus zu seinem Intimfreund Sextus Caesar, dem Statthalter von Syrien. Aber bald kehrte er mit einem bewaffneten Heer nach Jerusalem zurück und war nur mit Mühe von einer Strafaktion gegen die Stadt abzuhalten.

Um sich noch mehr Macht und Ansehen zu verschaffen, reiste Herodes anschließend nach Rom. Er wollte sich dort die Königswürde verleihen lassen. Nach nur einwöchiger Beratung wurde ihm vom Senat der Titel „König der Juden“ verliehen. Das geschah wohl deshalb so schnell, weil Rom in dem unruhigen Judäa eine feste und tatkräftige Hand brauchte, um die römischen Interessen durchzusetzen. Dass Herodes dazu bereit war, hatte er durch sein skrupelloses Vorgehen als Statthalter von Galiläa bewiesen. Aber noch war der von Rom abhängige Makkabäer Antigonus in Jerusalem an der Macht. Um ihn zu stürzen, sammelte Herodes nach seiner Rückkehr aus Rom ein Heer aus Fremden und Einheimischen. Sogleich begann er mit dem Kampf um die Macht. Mitten im Winter, bei heftigem Schneegestöber, erreichte er mit seinen Truppen Sepphoris. Die Besatzung war geflohen, und so konnten seine vom Unwetter mitgenommenen Soldaten die Stadt kampflos einnehmen und sich an den reichlich vorhandenen Lebensmitteln schadlos halten. Herodes ließ das fliehende Heer der Galiläer verfolgen und schlug es in der Nähe des Dorfes Arbel vernichtend. So gelang es ihm schließlich, ganz Galiläa in seine Hand zu bringen. Er setzte einen seiner Freunde mit Namen Ptolemaios zum Verwalter ein und zog mit seinem Heer nach Samaria und Judäa weiter, um dort den Kampf gegen Antigonus aufzunehmen.

Doch kaum hatte Herodes das Land verlassen, da erhoben sich die Galiläer von Neuem. Sie erschlugen Ptolemaios und flüchteten in die sumpfige und unwegsame Gegend um den Hule-See, der nördlich vom See Gennesaret liegt. Herodes kehrte sofort um, und es gelang ihm, den Aufstand niederzuschlagen. Doch als er meinte, das Land endlich zur Ruhe gebracht zu haben, und deswegen zu Verhandlungen mit Antonius nach Rom reiste, fielen die Galiläer sofort wieder von ihren Befehlshabern ab. Sie nahmen die Gefolgsleute des Herodes gefangen und ertränkten sie im See Gennesaret. Erst als Herodes nach seiner Rückkehr den erneuten Aufstand blutig niederschlug, kehrte für eine längere Zeit Ruhe ein. Denn er hielt jetzt die Zügel fest in der Hand und schreckte vor keiner Grausamkeit und vor keinem Blutvergießen zurück. Herodes baute ein starkes Heer und einen tüchtigen Beamtenapparat auf. Durch Spitzel und Agenten ließ er alle Untertanen scharf überwachen und nahm ihnen so jegliche Möglichkeit, ihre Unzufriedenheit mit seiner Herrschaft zum Ausdruck zu bringen.

[2] Phil 2,6–8.

[3] Vgl. Spr 8,22–36.

[4] Vgl. J. Gnilka, Der Philipperbrief (Herders theol. Kommentar zum NT), Freiburg / Basel / Wien 1968, 131–147.

[5] Gal 4,4.

[6] Mt 1,1–17.18–25; 2,1–12.13–23.

[7] http://www.phil-gesch.uni-hamburg.de/edition/Genealogie/2.DieGeschichtederGenealogie.html (Zugriff: 13. 8. 2011).

[8] 1 Chron 1–3 und Rut 4, 8–12.

[9] 1 Chron 3,5–16.

[10] Vgl. P. Fiedler, Das Matthäusevangelium (Theol. Kommentar zum NT 1), Stuttgart 2006, 46)

[11] Gen 5; 10.

[12] Gen 11,10–26.

[13] 1 Chron 2,3–35; 8,1–28.

[14] Vgl. dazu: Schöpfungswerk in sieben Tagen (Gen 1,1–2,4). Der siebte Tag (Sabbat, Ex 20,10; 23,12) und das siebte Jahr (Sabbatjahr, Ex 23,11) ordnen Zeit, Arbeit und Gottesdienst. Die Zahl Sieben beherrscht den Festkalender (Ex 12,15; Lev 25,4 ff.; Dtn 15,1; 1 Kön 8,65), das Ritual (Lev 4,6–17; 2 Kön 5,10) und die Kultgeräte (Ex 25,31 ff.).

[15] Vgl. zehn Schöpfungswerke (Gen 1), zehn Plagen (Ex 7,14–12,28), zehn Gebote (Ex 20,2–17).

[16] Obwohl die hebräische Schrift ursprünglich keine Vokale kennt, wurden schon früh „Vokalbuchstaben" als Lesehilfen eingeführt. Ab dem 7. Jahrhundert n. Chr. gelangte jene Vokalisation in Gebrauch, die heute in hebräischen Bibelausgaben anzutreffen ist.

[17] Bei genauerem Hinsehen lässt sich freilich feststellen, dass dieses Schema nicht ganz eingehalten wird. Wenn man nämlich die Figur „A zeugte den B" zur Grundlage der Zählung macht, lässt sich beobachten, dass diese Formel in der ersten Reihe 13-mal, in der zweiten 14-mal und in der dritten 12-mal vorkommt. Zählt man jedoch die Namen – und der Name Jesus gehört dazu –, so ergeben sich für die erste und dritte Reihe je 14 Namen. Auffällig ist, dass David doppelt gezählt wird – am Ende der ersten und am Beginn der zweiten Reihe (Mt 1,6a; 1,6b). Damit will Matthäus offensichtlich die Bedeutung des Königs unterstreichen. David schließt – wie Jesus – eine Ahnenreihe ab. Am Ende der zweiten Reihe steht kein Name, sondern die babylonische Gefangenschaft (Mt 1,11b). Wahrscheinlich soll man hier die Zählung der Namen mit Josias beenden (Mt 1,11a), Vers 11b umschreibt dann lediglich den traurigen Abschluss einer Epoche.

[18] Mt 1,17. Manchmal hat Matthäus etwas gemogelt, um exakt 14 Generationen in einem Block zusammenzubringen. So ließ er einfach ein paar weniger bekannte Könige, die in seiner Vorlage, im Buch der Chronik oder im Buch Ruth erwähnt sind, weg und

behalf sich auch sonst etwas mit seiner Fantasie, um bestehende Lücken in den Quellen aufzufüllen. Ausgelassen werden die Könige Azaria, Joas und Amasias. Ein Grund dafür könnte die Tatsache sein, dass sie ein frevelhaftes Leben führten und dafür eines ruhmlosen Todes starben (2 Chr 22, 1–9; 24 und 25). Zwar hat Manasse, der in den Stammbaum übernommen ist, vielleicht Schlimmeres verübt, doch Gott hat sich seiner erbarmt (2 Chr 33,13). Vielleicht meinte Matthäus, dass seine Adressaten nicht so schnell dahinterkommen würden. Und außerdem – aber daran konnte Matthäus sicher nicht denken – sollten ja die späteren christlichen Schriftgelehrten und Bibelexperten etwas zu tun und zu forschen haben. In Vers 11 fehlt der König Jojakim; in Vers 7 und 8 findet sich statt des Königs Asa ein Asaph – vielleicht eine Verwechslung mit dem Psalmisten Asaph (Ps 73,1; 75,1 u. ö.); in Vers 10 steht statt des Königsnamens Amon (1 Chron 3,14) der Name Amos (Verwechslung mit dem Propheten Amos?). In Vers 7–11 kommt die Zahl 14 nur dadurch zustande, dass aus dem Stammbaum in 1 Chron 3,11.12 drei Glieder ausfallen, nämlich die Könige Ahasja, Joasch und Amazja (vgl. 2 Kön 8,25; 14,21). Welche Quelle Matthäus für die Generationenfolge nach dem Exil benutzte, ist bis heute unbekannt.

[19] Vgl. Gen 38,26.

[20] Vgl. Mt 1,3 und Gen 38,1–30. Dazu H. Schüngel-Straumann, Tamar. Eine Frau verschafft sich ihr Recht, in: Bibel und Kirche 1984, 148–157.

[21] Vgl. Mt 1,5; Jos 2; Jos 6,17.22–23.

[22] Vgl. Mt 1,6; 2 Sam 11,2–5.

[23] 2 Sam 11,6–27.

[24] Vgl. Mt 1,5; Rut 1,4–6.

[25] Jak 2,25; Hebr 11,31.

[26] Rut 4,13–17.

[27] Mt 1,16.

[28] Mt 11,5; Lk 7,22.

[29] Lk 1,27 und Mt 1,23.

[30] Mt 13,55.

[31] Lk 4,22.

[32] Mt 13, 55 f.

[33] Jakobus steht in Mk 6,3 und Mt 13,55 als Erster in der Reihe der vier „Brüder". Das könnte darauf hinweisen, dass er der älteste Bruder Jesu war.

[34] Plutarch, Vitae parallelae. Band 3 Fasc. 2, (Hg. K. Ziegle / H. Gärtner), Leipzig ²1973, Numa 4.

[35] Zit. nach: G. L. Müller, „Jungfrauengeburt, I. Religionsgeschichtlich" (Lexikon f. Theologie u. Kirche 5), Freiburg / Basel / Rom / Wien ³1996, 1091.

[36] „Der Blick in den zeitgenössischen Rahmen hellenistischer Vorstellungen belegt uns die Nachwirkungen von Ideen insbesondere aus dem Glaubensschatz des Alten Ägypten. Gerade hier haben die Ideen von der wunderbaren Empfängnis und Geburt eines Gotteskindes eine uralte Tradition. Noch heute sind uns die Bilderzyklen auf den Tempelwänden des herrlichen Terrassentempels der Königin Hatschepsut von Deir el Bahari (15. Jahrh. v. Chr.) oder innerhalb des Amuntempels des Pharao Amenophis III. in Luxor (14. Jahrh. v. Chr.) zugänglich, ebenso die jüngeren Szenenfolgen auf den Wänden von Tempeln der griechisch-römischen Zeit wie etwa in den großartigen Anlagen von Dendera oder von Philae in Oberägypten, wo wir sogar eigene Kapellen (sogenannte Mammisis) vorfinden, die der Feier des göttlichen Geburtsgeschehens gewidmet sind [...] All diese Szenen, bis in die Zeit der Alten Kirche weithin ungestört erhalten, sprechen die Bildsprache des Mythos.

Sie wollen der Ausnahmestellung der Mutter des Gotteskindes entsprechen, in ihrer älteren Ausprägung den Anspruch des regierenden Königs auf göttliche Erwählung anmelden und in ihrer jüngeren Gestalt auf die Wirklichkeit göttlicher Regeneration hinweisen" (M. Görg, Mythos und Glaube, in: zur debatte. Themen der Katholischen Akademie in Bayern 7/8–1990, 16).

[37] Jes 7,14.

[38] Die Weissagung bezieht sich auf Abi, die junge Frau des Königs Ahas, die in den Tagen höchster Bedrängnis durch assyrische Truppen schwanger wird und dem Ahas einen Sohn (Hiskija) als Thronfolger gebären wird (vgl. Jes 7,1–25; 2 Kön 18,1–2).

[39] Vgl. M. Hengel / H. Merkel, Die Magier aus dem Osten und die Flucht nach Ägypten (Mt 2), in: P. Hoffmann (Hg.), Orientierung an Jesus, Freiburg / Basel / Wien 1973, 139–169; hier: 148.

[40] Zit. nach: E. Stauffer, Jerusalem und Rom (Dalp Tb 331), Bern 1957, 32. Auch Kaiser Domitian wird in einem Adventsgebet Martials (8,21) als „himmlischer Morgenstern" bezeichnet (zit. nach: ebd., 37).

[41] Die Berechnung hat als Erster Johannes Kepler (1571–1630) vorgenommen. Ein jüdischer Astrologe hatte dieselbe auch für das Jahr 1396 v. Chr. errechnet – für jenes Jahr, in dem man glaubte, die Geburt Moses, des ersten Retters Israels, ansetzen zu können. In jüngster Zeit wurde sie von K. Ferrari d'Occhieppo, bis 1978 Leiter des Instituts für Theoretische Astronomie an der Universität Wien, weiterentwickelt (Der Stern von Bethlehem – Legende oder Tatsache? Gießen 3 1999). Ferrari d'Occhieppo kommt zu dem (in der 3. Auflage seines Buches leicht revidierten) Ergebnis, „dass innerhalb der eben umschriebenen Zeitspanne [1. April 7 v. Chr. bis 19. April 6 v. Chr., N. S.] mindestens ein Abend sternenklar war, eben jener, an welchem Herodes die Magier nach Betlehem entließ".

[42] Num 24,17.

[43] Mi 5,1.3.

[44] Mi 5,1.3; 2 Sam 5,2 (Ausschnitt aus der Huldigung der Stämme Israels für den neuen König David).

[45] Jes 60,3–6.

[46] Ps 72,10.

[47] Ps 45,7–9.

[48] Dtn 18,15.

[49] Testamentum bzw. Assumptio Moysis. Die Grundschrift stammt vermutlich aus dem 2./1. Jh. v. Chr.; zit. nach J. Maier, Mose, IV. Apokryphe Schriften, in: Lexikon f. Theologie u. Kirche 7, Freiburg / Basel / Wien 3 1998, 490.

[50] Ex 1,15–16.22.

[51] Flavius Josephus, Jüdische Altertümer (Übersetzung, Einleitung und Anmerkungen v. H. Clementz), Wiesbaden 2004, 2, 212.

[52] Ex 2,1–10.

[53] Flavius Josephus, Jüdische Altertümer (Übersetzung, Einleitung und Anmerkungen v. H. Clementz), Wiesbaden 2004, 2, 212.

[54] Ex 2,11–22.

[55] Hos 11,1.

[56] Jer 31,15.

[57] Dafür gibt es keine Belegstelle im gesamten Alten Testament. Vielleicht beruht das Wort auf der klanglichen Verwandtschaft dieses Namens mit dem Messiasspross (neser), den der Prophet Jesaja erwartet: „Es wird ein Reis aus dem Stamm Isais hervorgehen und

ein Spross aus seinen Wurzeln Frucht bringen" (Jes 11,1). Matthäus wollte wohl mit der Formulierung „die" Propheten zum Ausdruck bringen, dass er sich nicht auf eine bestimmte Prophetenstelle bezieht, sondern die Mehrzahl der Propheten insgesamt gemeint ist, die den Messias als messianischen Spross angekündigt haben. Wie Jesus tatsächlich zu dem Namenszusatz „der Nazarener" kam, hat möglicherweise eine ziemlich banale Ursache: Jesus war in der Zeit bis zu seinem öffentlichen Auftreten in Nazaret als Bauhandwerker tätig. Das heißt, die Familie hatte keinen eigenen Grundbesitz, sondern war in dem kleinen Ort auf kurzfristigen Arbeitseinsatz in der näheren oder weiteren Umgebung angewiesen. Der Beruf zwang zur Wanderschaft. Jesus war ein „Bauhandwerker auf Montage". So konnte er angesichts der Tatsache, dass der Name „Jesus" damals stark verbreitet war, außerhalb seines Dorfes leicht identifiziert werden (M. Ebner, Jesus von Nazaret. Was wir von ihm wissen können, Stuttgart 2007, 99 f.).

[58] Vermutlich dürfte der Evangelist mit dem Auftreten Johannes des Täufers begonnen haben (Lk 3,1 ff.). Die feierlich daherkommende weltgeschichtliche Einordnung des öffentlichen Auftretens von Johannes mit seiner Tauftätigkeit und seinem Ruf zu Umkehr und Buße und die Taufe Jesu mit dem kurzen Rückblick auf die Vorfahren Jesu hätte er sich sparen können, wenn von Anfang an die Kapitel 1 und 2 zu seinem Konzept gehört hätten.

[59] Sie umfasste vielleicht die Verse Lk 1, 5–25.57–67.76–80. Dieser Text stellte Johannes nicht als Vorläufer Jesu dar, sondern als eigenständigen Wegbereiter Gottes. Er dürfte deshalb in den Kreisen von Täuferjüngern entstanden sein, die in einer gewissen Konkurrenz und sogar Rivalität zu den Jesusjüngern standen. Vgl. H. Schürmann, Das Lukasevangelium 1,1–9,50 (Herders theol. Kommentar zum NT III/1), Freiburg / Basel / Wien 1984, 95 f.

[60] Auch die Erzählung von der Geburt Jesu (Lk 2,1–20) hat wahrscheinlich ein Textwachstum hinter sich. In einem sehr frühen Stadium wurden wohl nur die Verse 6–7 überliefert. An sie schlossen sich unmittelbar die Verse von der Beschneidung und Darstellung Jesu im Tempel mit den prophetischen Worten des Simeon und der Anna an (21–40). In einem späteren Überlieferungsstadium wurden die Steuerschätzung (1–5) und die Verkündigung an die Hirten eingefügt (8–19).

[61] Vgl. Apg 5,37.

[62] Flavius Josephus, Jüdische Altertümer (Übersetzung, Einleitung und Anmerkungen v. H. Clementz), Wiesbaden 2004, 18,1.

[63] Für die von Lukas erwähnte Steuerschätzung unter dem römischen Statthalter Quirinius zur Zeit der Geburt Jesu gibt es – zumindest bis heute – keine außerbiblischen Zeugnisse. Quirinius war erst von 6 bis 11 nach der Zeitenwende als Statthalter in Syrien tätig. In den Jahren 9 bis 6 vor der Zeitenwende war es Sentius Saturninus, von 6 bis 4 war es der aus einem anderen Zusammenhang, nämlich aus der Schlacht im Teutoburger Wald, bekannte Varus. Dessen Nachfolger in den Jahren 4 vor bis 6 nach der Zeitenwende ist nicht bekannt. Es ist nicht völlig auszuschließen, dass es Quirinius war. Allerdings wäre eine römische, der Steuerveranlagung dienende Registrierung mit der Stellung des Herodes als Teilhaberkönig und seiner damit gegebenen, wenn auch recht bescheidenen „Souveränität" nicht vereinbar gewesen. Sie hätte sein Hoheitsrecht bedroht. Staatsrechtlich war sie erst möglich, nachdem im Jahre 6 n. Chr. das Gebiet des abgesetzten Herodessohnes Archelaus (Judäa, Idumäa und Samaria) – und nur dieses, nicht etwa Galiläa – einem römischen Prokurator (Coponius) unterstellt wurde. Schon die von Flavius Josephus erwähnte Steuerschätzung aus dem Jahr 7 nach der Zeitenwende wurde als ein bisher unbekanntes, als geradezu unerhörtes Ereignis empfunden. Da aber ein Zensus unter Herodes noch weit mehr als einschneidendes Ereignis hätte empfunden werden müssen, ist es angesichts der

Ausführlichkeit, mit der Flavius Josephus die Herodeszeit beschreibt, kaum denkbar, dass er jenen Zensus übergangen hätte.

[64] Lk 3,1 f.; 2,1 f.

[65] Lk 2,21.39.

[66] H. Schürmann, Das Lukasevangelium 1,1–9,50 (Herders theol. Kommentar zum NT III/1), Freiburg / Basel / Wien 1984, 104 (Reihenfolge hier geändert).

[67] Ebd., 105, Anm. 51.

[68] Vgl. A. Vögtle, Offene Fragen zur lukanischen Geburts- und Kindheitsgeschichte, in: ders., Das Evangelium und die Evangelien, Düsseldorf 1971, 54–56.

[69] Vgl. 1 Sam 16,1–13.

[70] Joh 7, 41–43.

[71] In späteren Jahrhunderten wurde diese Schlichtheit nicht mehr beachtet. Die Volksfrömmigkeit trieb wundersame Blüten. Ein Beispiel dafür ist dem Evangelium des Pseudo-Matthäus (ca. 6. Jh. n. Chr.) entnommen. Dort endet das 13. Kapitel mit zwei Abschnitten: In einem ist die Rede von dem über der Grotte leuchtenden Stern (man denke an den Brauch, dass wir über den Grotten der Weihnachtskrippen einen Stern anbringen). Das kurze 14. Kapitel enthält Angaben über Ochs und Esel:

„XIII Auch die Hirten erzählten, sie hätten mitten in der Nacht Engel gesehen, die Gott in der Höhe lobten und seine Herrlichkeit priesen. Und diese Engel sagten, allem Volke sei der Heiland geboren, Christus der Herr, durch den Israel wieder sein Heil erwachsen werde.

Und ein großer Stern leuchtete über der Grotte vom Abend bis zum Morgen, mit solchem Glanze, wie man ihn seit dem Anbeginn der Welt nie gesehen hatte. Und die Propheten in Jerusalem sagten, dieser Stern kündige die Geburt Christi an; nicht nur für Israel, sondern für alle Völker werde Christus die Verheißungen erfüllen.

XIV Am dritten Tage aber nach der Geburt des Herrn verließ Maria die Grotte. Dann trat sie in einen Stall, legte das Kind in der Krippe nieder, und Ochs und Esel beteten es an. So wurde das Wort des Propheten Jesaja erfüllt: ‚Der Ochs kennt seinen Herrn, der Esel seines Meisters Krippe' (Jes 1,3). Beide hatten also das Kind zwischen sich und beteten es ständig an. So wurde das Wort des Propheten Habakuk erfüllt: ‚Inmitten zweier Tiere wirst du dich offenbaren' (Hab 3,2; die Stelle beruht auf dem griech. Text des AT [= Septuaginta]. In der hebr. und lateinischen [= Vulgata] Textvorlage heißt es: ‚Du wirst dich inmitten der Jahre [= im Laufe der Zeit) offenbaren)'." (Zit. nach: H. Daniel-Rops (Hg.), Die apokryphen Evangelien des Neuen Testaments, Zürich 1956).

[72] Vergil, 4. Ekloge, 4–8. 48; zit. nach: http://www.decemsys.de/vergil/ekl4/text-ues.htm#spb (Zugriff: 13. 8. 2011).

[73] Es handelt sich dabei um einen Brief des Statthalters der Provinz Asia (Paulus Fabius Maximus), in dem es um die Verlegung des Jahresanfangs auf den Geburtstag des Augustus geht. Da das wichtigste Exemplar dieser Inschrift in Priene gefunden wurde und es sich um Kalenderfragen handelt, hat man sie kurz als „Kalenderinschrift von Priene" bezeichnet. Vgl. dazu: C. Ettl, Der „Anfang der … Evangelien". Die Kalenderinschrift von Priene und ihre Relevanz für die Geschichte des Begriffs „euangelion" in: T. Hieke, Wenn drei das Gleiche sagen. Studien zu den ersten drei Evangelien, Münster 1998, 121–151.

[74] Lk 4,18.

[75] Vgl. zum Ganzen sehr ausführlich: E. Drewermann, Tiefenpsychologie und Exegese. Bd. 1: Traum, Mythos, Märchen, Sage und Legende, Sonderausg., Olten / Freiburg 1991.

[76] Jes 1,2 f.

[77] R. Schnackenburg, Die Geburt Christi ohne Mythos und Legende, Mainz 1969, 22f.

[78] Meister Eckhart, Die deutschen Werke I (hg. v. J. Quint), Stuttgart 1958, Tr. 11, 70.

[79] Meister Eckhart, Deutsche Predigten und Traktate (hg. v. J. Quint), München 1963, Predigt 10 „Quasi stella matutina".

[80] Meister Eckhart, Die deutschen Werke V (Hg. J. Quint), Stuttgart 1963, 201, 11f.

[81] Vgl. E. Käsemann, Aufbau und Anliegen des johanneischen Prologs, in: ders., Exegetische Versuche und Besinnungen I u. II, Göttingen 1964, II, 155–180; hier: 174.

[82] Megiddo war ursprünglich eine kanaanäische Festung. Wegen der strategisch wichtigen Lage an der Handelsstraße von Ägypten nach Syrien wurde die Stadt vom ägyptischen Pharao Tutmosis III. (um 1480 v. Chr.) erobert und vergrößert. 2500 Jahre später nahm David die Stadt ein (Jos 17,11). Unter seinem Sohn, dem König Salomo, wurde sie zur Hauptstadt eines seiner zwölf Verwaltungsbezirke ausgebaut (1 Kön 4,12; 9,15). Doch nach seinem Tode zerfiel das Reich in zwei Teile, in das Nordreich Israel und das Südreich Juda. 200 Jahre später eroberten die Assyrer das Nordreich, besetzten die Stadt und machten sie zur Hauptstadt einer assyrischen Provinz. Als das Assyrerreich zerfiel und Ägypten sich daran bereichern wollte, stellte sich König Joschija dem Heer des Pharao entgegen. Aber er konnte es nicht besiegen. Vor den Toren der Festung fiel er im Kampf (2 Kön 23,29–30). Megiddo wurde zerstört und nicht mehr aufgebaut.

[83] Heute: Akko.

[84] 1 Sam 31.

[85] Ich folge hier: W. Bösen, Galiläa als Lebensraum und Wirkungsfeld Jesu, Freiburg 1985, 105–110.

[86] Das „Sch^{e}ma Jisrael" (hebr. für „Höre!") und die folgenden Verse aus der Tora (Dtn 6,4–9; 11,13–21) sind das zentrale Glaubensbekenntnis des Judentums. Es ist das älteste Bekenntnis und beinhaltet das Bekenntnis zur Einheit und Einzigkeit Gottes sowie mehrere zentrale Gebote des Judentums: „Höre, Israel, der Herr ist unser Gott, der Herr ist einzig. Gepriesen sei Gottes ruhmreiche Herrschaft immer und ewig! Darum sollst du den Ewigen, deinen Gott, lieben mit ganzem Herzen, mit ganzer Seele und mit ganzer Kraft. Diese Worte, auf die ich dich heute verpflichte, sollen auf deinem Herzen geschrieben stehen. Du sollst sie deinen Kindern erzählen. Du sollst von ihnen reden, wenn du zu Hause sitzt und wenn du auf der Straße gehst, wenn du dich schlafen legst und wenn du aufstehst. Du sollst sie als Zeichen um dein Handgelenk binden. Sie sollen als Merkzeichen auf deiner Stirn sein. Du sollst sie auf die Türpfosten deines Hauses und in deine Tore schreiben."

[87] Heute: Marienquelle.

[88] Sepphoris wird im Neuen Testament nicht erwähnt. Bis vor wenigen Jahren war die Stadt „vergessen", obwohl sie in der Zeit der Makkabäer (ab ca. 140 v. Chr.) Verwaltungszentrum von ganz Galiläa war. Erst in jüngster Zeit sind in Sepphoris Ausgrabungen durchgeführt worden, die Überreste einer Burg, eines großen römischen Amphitheaters und einer Kreuzfahrerkirche sowie eines sorgfältig ausgebauten Wassersystems zutage förderten (vgl. W. Bösen, Galiläa als Lebensraum und Wirkungsfeld Jesu, Freiburg 1985, 60–67 und 150–165).

[89] Flavius Josephus, Antiquitates XVIII 2,1 § 27; zit. nach: B. Schwank, Die neuen Ausgrabungen in Sepphoris, in: Bibel und Kirche 2/1987, 75–79; hier: 76.

[90] Quintilius Varus war von 7/6 bis 5/4 v. Chr. Statthalter von Syrien, zu dem auch Galiläa gehörte. Von 7 bis 9 n. Chr. war er römischer Statthalter in Germanien und nahm sich nach der verlorenen Schlacht im Teutoburger Wald das Leben.

[91] B. Schwank, Die neuen Ausgrabungen in Sepphoris, in: Bibel und Kirche 2/1987, 75–79, hier: 79.

[92] N. Scholl, Mein Bruder Jeshua. Erinnerungen des Jakobus an die Zeit in Galiläa und Jerusalem, Münster / Hamburg / London 2000, 12 f.

[93] Lk 12,54–56.

[94] Vgl. Mt 11,7–14; Lk 7,24–35.

[95] Jes 63,19; 64,1.

[96] Ps 2,7.

[97] Jes 42,1

[98] Gen 22,2.11.16.

[99] Gen 8,8.11–12.22.

[100] Vgl. Joh 19,33.36; 1 Kor 5,7 und öfter in der Offenbarung des Johannes.

[101] Jes 53; v. a. die Verse 7 und 12.

[102] Ps 2,7.

[103] Ps 89,28.

[104] Weish 2,18.23; 6,19.

[105] Vgl. Joh 14,28.

[106] R. Schnackenburg, Das Johannesevangelium (Herders theol. Kommentar zum NT IV/1), Freiburg / Basel / Wien 1979, 289.

[107] Ex 34,28.

[108] Dtn 1,19.

[109] Klgl 5,9; Jes 30,6.

[110] Jes 13,21.

[111] Vgl. F. J. Stendebach, Das Böse und der Satan. Der Ursprung des Bösen in der Heiligen Schrift, in: Bibel und Kirche 1975, 2–7; H. Haag, Abschied vom Teufel (Theol. Meditationen 23), Einsiedeln 1969.

[112] Sach 3,1–2.

[113] Ijob 1–2.

[114] Jes 13,21.

[115] Jes 34,14 f.

[116] Jes 11,6–8.

[117] Röm 8,22.

[118] A. Schweitzer, Die Ehrfurcht vor dem Leben – Grundtexte aus fünf Jahrzehnten, München [6]1991.

[119] Vgl. Mt 12,46–0; Mk 3,20–21.

[120] Mt 16,21–23.

[121] Mt 12,22–32; vgl. Lk 13,31.

[122] Vgl. Mt 6,10–12.

[123] G. Bornkamm, Jesus von Nazareth, Stuttgart [7]1965, 64.

[124] Mk 10,25 (Kamel); Mt 5,29 f. (Auge); Mt 6,16–18 (Fasten); Mt 7,1–5 (Splitter); Lk 13,20 f. (Sauerteig); Mk 4, 26–29 (Saat); Mk 4,30–32 (Senfkorn); Mt 13,24–30 (Unkraut); Mt 18,10–14 (Schaf); Mt 7,24–27 (Haus auf Sand).

[125] Ich orientiere mich im Folgenden an: M. Ebner, Die Mähler Jesu im Kontext der Gleichnisse vom Säen und Ernten, Brotbacken und -schenken, Einladen und Feiern, in: Bibel und Kirche 1/2002, 9–14.

[126] Vgl. Mk 4,3–8.

[127] Vgl. Mk 4,31 f.; Lk 13,19.

[128] Mk 4,27 f.

[129] M. Ebner, Die Mähler Jesu im Kontext der Gleichnisse … in: Bibel und Kirche 1/2002, 10.

[130] Ebd., 10.

[131] Lk 12, 35–38.39 f. (Wachsamkeit); Lk 16,19–31 (Egoismus), Lk 16,1–9 (Klugheit), Mt 18,23–35 (Raffinesse), Mk 12,1–9 (Rebellion); Lk 15,11–32 (Versöhnungsbereitschaft).

[132] Lk 10,29–37.

[133] Die allgemeine Hilfeleistungspflicht gibt es auch in Österreich (§ 95 StGB) und in der Schweiz (Art. 128 StGB = „Unterlassung der Nothilfe"). In Österreich gilt noch zusätzlich eine ausdrückliche Hilfeleistungspflicht für Beteiligte und Zeugen von Verkehrsunfällen, in Deutschland entspricht dem § 323c der § 34 StVO, der aber nur für Beteiligte gilt.

[134] Im Gleichnis von den bösen Weingärtnern (Mk 12,1–11; Mt 21,33–44; Lk 20,9–18) wird bei Markus „der Sohn" (damit meinte Jesus ohne Zweifel sich selbst) innerhalb des Weinbergs (= Jerusalem) getötet; dann wird der Leichnam aus dem Weinberg hinausgeworfen (V. 8). Bei Matthäus (21,39) und Lukas (20,15) wird der Sohn zuerst aus dem Weinberg hinausgestoßen und dann außerhalb des Weinbergs umgebracht. Das ist sicher zu verstehen als Anspielung auf die Kreuzigung Jesu außerhalb der Stadt (vgl. Joh 19,17; Hebr 13,12 f).

[135] Vgl. hierzu: Lk 15,3–7: hier stellen „Zöllner und Sünder" die Frage, bei Mt 18,1.12–14 sind es „die Jünger".

[136] So geht dem Kapitel mit der Rede über die Endzeit bei Mk 13 und Lk 21,5–36 die Erzählung vom Opfer der Witwe im Tempel (Mk 12,41–44; Lk 21,1–4) voran, während Matthäus den entsprechenden Text (Mt 24) einer harten Auseinandersetzung Jesu mit „Schriftgelehrten und Pharisäern" (Mt 23) folgen lässt.

[137] „Himmelreich" umschreibt bei Matthäus den Gottesnamen Jahwe, der im Judentum als unaussprechlich betrachtet wurde (und wird).

[138] Vgl. Johannes Paul II., Centesimus annus. Deutsche Übersetzung vom Pressedienst der Dt. Bischofskonferenz am 30.4.1991; zit. nach: K. Hilpert, Die Marktwirtschaft ist nicht die allmächtige Instanz, in: imprimatur 5/1991, 233–246.

[139] Vgl. L. Ragaz, Die Gleichnisse Jesu. Seine soziale Botschaft, Stundenbücher 99, Hamburg 1971 (Originalausgabe Zürich 1944), 62–72.

[140] Vgl. Mt 19,16–26.

[141] Vgl. Mt 19,27–30.

[142] Mt 20,16 (und Mt 19,30).

[143] 1 Joh 4,8.19–21.

[144] Hier zitiert nach: DIE ZEIT Nr. 14 (31.5.1999), 45. Die ganze Serie gibt es auch als Taschenbuch: R. Leicht, Ihr seid das Salz der Erde – 2000 Jahre Christen im Widerspruch, Gütersloh 1999.

[145] Die Bergpredigt findet sich bei Mt 5–7.

[146] Lk 6,17.

[147] Zum Beispiel das Vaterunser: Mt 6,9–15 / Lk 11,1–4.

[148] Zum Beispiel: Lk 6,39 – Mt 15,14.

[149] Mt 5,3–12; Lk 6,20–23.

[150] Lk 6,20; 5,1–11.27 f.; 6,12–16.

[151] Der große Duden. Etymologie, Mannheim 1963, 636 f.

[152] Ebd.

[153] Duden, Bedeutungswörterbuch. Hier zit. nach: http://www.duden.de/rechtschreibung/_selig (Zugriff: 13. 8. 2011).

[154] H.-J. Venetz, Die Bergpredigt, Düsseldorf / Freiburg (Schweiz) ^{2}1987, 29.

[155] Vgl. Jes 61,1.

[156] Vgl. Ps 10,17; 37,11; Weish 21,5.

[157] E. Bloch, Das Prinzip Hoffnung. Bd. 2, Frankfurt 1959, 1482 f.

[158] Lk 16, 19–31.

[159] Lk 12,16–21.

[160] Lk 14,15–24; Mt 22,1–10.

[161] Lk 7,36–50

[162] Joh 12,1–8.

[163] W. Trilling, Christusverkündigung in den synoptischen Evangelien, München 1969, 78. „Als unmittelbare Jesusworte kommen die drei lukanischen Makarismen Lk 6,20b.21 in Frage.“ (J. Gnilka, Das Matthäusevangelium [Herders theol. Kommentar zum NT I/1], Freiburg / Basel / Wien 1986, 130.) Vgl. H.-J. Venetz, Die Bergpredigt, Düsseldorf / Freiburg [Schweiz] ^{2}1987, 37.

[164] Ebd.

[165] H.-J. Venetz, Die Bergpredigt, Düsseldorf / Freiburg (Schweiz) ^{2}1987, 40.

[166] P. Jacob, Chile. Entnommen aus: Arbeitsgemeinschaft Frauenseelsorge Bayern (Hg.), In Gottes Hand: Gemeinsam beten für die Welt. Gebete aus der weltweiten Ökumene; Frankfurt / Paderborn 2008, 276.

[167] J. Ratzinger, Zur Theologie der Ehe, in: G. Krems / R. Mumm (Hg.), Theologie der Ehe, Regensburg / Göttingen 1969, 81–115; hier: 83.

[168] Vgl. Mt 5,27–30 (Ehe), 5,31–32 (Ehescheidung), 7,1–5 (Richten), 5,33–37 (Schwören), 5,38–42 (Racheverzicht), 5,43–46 (Feindesliebe). Zur Zulassung wiederverheirateter Geschiedener zum Kommunionempfang: E. Schockenhoff, Kirche als Versöhnungsgemeinschaft, in: Herder-Korrespondenz 2011, 389–394; zum Schwören: I. M. Kreusch, Der Eid zwischen Schwurverbot Jesu und kirchlichem Recht. Verehrung oder Missbrauch des göttlichen Namens? Berlin 2005.

[169] Vgl. Mk 12,28–31; Mt 22,34–40; Lk 10,25–28.

[170] Lk 13,31.

[171] Joh 3,1–13.

[172] Apg 9,1–22.

[173] Vgl. Apg 5,34–39; 15,5; 23,6–9; 26,5.

[174] Vgl. Mt 6,1–18.

[175] Vgl. A. Geiger, Das Judenthum und seine Geschichte von der Zerstörung des zweiten Tempels bis zum Ende des zwölften Jahrhunderts, Breslau 1865–1871, 117 f.; zit nach W. Stegemann, Jesus und seine Zeit (Biblische Enzyklopädie 10), Stuttgart 2010, 167.

[176] Vgl. H. Gollinger, Heil für die Heiden – Unheil für die Juden? Anmerkungen zu einem alten Problem mit dem Matthäusevangelium, in: M. Marcus u. a., Israel und Kirche heute. Beiträge zum christlich-jüdischen Dialog, Freiburg / Basel / Wien 1991, 201–211; hier: 209.

[177] Die deutschen Bischöfe, „Über das Verhältnis der Kirche zum Judentum“, hg. v. Sekretariat d. Deutschen Bischofskonferenz, Bonn 1981, 23.

[178] Vgl. Joh 2,18.

[179] Vgl. Joh. 5,16–18.

[180] Vgl. Joh 8,21–47.

181 Joh 8,44.
182 Vgl. Joh 12,42–43.
183 Joh 4,22.
184 Vgl. Joh 7,40.41.43; 8,31; 11,45; 12,11.17.
185 Vgl. Joh 5,39.45.
186 Früher nahm man an, das Johannesevangelium sei in Kleinasien, in Ephesus, entstanden und vom Apostel Johannes verfasst worden. Diese These wird längst nicht mehr aufrechterhalten. Zahlreiche Hinweise geben zu der begründeten Vermutung Anlass, dass die Gemeinde, in der und für die Johannes „sein" Evangelium schrieb, in einem relativ abgeschlossenen Gebiet lebte, das von einer starken jüdischen Bevölkerung dominiert war. Einiges deutet darauf hin, dass es sich dabei um die Gegend südlich von Damaskus handelt, in der sich nach der Zerstörung Jerusalems im Jahre 70 n. Chr. eine einflussreiche jüdische Bevölkerungsgruppe angesiedelt hatte. Das Gebiet gehörte zum Herrschaftsbereich Agrippas II., eines Sohnes von Herodes dem Großen. Die größten Ansiedlungen waren die Städte Bathyra und Gamala, das sogar eine beachtliche Befestigungsanlage besaß (vgl. K. Wengst, Bedrängte Gemeinde, München 1992,160–179; R. Schnackenburg, Das Johannesevangelium [Herders theol. Kommentar zum NT IV/4, Freiburg / Basel / Wien 1979–1984, 100]). Vermutlich waren es vor allem gesetzestreue Juden, die sich hier niederließen, weil sie hofften, unter dem ihnen gewährten militärischen Schutz unbehelligt gemäß ihren Überlieferungen leben zu können

Die Gemeinde, in der der Evangelist lebte, scheint von verschiedenen Gruppierungen hart bedrängt worden zu sein. Zu diesen gehörten die „Johannesjünger", die in Johannes dem Täufer den Messias sahen. Diese stellten auch in Kleinasien eine Konkurrenz zu den jungen Christengemeinden dar (vgl. Apg 18,24–19,7). Nicht minder hart musste sich die Gemeinde der Christen auch mit den Mitgliedern der stark traditionsverhafteten, „altgläubigen" jüdischen Gemeinde auseinandersetzen.

Als Verfasser des etwa um 100 n. Chr. entstandenen Evangeliums – auch darin sind sich die Bibelgelehrten heute weitgehend einig – kann nicht der Apostel Johannes, Sohn des Zebedäus und Bruder des Jakobus, infrage kommen. Dagegen sprechen die Abfassungszeit, die (im Vergleich zu den drei anderen Evangelien) fortgeschrittene Theologie bzw. Christologie und nicht zuletzt die Abhängigkeit von Quellen und von den Berichten eines „Jüngers, den Jesus liebte" (vgl. Joh 13,23–25; 19,26–27; 20,2–10; 21,2–8.20–24). Es handelt sich hier wohl um einen namenlosen Unbekannten. Johannes führt ihn für seine Gemeinde als eine herausragende theologische Persönlichkeit ein, die – im Unterschied zu Petrus und den anderen Jüngern – durch eine besondere Unmittelbarkeit zu Jesus gekennzeichnet ist (vgl. bes. Joh 13,23–25). In gewissem Sinn repräsentiert der „Jünger, den Jesus liebte", durch sein besonderes Verhältnis der Unmittelbarkeit zu Jesus – im Glauben, im Erkennen, in der Liebe – das Selbstverständnis der Gemeinde. Das heißt: In der Art und Weise der Beziehung, die das Verhältnis dieses Jüngers zu Jesus kennzeichnet, sieht sie ihr eigenes Verhältnis zu Jesus vorgebildet und ausgesprochen – zumindest als Zielvorstellung. Während Petrus als Repräsentant der übrigen, gesamtkirchlichen Tradition gelten kann und ihm daher auch im Johannesevangelium ein Vorrang eingeräumt wird (vgl. Joh 20,5–7; 21,15–19), repräsentiert der geliebte Jünger die Eigenart der johanneischen Überlieferung und der darin zum Ausdruck kommenden Beziehung der Gemeinde zu ihrem Herrn. Gut begründet erscheint die häufig vertretene Annahme, dass mehrere Verfasser am Zustandekommen des Evangeliums mitgewirkt haben, denn ganz offensichtlich ist der Text mehrfach überarbeitet worden, bevor er seine heutige Gestalt annahm.

[187] Vgl. Joh 12,42–43.

[188] Joh 12,31; 14,30; 16,11.

[189] Joh 13,27.

[190] Joh 14,30.

[191] In Joh 18,3 nimmt Judas „eine Kohorte“ (im griech. Urtext steht hier „speíra“ [= Kohorte, Schar]), um mit ihr Jesus zu verhaften. Jede Leserin und jeder Leser des Textes musste annehmen, dass es sich hier um eine römische Kohorte gehandelt habe. Doch historisch gesehen ist eine Teilnahme der Römer bei der Verhaftung Jesu unwahrscheinlich. Dafür war die jüdische Tempelpolizei zuständig. Aber Johannes möchte offensichtlich die Römer ins Spiel bringen. Das führt er später noch deutlicher vor. Beim Prozess gegen Jesus versammelt er die jüdischen Führer und den römischen Richter auf einer einzigen Bühne, um damit gleichsam „die Juden“ dem Vertreter des Heidentums und der ungläubigen, gottfeindlichen Welt (vgl. Joh 18,37 f.) an die Seite zu stellen.

[192] G. Theißen, Antijudaismus im Neuen Testament, in: J. Thierfelder / W. Wölfing (Hg.), Für ein neues Miteinander von Juden und Christen (Schriftenreihe der Päd. Hochschule Heidelberg 27), Weinheim 1996, 94 f.

[193] So das Fazit eines ausführlichen Forschungsprojektes der Universität Leuven: R. Bieringer / D. Pollefeyt / F. Vandecasteele-Vanneuville (Hg.), Anti-Judaism and the Fourth Gospel. Papers of the Leuven Colloquium 2000, Jewish and Christian Heritage Series 1, Assen 2001. Vgl. auch die Rezension dieses Berichts durch R. Scholtissek in: Freiburger Rundbrief 1/2003, 51 f.

[194] Vatikanische Kommission für die religiösen Beziehungen zum Judentum im Sekretariat für die Einheit der Christen, Hinweise für eine richtige Darstellung von Juden und Judentum in der Predigt und in der Katechese der katholischen Kirche, Vatikan 1985; zit. nach: Die Kirchen und das Judentum, Bd. 1: Dokumente von 1945 bis 1985, (hg. v. R. Rendtorff u. H. H. Henrix), Paderborn ³2001, 98.

[195] Zweites Vatikanisches Konzil, Erklärung über das Verhältnis zu den nichtchristlichen Religionen „Nostra Aetate“, Art. 4.

[196] Röm 11,17 f.

[197] Zweites Vatikanisches Konzil, Erklärung über das Verhältnis zu den nichtchristlichen Religionen „Nostra aetate“, Art. 4.

[198] Zit. nach: Sekretariat d. dt. Bischofskonferenz (Hg.), „Die Last der Geschichte annehmen“. Wort der Bischöfe zum Verhältnis von Christen und Juden aus Anlass des 50. Jahrestages der Novemberpogrome 1938, 20. 10. 1988, 10.

[199] Erklärung der Ev. Landeskirche Württemberg zum 50. Jahrestag des Judenpogroms „Reichskristallnacht“ am 9. 11. 1938; zit. nach: entwurf. Religionspäd. Mitteilungen 3/1988, 4.

[200] Vgl. A. Holl, Jesus in schlechter Gesellschaft, Stuttgart 1971.

[201] Vgl. Mk 2,15–17 und („Sünder“) Mk 2,17.

[202] Lk 15,4–6; vgl. Jer 31,10; Mi 2,12.

[203] Jer 23, 1–4.

[204] Jes 40,11.

[205] Vgl. Jer 3,15.

[206] W. Heitmüller; zit nach: R. Schnackenburg, Das Johannesevangelium (Herders theol. Kommentar zum NT IV/2), Freiburg / Basel / Wien 1971, 224–235; hier: 224. Im Folgenden orientiere ich mich an den Ausführungen von Schnackenburg zu dieser Perikope.

[207] Lev 29,10; Dtn 22,22 verlangt für Ehebruch die Todesstrafe, die durch Steinigung zu vollstrecken war: Ex 16,38–41; 23, 45–48.

[208] „Rabbi" ist abgeleitet von dem hebräischen Wort „rab" (= groß, Herr, Meister) und bedeutet mit dem angehängten Suffix „i": „Mein Meister". Da die Rabbinen als Toralehrer tätig waren, steht im griechischen Urtext hier „didáskale" (= Lehrer).

[209] R. Schnackenburg, Das Johannesevangelium (Herders theol. Kommentar zum NT IV/2), Freiburg / Basel / Wien 1971, 224–235; hier: 229.

[210] Ebd., 230.

[211] Ebd., 234 f.

[212] Mk 2,1–12 parr.; Lk 7,36–50.

[213] 1 Kor 15,3; Gal 1,4.

[214] E. Schweizer, Erniedrigung und Erhöhung bei Jesus und seinen Nachfolgern, in: Abhandlungen zur Theologie des Alten und des Neuen Testaments, Bd. 28, Zürich [2]1962, 10.

[215] H. Thyen, Baptisma metanoias eis aphesin hamartion, in: E. Dinkler (Hg.), Zeit und Geschichte, Tübingen 1964, 108 f. Vgl. I. Maisch, Die Heilung des Gelähmten. Stuttgarter Bibel Studien 52, Stuttgart 1971, 86–90.

[216] Lk 14,15.

[217] Vgl. M. Ebner, Die Mähler Jesu im Kontext der Gleichnisse vom Säen und Ernten, Brotbacken und -schenken, Einladen und Feiern, in: Bibel und Kirche 1/2002, 9–14, hier: 13.

[218] Vgl. Mt 6,19–34

[219] Mt 11,19; Lk 5,30; 15,1 f.

[220] Vgl. Dtn 21,18–21.

[221] Vgl. Dtn 5,16; Spr 21,17; 23,22; Sir 18,33.

[222] M. Ebner, Jesus von Nazaret. Was wir von ihm wissen können, Stuttgart 2007, 126. Ich folge Ebner hier in seinen Ausführungen zum Vorwurf gegenüber Jesus, er sei ein „Fresser und Säufer" (124–127).

[223] Spr 28,7.

[224] Mk 3,20–21.

[225] M. Ebner, Jesus von Nazaret. Was wir von ihm wissen können, Stuttgart 2007, 126.

[226] Ebd., 127.

[227] „Die Speisungsgeschichte erzählt keine historische, sondern eine an 2 Kön 4,42–44 orientierte typische Begebenheit [...] und will Jesus als Elischa überragenden Wundertäter erweisen" (L. Schenke, Jesus als Wundertäter, in: L. Schenke u. a., Jesus von Nazaret – Spuren und Konturen, Stuttgart 2004, 159).

[228] Joh 6,32 f.

[229] Ps 78,24.

[230] Vgl. Ex 19,17–23; Ps 2,6; 3,5; 15,1 u. a.

[231] Vgl. Joh 6,35.

[232] Joh 6,11 (vgl. die Fülle des Weins in Joh 2,1 ff). Anders die Synoptiker (Mk 6,42; Mt 14,20; Lk 9,17).

[233] Vgl. Mk 6,33 („viele") mit Joh 6,2 („große Menschenmenge").

[234] Joh 6,51.34.

[235] Mt 26,20.

[236] Vgl. Mt 25,31–46.

[237] Bei Markus und Matthäus ist es „ein Mann", bei Lukas „einer von den führenden Männern"; vgl. Mk 10,17–22; Mt 19,16–22; Lk 18,18–24.

[238] Lk 8,1.

[239] Lk 15,3–7.8–10; Mt 6,25–28 („säen, ernten" / „spinnen"); vgl. Mt 13, 1–9, 33. Vgl. G. Theißen, Soziologie der Jesusbewegung, München [2]1978, 5–9.

[240] Lk 8,1–3.

[241] E. Moltmann-Wendel, Das Land, wo Milch und Honig fließt, Gütersloh [2]1987, 128f.

[242] J. Blank, Frauen in der Jesus-Bewegung, in: G. Dautzenberg u. a. (Hg.), Die Frau im Urchristentum. Quaestiones Disputatae 95, Freiburg / Basel / Wien 1983, 9–91; hier: 90.

[243] Vgl. dazu: H. Gollinger, Frauen auf der Suche nach Jesus, in: L. Schenke u. a., Jesus von Nazaret – Spuren und Konturen, Stuttgart 2004, 319–347; hier: 335.

[244] Vgl. Mt 8,14; Lk 10,38–42. Frauen unter den von Jesus Geheilten: Mk 1,29–31; 5,22–24.35–43; 5,25–42; 7,24–30; Lk 13,10–17.

[245] Vgl. dazu: H. Gollinger, Frauen auf der Suche nach Jesus, in: L. Schenke u. a., Jesus von Nazaret – Spuren und Konturen, Stuttgart 2004, 319–347; hier: 347.

[246] Häufig wird darauf hingewiesen, dass die Rechte der Frau im Judentum erheblich eingeschränkt gewesen seien. Nicht einmal das Studium der Tora und die Teilnahme am Pessachfest sei ihnen gestattet worden. Das trifft sicher im Großen und Ganzen zu. Doch erwähnt Philon von Alexandrien eine Gemeinschaft von Frauen, die zölibatär in einer Art Kloster zusammenlebten und sich dem Studium der Tora gewidmet haben. Der Mischna-Traktat (M. Pesahim 8,1) lässt erkennen, dass Frauen auch am Pessachfest teilnehmen durften. Grabinschriften in der jüdischen Diaspora zeigen sogar, dass Frauen als Synagogenvorsteherinnen und als Leiterinnen jüdischer Gemeinden gewirkt haben. Es gab auch eine Rechtstradition, der zufolge sich jüdische Frauen von ihren Männern scheiden lassen konnten. Dennoch war die Benachteiligung der Frau (z. B. die Nichtanerkennung als Zeuginnen vor Gericht) im antiken Judentum durchaus an der Tagesordnung. Es galt für einen jüdischen Mann sogar schon als unschicklich, eine Frau in der Öffentlichkeit auch nur anzusprechen (vgl. Sir 9,3–9).

[247] Mk 3,13–15 par; 6,7–13 par; Lk 10,1–16 par.

[248] Vgl. G. Theißen, Gruppenmessianismus. Überlegungen zum Ursprung der Kirche im Jüngerkreis Jesu, in: Jahrbuch f. Biblische Theologie 7/1992, 101–123.

[249] Mk 10,42–45; Lk 14,11.

[250] Mk 3,34f.; 10,30.

[251] E. Schüssler-Fiorenza, Zu ihrem Gedächtnis, Mainz 1988, ohne Seitenangabe.

[252] Lk 10,1.17. Die Zahlenangabe schwankt in den alten Handschriften.

[253] Num 11,16.

[254] Lk 14,26f.

[255] G. Theißen, Soziologie der Jesusbewegung, München [2]1978, 15–21.

[256] Lk 10,1.

[257] Mk 6,7–13.

[258] Lk 10,3.

[259] Dtn 19,15.

[260] Lk 10,9.

[261] Th. Schneider, Zeichen der Nähe Gottes, Mainz 1979, 250.

[262] Mk 1,16–20.

[263] Mk 2,14.

264 Lk 9,15 f. Simon trug den Beinamen „Zelot". Die Zeloten (griech. „zelos" = Eifer) waren eine radikale, von politisch gefärbtem Messianismus erfüllte Gruppe. Ihr Ziel, die Befreiung Israels von der Römerherrschaft, suchten sie mit Waffengewalt zu erreichen. Simon hatte sich allerdings davon distanziert (Lk 13,1–3). Judas trug den Beinamen „Iskariot". Das kann heißen „Mann aus Kariot" oder „Dolchmann". So wurden auch die Zeloten bezeichnet (Apg 21,38).

265 Mt 8,22

266 Mt 19,28.

267 M. Ebner, Jesus von Nazaret. Was wir von ihm wissen können, Stuttgart 2007, 121.

268 Lk 6,13–16; Mt 10,40.

269 Mk 3,14 f.

270 Mk 10,42 f.

271 An dieser Tatsache ändern auch die Aussagen des Katechismus der katholischen Kirche (dort ohne Belegstellen!) und des Rechtsbuches der katholischen Kirche, des Codex Juris Canonici, nichts: „Christus selbst ist der Urheber des Amtes in der Kirche. Er hat es eingesetzt, ihm Vollmacht und Sendung, Ausrichtung und Zielsetzung gegeben" (Katechismus, Nr. 874) und: „Kraft göttlicher Weisung gibt es in der Kirche unter den Gläubigen geistliche Amtsträger, die im Recht auch Kleriker genannt werden; die übrigen dagegen heißen auch Laien" (Codex Iuris Canonici, can. 207, § 1).

272 Mk 12,32–34.

273 Mt 5,23 f.

274 Vgl. Mt 6,5 f.

275 M. Houdijk, Eine Diskussion aus letzter Zeit über die neutestamentlichen Grundlagen des Priestertums, in: Concilium 1972, 775.

276 Paulus und Barnabas: 1 Kor 9,6; Jakobus: Gal 1,19; 1 Kor 15,7; Junia: Röm 16,7.

277 Mk 3,20–30.

278 Mt 11,21 par. Lk 10,13.

279 Lk 11,20 par. Mt 12,28.

280 Vgl. Th. Söding, Hat Jesus Wunder gewirkt?, in: Christ in der Gegenwart 37/2001, 311.

281 F. J. Schierse, Christologie, Düsseldorf 1979, 26.

282 R. Baumann, Artikel „Wunder", in: Neues Handbuch theol. Grundbegriffe, Bd. 4, München 1985, 326.

283 E. Käsemann, in: G. Mensching / E. Käsemann u. a., Art. „Wunder", in: Religion in Geschichte und Gegenwart ³VI, Tübingen 1837.

284 Vgl. H. Schäfer, Der natürliche Zusammenhang von Gesundheit und Gläubigkeit, in: W. Beinert (Hg.), Hilft Glaube heilen?, Düsseldorf 1985, 86–117; hier: 109.112.

285 Fieber (Mk 1,29 ff.), Epilepsie (Mk 9,14–29), Schizophrenie (Mk 5,1–20), Menstruationsbeschwerden (Mk 5,25–34), Muskelatrophie (Mk 3,1–6), Lähmungen (Mk 2,1–12; Joh 5), Neurodermitis und andere Hautkrankheiten (Mk 1,40–45), Taubheit, Stummheit (Mk 7,31–37), Blindheit (vgl. Mk 8,22–26; 10,46–52; Joh 9).

286 Mk 5,21–24.35–42; Lk 7,11–17; Joh 11.

287 R. Pesch, Jesu ureigene Taten? Quaestiones Disputatae 52, Freiburg / Basel / Wien 1970, 140.

288 Ebd., 139 f.

289 Mk 1,21–28.

290 Lk 4,31–37.

[291] Mt 5–7; Mt 8,1–4: die Heilung eines Aussätzigen; Mt 8,5–13: die Heilung des Dieners des Hauptmanns von Kafarnaum; Mt 8,14–15: die Heilung der Schwiegermutter des Petrus.

[292] Mk 1, 1,16–20; 21–38.

[293] Vgl. Lk 4,41: „Er drohte den Dämonen"; Mk 4,39: „Er drohte dem Wind"; Mk 9,25: „Er drohte dem unreinen Geist".

[294] R. Pesch, Jesu ureigene Taten? Quaestiones Disputatae 52, Freiburg / Basel / Wien 1970, 143.148

[295] Beispiele dafür in: R. Pesch / R. Kratz, So liest man synoptisch. Wundergeschichten. Bd. III, 2, Frankfurt 1976, 13–16.

[296] Jona 1; zitiert sind Verse 4–8.15.16.

[297] Ps 107; zitiert sind Verse 13.14.25.28.29.

[298] Mk 1,25.

[299] Ps 18,16.

[300] R. Pesch / R. Kratz, So liest man synoptisch. Wundergeschichten, Bd. III, 2, Frankfurt 1976, 25 f.

[301] Vgl. Jes 49,18; 61,10; 62,5.

[302] Vgl. Mt 22,1–10 parr; 25,1–12; Mk 2,19.

[303] Jes 30,25; 12,3 (in dieser Reihenfolge; vgl. auch Joel 4,18).

[304] K. Lehmann, Auferweckt am dritten Tag nach der Schrift. Früheste Christologie, Bekenntnisbildung und Schriftauslegung im Lichte von 1 Kor 15,3–5 (Quaestiones Disputatae 38), Freiburg / Basel / Wien ²1969, 168. 176 f.

[305] Vgl. Joh 12,23; 13,1; 17,1

[306] Vgl. Apg 4,45; 6,2.

[307] Lk 13,10–17.

[308] Mt 10,8; Lk 9,2; 10,9.

[309] Mk 9,38–41.

[310] Mk 14,25.

[311] P. Trummer, „… dass alle eins sind!", Düsseldorf 2001, 160.

[312] Th. Söding, Für viele – für euch, in: Christ in der Gegenwart 25/2011, 283.

[313] Vgl. 1 Kor 15,8 und Apg 9.

[314] Vgl. Gal 1,18; 2,11–14.

[315] Mk 14,17.

[316] Vgl. H. Kahlefeld, Das Abschiedsmahl Jesu und die Eucharistie der Kirche, Frankfurt ²1981, 49–70.

[317] P. Trummer, „… dass alle eins sind!", Düsseldorf 2001, 136 f. Hervorhebungen von Trummer.

[318] Th. Söding, „Tut dies zu meinem Gedächtnis …" Der Kreuzestod Jesu und die Eucharistie, in: zur debatte. Themen der Katholischen Akademie in Bayern 1/2002, 1–3; hier 2.

[319] Mk 14,25: „Amen, ich sage euch: Ich werde nicht mehr von der Frucht des Weinstocks trinken bis zu dem Tag, an dem ich von neuem davon trinke im Reich Gottes."

[320] U. Luz, Das Herrenmahl im Neuen Testament, in: Bibel und Kirche 1/2002, 2–8, hier: 7. Hervorhebungen von U. Luz.

[321] Apg 2,46.

[322] Emmaus: Lk 22,19 f. und 24,30 f.; Mahlhalten des Auferstandenen mit seinen Jüngern: Mk 16,14; Lk 24,36–43; Joh 21,9 bis 14.

[323] Vgl. 1 Kor 10,16 f.; 11,17–21.33 f.

[324] 1 Kor 11,20–22.

[325] Im Johannesevangelium befindet sich keine Abendmahlserzählung. Stattdessen steht hier die Erzählung über die Fußwaschung Jesu (Joh 13,1–7). Jesus erweist seinen Jüngern einen besonders niedrigen Dienst, der sonst nur den Sklaven zugemutet wird. Jedermann kann es sehen: Er, der Herr und Meister, macht sich zum Sklaven seiner eigenen Jünger. Es könnte in der Gemeinde des Evangelisten Johannes ähnlich zugegangen sein wie in Korinth. Auch Johannes beschwert sich darüber. Aber er tut es indirekt. Anstelle zu drohen, wie Paulus das macht, erzählt er eine Geschichte, eine Beispielgeschichte: Jesus wird als Vorbild hingestellt, als Vorbild des Dienens. Jesus, der Gottessohn, macht sich zum Sklaven der Menschenkinder. Der Höchste macht sich zum Geringsten. Der von „ganz oben" Gekommene wird zum „ganz unten" Dienenden. „Ich habe euch ein Beispiel gegeben, damit auch ihr so handelt, wie ich an euch gehandelt habe." Darüber hinaus fand es der Evangelist offenbar nicht mehr erforderlich, dazu noch einen Text über das letzte Abendmahl zu stellen. Es war allen in seiner Gemeinde bekannt, was Jesus da getan hatte, weil sich die Gemeinde jeden Sonntag zur Eucharistiefeier versammelte und sie dabei an jenes Geschehen erinnert wurde.

[326] Joh 13,1.

[327] Johannes Chrysostomus, Kommentar zum Evangelium des hl. Matthäus, Fünfzigste Homilie. Kap. XIV, V. 23–36; Patres Graeci 58.

[328] Feierliches Glaubensbekenntnis Papst Pauls VI. am 30.6.1968 (nach dem Zweiten Vatikanischen Konzil): „Credo des Volkes Gottes", http://www.ewige-anbetung.de/Worte/Lehre/Credo_des_Gottesvolkes/credo_des_gottesvolkes.html (Zugriff: 14. 8. 2011).

[329] Mt 25,31–46.

[330] Röm 6,5.

[331] G. Bornkamm, Jesus von Nazareth, Stuttgart [8]1968, 141.

[332] C. Myers, Binding the Strong Man. A Political Reading of Mark's Story of Jesus, Maryknoll (NY) 1988. Zit. nach: M. Ebner, Jesus von Nazaret. Was wir von ihm wissen können, Stuttgart 2007, 156.

[333] Vgl. Mk 11,1–11.

[334] Sach 9,9.

[335] 2 Kön 9,12 f.

[336] M. Ebner, Jesus von Nazaret. Was wir von ihm wissen können, Stuttgart 2007, 155. Als Schriftstellen, auf die hier angespielt wird, sind zu nennen: Gen 49,9–11 (Judaspruch und Esel); 2 Kön 9,12 f. (Kleider ausbreiten); Sach 9,9 (Einzug des Friedenskönigs in Jerusalem); Ps 118 (Einzug der Festpilger); 2 Sam 14,4 und 2 Kön 6,26 (Hosanna als Hilferuf an den König); 1 Sam 10,1–8 (Samuel auf jungem Esel); 1 Makk 4,36–51 und 2 Makk 10,1–9 (Einzug, mit siegreichem Heer, um Jerusalem wieder in Besitz zu nehmen).

[337] Vgl. Mk 21,12–17; Mk 11,15–19; Lk 19,45–48; Joh 2,13–17.

[338] Jes 56,7; vgl. Mk 11,17. Eigenartigerweise lassen Mt und Lk die Erwähnung aller Völker weg.

[339] J. Jeremias, Jesu Verheißung für die Völker, Stuttgart 1956, 55 f. Völkerwallfahrt: Jes 2,2–4; 60; 66,20.

[340] Vgl. Mk 14,57–61; Mt 26,60–63.

[341] Im Targum zu Jes 53,3 wird vom Messias gesagt: „Er wird bauen das Haus des Heiligtums, welches entweiht war durch unsere Schuld."

[342] Vgl. M. Ebner, Jesus von Nazaret. Was wir von ihm wissen können, Stuttgart 2007, 147.

[343] W. Stegemann, Die Passionsgeschichten der Evangelien, in: Der Evangelische Erzieher 1991, 130–147; hier: 143.

[344] Vgl. dazu und zum Folgenden: P. Hoffmann, „Gekreuzigt unter Pontius Pilatus". Jesu Hinrichtung in der Deutung der Evangelienüberlieferung, in: Orientierung 1993, 65–70.

[345] Vgl. G. Baudler, Töten oder lieben. Gewalt und Gewaltlosigkeit in Religion und Christentum, München 1994.

[346] Zum Synedrium und den Sadduzäern: Vgl. P. Lapide, Wer war schuld an Jesu Tod?, Gütersloh [2]1989, 103–105.

[347] G. Theißen, Lokalkolorit und Zeitgeschichte in den Evangelien, Freiburg / Göttingen [2]1992, 203 f.

[348] Mk 15,26.

[349] Vgl. Mk 15,24; Mt 27,35; Lk 23,33; Joh 19,18.

[350] Die römische Hinrichtungsmethode des Kreuzigens sollte einen dazu Verurteilten absichtlich besonders langsam und grausam töten. Es konnte Tage dauern, bis sein Tod eintrat. Das möglichst lange qualvolle Sterben der Gekreuzigten sollte den Verurteilten demütigen, den Betrachter einschüchtern und abschrecken. Es gab aber keine römische Vorschrift, wie eine Kreuzigung genau durchzuführen war. Den oft aus abgeordneten Soldaten bestehenden Henkerkommandos wurde dabei ein hohes Maß an Freiheit zugestanden. Sie mussten die Verurteilten allerdings streng bewachen, bis die Strafe vollzogen und der Tod eingetreten war. Römische Wachmänner mussten selbst mit der Todesstrafe rechnen, wenn sie ihren Auftrag nicht erfüllten und die Flucht eines zum Tode Verurteilten ermöglichten.

Die vollständige römische Hinrichtungsprozedur bestand in der Kaiserzeit aus vier Teilschritten, die jedoch nicht immer und überall nacheinander vollzogen wurden:

- der vollständigen Entkleidung des Verurteilten und dessen öffentlicher Geißelung;
- dem erzwungenen Querbalken- oder Furcatragen zum Hinrichtungsplatz;
- dem Fesseln oder Annageln seines Körpers an eine Furca oder den Querbalken;
- dessen Befestigung an einem Baum oder auf dem vorbereiteten Pfahl. Dabei wurden Mensch und Querbalken hochgehoben und mit dem senkrechten Pfahl verbunden.

Die Geißelung des Entkleideten mit einer Peitsche, oft zusätzlich mit Nägeln besetzt, quälte und erniedrigte den Betroffenen zusätzlich, schwächte seinen Organismus durch die Anstrengung und Verspannung unter den Schlägen, Schmerzen und Blutverlust. Dies konnte bereits tödlich sein und verkürzte die Sterbensdauer am Kreuz, so dass die Zahl der Schläge meist begrenzt wurde.

Anfangs benutzte man in Rom häufig ein Balkendreieck (lateinisch furca), eigentlich ein landwirtschaftliches Nutzgerät (Forke). Man hängte es dem Verurteilten um den Hals und band dessen Arme an den Schenkeln der furca fest. In dieser Haltung wurde er ausgepeitscht und musste den Weg vom Richtstuhl zur Richtstätte gehen. Dann wurde die Furca mit ihm an einen eingerammten Pfahl gehängt. Später wurde sie durch einen Querbalken ersetzt, der am oberen Ende des Pfahls angebracht oder mit einem Strick am oberen Drittel des Pfahls oder an einem Baum aufgehängt wurde. Daraus ergaben sich die beiden bekanntesten Kreuzformen (crux commissa in T-Form, crux immissa in +-Form).

Arme und Beine wurden an Pfahl und Querbalken gefesselt oder genagelt. Damit begann die eigentliche Kreuzigung. Das Annageln geschah so, dass der Blutverlust gering gehalten wurde. Anatomischen Tests zufolge mussten die Nägel nicht durch die Handflächen, sondern durch Handwurzelknochen oder den Raum zwischen Elle und Speiche sowie durch die Fußwurzel oder das Fersenbein getrieben werden, um das Körpergewicht tragen zu können. Für die Füße bestätigt dies ein 1968 in Jerusalem entdeckter Skelettfund aus dem 1. Jahrhundert, bei dem der Nagel noch im Fersenbein steckte. Dies ist zugleich der erste physische Beleg einer römischen Kreuzigung.

Bei seitlich angenagelten Fersen wurde manchmal ein Sedile genanntes Querholz auf halber Höhe ergänzt, auf dem der Gekreuzigte sein Gesäß zeitweise abstützen konnte. Dies entlastete auch die am Querbalken befestigten Arme des Gekreuzigten, um ihm das Atmen zu erleichtern. Oft wurden auch die Beine des Verurteilten auf einen kleinen Querbalken (Suppedaneum) gestellt, damit er nicht sofort durch sein Eigengewicht nach unten gezogen und ohnmächtig wurde bzw. bei angenagelten Gliedmaßen zu viel Blut verlor. Wo dies üblich war, galt es als Begünstigung, dem Gekreuzigten nach einiger Zeit die Füße bzw. Unterschenkel zu brechen, um ihm das Abstützen zu verwehren und so seinen Todeskampf abzukürzen. Dazu bestachen Angehörige mitunter die Henker.

Oft verabreichte man dem Gekreuzigten mit einem Schwamm über mehrere Tage etwas Flüssigkeit, damit er nicht vorzeitig verdurstete, um seine Qualen zu verlängern: meist Wasser, zum Teil mit Weinessig (posca), und mit schmerzlindernden oder betäubenden Heilkräutern.

Beim Knochenzerbrechen (crurifragium) wurden den Hingerichteten die Beine gebrochen. Sie hingen dadurch noch schwerer an den Armnägeln oder -seilen und starben dadurch schneller, aber schmerzhafter.

Der Tod durch Ersticken, Kreislaufkollaps oder Herzversagen trat bei nicht schon vorher geschwächten Menschen meist innerhalb von drei Tagen ein. Ihm gingen Qualen wie Durst, Wundbrand und Verkrampfung der Atemmuskulatur voraus.

Die Verurteilten wurden nackt gekreuzigt. Ihr Hab und Gut fiel an die Soldaten (Spolienrecht). Es gibt keinen Grund anzunehmen, dass das in Palästina anders war. Nach dem eingetretenen Tod prüften römische Soldaten durch einen Stich in den Bauch mit einer Lanze (Pilum), ob der Hingerichtete wirklich tot war. Üblicherweise ließen sie den Leichnam am Kreuz hängen, bis seine Teile nach völliger Verwesung herunterfielen. Nach ihrer religiösen Vorstellung konnte der Schatten des Toten durch den fehlenden Kontakt zur Erde nicht in die Unterwelt gelangen. In manchen Regionen nahm man jedoch auch Rücksicht auf religiöse Vorschriften, die eine fristgerechte Bestattung anordneten
(http://de.wikipedia.org/wiki/Kreuzigung; hier leicht gekürzt und überarbeitet. Zugriff: 13.9.2011)

351 Mk 15,34.

352 Ps 69,21 f.; Jes 53,12.

353 P. Hoffmann, „Gekreuzigt unter Pontius Pilatus". Jesu Hinrichtung in der Deutung der Evangelienüberlieferung, in: Orientierung 1993, 66 f.

354 H. Gollinger, Frauen auf der Suche nach Jesus, in: L. Schenke u. a., Jesus von Nazaret – Spuren und Konturen, Stuttgart 2004, 319–347, hier: 325.

355 Vgl. dazu: H. Gollinger, Frauen auf der Suche nach Jesus, in: L. Schenke u. a., Jesus von Nazaret – Spuren und Konturen, Stuttgart 2004, 319–347; hier: 335 f.

356 Mk 15,38.

357 Vgl. Hebr 13,12: „Deshalb hat Jesus [...] außerhalb des Tores gelitten."

358 Vgl. Apg 2,46–47; Röm 12,1: „Ich ermahne euch, euch selbst als lebendiges und heiliges Opfer darzubringen, das Gott gefällt; das ist der wahre Gottesdienst."

359 Mk 8,30.

[360] Mk 15,39.

[361] Vgl. Mk 11,18; 14,1; 15,11.

[362] Mt 27,19.24 f.

[363] Vgl. Mt 23,37–39; 22,7.

[364] W. Stegemann, Die Passionsgeschichten der Evangelien, in: Der Evangelische Erzieher 1991, 130–147; hier:136.

[365] Mt 27,20; hier wird ebenfalls „óchlos" verwendet.

[366] G. Theißen, Antijudaismus im Neuen Testament, in: J. Thierfelder / W. Wölfing (Hg.), Für ein neues Miteinander von Juden und Christen (Schriftenreihe der Päd. Hochschule Heidelberg 27), Weinheim 1996, 77–97; hier: 92.

[367] Mt 28,19

[368] Mt 25,31–46.

[369] Lk 23,27.48.

[370] D. Flusser, Der Gekreuzigte und die Juden, in: Freiburger Rundbrief XXVIII / 1976, 152–157; hier: 153 f.

[371] Vgl. Apg 7,59 f.

[372] Joh 19,28.

[373] Vgl. Ps 42,3: „Meine Seele dürstet nach Gott, nach dem lebendigen Gott."

[374] Joh 19,30. Im griechischen Text steht für „aufgeben" „paredoken" (von „paradidomi"), das kann heißen: übergeben, zurückgeben, überantworten, anvertrauen.

[375] Vgl. dazu auch Joh 18,20 f.36; 19,11.19–21; vorher: 6,6.

[376] Vgl. Joh 19,35; 21,24.

[377] Joh 6,52–58 und Joh 7,38 f.

[378] P. Hoffmann, „Gekreuzigt unter Pontius Pilatus". Jesu Hinrichtung in der Deutung der Evangelienüberlieferung, in: Orientierung 1993, 70; Hervorhebungen von Hoffmann.

[379] Ebd. 70; Hervorhebungen von Hoffmann.

[380] Mt 10,6.

[381] Vgl. Lk 7,24–31; hier: 7,28.

[382] Vgl. Mk 6,17–29; Mt 14,3–12.

[383] Vgl. Jes 53.

[384] Phil 3,5 f.; vgl. 2 Kor 11,22; Röm 11,1.

[385] Gal 1,14.

[386] Vgl. Apg 7,58.

[387] 1 Kor 15,3.

[388] Röm 5,10.

[389] A. v. Harnack, Lehrbuch der Dogmengeschichte, Bd. 3, Tübingen [4]1909 / 1910, 408.

[390] J. Ratzinger, Einführung in das Christentum, München 2000, 264.

[391] Phil 2,5.

[392] „Unsere Hoffnung". Bekenntnis zum Glauben in dieser Zeit, in: Deutsche Bischofskonferenz (Hg.), Gemeinsame Synode der Bistümer in der Bundesrepublik Deutschland 1971–1975, Bd. I, Bonn 2001, 88.

[393] Vgl. Apg 3,15; 1 Thess 1,10, Gal 1,1; Röm 10,9 u. a.

[394] 1 Kor 15,3–8.

[395] 1 Kor 15,13–18.

[396] Vgl. Gen 12,7; 25,23; Ex 3,2 u. a.

[397] J. Ratzinger / Benedikt XVI., Jesus von Nazareth. Teil II, Freiburg 2011, 270.

[398] Vgl. 1 Kor 15,4.

[399] K. Lehmann, Auferweckt am dritten Tag nach der Schrift. Früheste Christologie, Bekenntnisbildung und Schriftauslegung im Lichte von 1 Kor 15,3–5 (Quaestiones Disputatae 38), Freiburg / Basel / Wien ²1969, 168; 176 f.

[400] Das wird im Evangelium gar nicht behauptet: vgl. Joh 20,19.

[401] Vgl. Mk 16,4.

[402] Vgl. Lk 24,51.

[403] Vgl. Lk 24,13–28 mit Lk 24,29–35.

[404] Joh 1,18; 1 Joh 4,12.

[405] 1 Kor 15,8.

[406] Gal 1,16.

[407] Die Einheitsübersetzung gibt die Stelle so wieder: „Als Gott, der mich durch seine Gnade berufen hat, mir in seiner Güte seinen Sohn offenbarte …".

[408] J. Lindblom, Gesichte und Offenbarungen. Vorstellungen von göttlichen Weisungen und übernatürlichen Erscheinungen im ältesten Christentum. Acta Reg. Societatis Humanarum Litterarum Lundensis LXV, Lund 1968, 113, zit. nach: A. Vögtle / R. Pesch, Wie kam es zum Osterglauben?, Düsseldorf 1975, 145.

[409] Vgl. B. Grom, Visionen und Auditionen, in: zur debatte. Themen der Katholischen Akademie in Bayern 7/8–1997, 9 f. (dort ohne Quellenangabe für Scharfetter und Hilgard).

[410] M. Reichardt, Psychologische Erklärung der Ostererscheinungen?, in: Bibel und Kirche 1997, 28–33; hier: 30. 33 f.

[411] 1 Kor 15,5–7.

[412] Y. Spiegel, Der Prozess des Trauerns, München ³1977, 170 f.

[413] A. Vögtle, Die Dynamik des Anfangs, Freiburg / Basel / Wien 1988, 54 f.

[414] J. Kremer, Auferstehung Christi (Lexikon f. Theologie u. Kirche 1), Freiburg / Basel / Rom / Wien ³1993, 1180.

[415] Vgl. W. Marxen, Die Auferstehung Jesu als historisches und als theologisches Problem, Göttingen ⁴1966, 38.

[416] 1 Kor 15,3–8.

[417] Vgl. Apg 2,32: „Diesen Jesus hat Gott auferweckt, dafür sind wir alle Zeugen"; 4,10: „So sollt ihr alle und das ganze Volk Israel wissen: im Namen Jesu Christi des Nazoräers, den ihr gekreuzigt habt, und den Gott von den Toten auferweckt hat. Durch ihn steht dieser Mann gesund vor euch"; 5,30 f.: „Der Gott unserer Väter hat Jesus auferweckt, den ihr ans Holz gehängt und ermordet habt. Ihn hat Gott als Herrscher und Retter an seine rechte Seite erhoben, um Israel die Umkehr und Vergebung der Sünden zu schenken." H. Kessler hat alle Argumente für und gegen die Historizität eines leeren Grabes zusammengestellt: H. Kessler, Sucht den Lebenden nicht bei den Toten, Würzburg 1995, 118 ff.

[418] Mk 16,1–8; Mt 28,1–15; Lk 24,1–12; Joh 20,1–18.

[419] Mt 27,62–66. Selbst David Friedrich Strauß erklärt die von Mt hier ins Spiel gebrachte Betrugsthese als absurd: „[…] dass eine selbsterfundene Lüge die Jünger unmöglich zu einer so standhaften Verkündigung der Auferstehung Jesu unter den größten Gefahren hätte begeistern können, und […] dass der ungeheure Umschwung von der tiefen Niedergeschlagenheit und gänzlichen Hoffnungslosigkeit der Jünger bei dem Tode Jesu zu der Glaubenskraft und Begeisterung, mit welcher sie am folgenden Pfingstfest ihn als Messias verkündigten, sich nicht erklären ließe, wenn nicht in der Zwischenzeit etwas ganz Ermutigendes vorgefallen wäre, und zwar näherhin etwas, dass sie von der Wiederbelebung des gekreuzigten Jesus überzeugte" (Das Leben Jesu kritisch betrachtet, 2 Bde., Tübingen 1835/36, II, 654).

[420] 2 Chr 16,14.

[421] Vgl. Lk 24,4; Joh 20,12; Mt 28,2 f.

[422] Lk 24,5 f.; vgl. Mt 28,5 f.: „Fürchtet euch nicht! Ich weiß, ihr sucht Jesus, den gekreuzigten. Er ist nicht hier; denn er ist auferstanden, wie er gesagt hat. Kommt her und seht euch die Stelle an, wo er lag."

[423] M. Ebner, Jesus von Nazaret. Was wir von ihm wissen können, Stuttgart 2007, 169 f.

[424] B. v. Jersel, Auferstehung Jesu. Information oder Interpretation?, in: Concilium 1970, 699. Noch heute kündet ein silberner Stern in der Geburtsgrotte zu Betlehem: „Hic Jesus natus est" (Hier ist Jesus geboren worden).

[425] B. v. Jersel, Auferstehung Jesu. Information oder Interpretation?, in: Concilium 1970, 700.

[426] J. Sobrino, Der Glaube an Jesus Christus. Eine Christologie aus der Perspektive der Opfer, Ostfildern 2008, 107 f.

[427] A. Vögtle, Was heißt „Auslegung der Schrift?", in: W. Joest / F. Mußner u. a., Was heißt Auslegung der Schrift? Regensburg 1966, 29–83; hier: 66.

[428] Ebd.

[429] 1 Kor 15,20.47.

[430] 1 Kor 15,44.

[431] Vgl. Lk 24,13–28 mit Lk 24,29–35.

[432] So Josef Ratzinger / Benedikt XVI., Jesus von Nazareth. Zweiter Teil: Vom Einzug in Jerusalem bis zur Auferstehung, Freiburg / Basel / Wien 2011, 301.

[433] Vgl. M. Ebner, Jesus von Nazaret. Was wir von ihm wissen können, Stuttgart 2007, 168 f.; M. Görg, Begräbnis, in: Neues Bibel-Lexikon I, Zürich 1991, 262–264.

[434] J. Becker, Die Auferstehung Jesu Christi nach dem Neuen Testament. Ostererfahrung und Osterverständnis im Urchristentum, Tübingen 2007; 182–208; hier 207 f.

[435] A. Vögtle / R. Pesch, Wie kam es zum Osterglauben?, Düsseldorf 1975, 98. Ob das Grab Jesu leer war oder nicht, lässt sich historisch nicht eindeutig klären. Es gibt Gründe dafür und dagegen, die in der Theologie intensiv diskutiert wurden, ohne dass dies zu einem eindeutigen und sicheren Ergebnis geführt hätte. Die Texte vom leeren Grab können historische Reminiszenz an ein tatsächlich leeres Grab sein, sie können aber ebenso als im Stil der Zeit veranschaulichende, bildhafte Darstellungen des Auferstehungsglaubens, als narrative Inszenierungen des Oster-Kerygmas unter Verwendung des Angelus-interpres-Motivs gedeutet werden.

[436] G. Theißen, Die Religion der ersten Christen. Eine Theorie des Urchristentums, Gütersloh 2001, 255.

[437] Vgl. dazu: G. Theißen, Widersprüche in der urchristlichen Religion. Aporien als Leitfaden einer Theologie des Neuen Testaments, in: Evangelische Theologie 2004, 187–200.

[438] Vgl. zum Folgenden: K.-H. Ohlig, Die anthropologische Begründung der Christologie. Entwurf einer Christologie „von unten", in: imprimatur 2005, 164–173; 201–208.

[439] Vgl. dazu die so genannten Gottesknechtslieder in Deuterojesaja: Jes 42,1–9; 49,1–9; 50,4–9; 52,13–53; 12.

[440] Athanasius, Oratio de incarnatione Verbi 54, 3: PG 25, 192B.

[441] Mk 13,32.

[442] Mt 11,25–27; Lk 10,21–22.

[443] Ps 2,7–9; vgl. Ps 89, 27 f.; vgl. Ps 2,6 f.

[444] Ps 89,28.

445 Ex 4,22.

446 Ijob 38,7; 1,6.

447 Weish 2,18; 5,5.

448 B v. Jersel, „Sohn Gottes“ im Neuen Testament, in: Concilium 1982, 192 f.

449 N. Brox, Jüdische Wege des altkirchlichen Dogmas, in: Kairos NF 26 (1984), 1–16; hier: 1 f.; 14; 3 (hier in dieser Reihenfolge zitiert).

450 Zit. nach N. Brox, ebd., 12.

451 Vgl. B. Welte, Gesammelte Schriften IV/2, 127; so zitiert nach: P. Hünermann, Sobrinos Schriften verurteilt, in: imprimatur 2007, 122–129; hier 128.

452 P. Hoffmann, Zur Problematik der christologischen Karriere des Jesus von Nazareth, in: ders., Studien zur Frühgeschichte der Jesusbewegung (Stuttgarter biblische Aufsatzbände 17), Stuttgart 1994, 257–272.

453 Das Nizäno-Konstantinopolitanische Glaubensbekenntnis trägt eher die Handschrift der östlichen („orthodoxen“) Kirche. Schon Bischof Cyrill von Jerusalem († 386) kennt eine fortlaufende Erklärung des Jerusalemer Taufbekenntnisses, das dem auf dem Konzil von Konstantinopel (381) verabschiedeten „Symbolum Nicaeno-Constantinopolitanum“ sehr ähnlich ist. Die heute in der Liturgie verwendete Textform ist seit dem 8. Jahrhundert belegt.

454 Vgl. Mt 25,40.45.

455 Vgl. Mt 8,20.

456 Lk 22,27; Mk 9,35.

457 E. Schillebeeckx, Jesus. Die Geschichte von einem Lebenden, Freiburg / Basel / Wien 3 1975, 596.

458 F. Stier, An der Wurzel der Berge, Freiburg / Basel / Wien 1984, 207.

459 G. Bachl, Der schwierige Jesus, Innsbruck / Wien 2 1996, 109 f.

460 Vgl. H. R. Schlette, Die Anfänge und das Folgende, in: Orientierung 2007, 49–51; hier: 51.

461 „Unsere Hoffnung“, in: Deutsche Bischofskonferenz (Hg.), Gemeinsame Synode der Bistümer in der Bundesrepublik Deutschland 1971–1975, Bd. I, Bonn 2001, 88.

462 Vgl. N. Scholl, Mein Zweifelglaube, Freiburg / Schweiz 2007, 103 f.

463 Röm 9,32.